JN058545

INDUSTRIAL AND ORGANIZATIONAL PSYCHOLOGY

産業・組織 心理学
TOMORROW

田中健吾・高原龍二 編著

釘原直樹 ・ 縄田健悟 ・ 山下 京 ・ 井手 亘

阿部晋吾 ・ 前田洋光 ・ 森泉慎吾 ・ 上田真由子

八千代出版

執筆者一覧

田中　健吾　大阪経済大学経営学部教授　　　　　　　　11章・12章

高原　龍二　大阪経済大学経営学部教授　　　　　　　　5章・6章

釘原　直樹　大阪大学名誉教授　　　　　　　　　　　　1章

縄田　健悟　福岡大学人文学部准教授　　　　　　　　　2章

山下　　京　近畿大学経営学部准教授　　　　　　　　　3章・4章

井手　　亘　大阪公立大学名誉教授　　　　　　　　　　7章・8章

阿部　晋吾　関西大学社会学部教授　　　　　　　　　　9章・10章

前田　洋光　京都橘大学健康科学部准教授　　　　　　　13章・14章

森泉　慎吾　帝塚山大学心理学部准教授　　　　　　　　15章

上田真由子　関西国際大学心理学部准教授　　　　　　　16章

は じ め に

　経済政策の変化や天変地異など広範な影響をもたらすものから，ライバル企業の新戦略や社内不祥事など影響範囲の限られたものまで，企業や労働者を取り巻く状況は刻一刻と変化しており，多くの企業が生き残りのために工夫を重ねている。そうした中で労働者の生産性や健康度を向上させるために，心理学に期待されていることは少なくない。それに応えるべく研究が進められている分野が，産業・組織心理学 (industrial and organizational psychology) である。行動の理解を追究する心理学の中でも，産業・組織心理学は職場や組織における人間行動を科学的に明らかにする研究分野であり，その知識を職場での問題解決に役立てることを志向している (e.g. Zedeck, 2012)。ちなみに，産業・組織心理学は，「産業心理学 (industrial psychology)」という表現が用いられることも多い。歴史的には産業心理学という表現に組織という言葉が加えられて，産業・組織心理学という表現になったとされる (馬場, 2017) が，今日の日本においては明確には使い分けられていない。

　産業・組織心理学では心理学の他分野と同様に，人や組織からの情報を収集するために観察，面接，検査，調査，実験など多種の方法が用いられており，得られた情報を研究としてまとめる際にも，事例を詳述するなどの定性的 (質的) 研究法，統計的手法を用いて仮説を検証するなどの定量的 (量的) 研究法，あるいは両者を併用する混合研究法 (mixed method) など多様な方法が用いられている。

　いずれの方法においても，科学としての根拠 (エビデンス) に基づいた知見が重視されることはいうまでもなく，単一の研究よりは複数の研究をまとめたシステマティックレビューやメタ分析 (メタアナリシス) による研究成果が特に信頼される傾向にある。そのため，産業・組織心理学の研究分野においても，確固たる知見がまとまるまでにはかなりの時間が必要とされ，目まぐるしい産業社会の変化に十分に追いつくことができているとはいいがたい。産業・組織心理学の基礎的なトピックだけでは現代的な課題に対応すること

が困難だが，現代的課題に応じられる知見はいまだ十分に体系化されていないというジレンマが存在するのである。

それでは，産業・組織心理学を学ぶ学生はどこに重点を置いて学習をすればよいか。本書では，上記のジレンマに対応すべく，産業・組織心理学が扱う主要なテーマについてそれぞれ2章を設け，基礎的トピックと現代的課題について解説を行った。併せて読むことによって，基礎的な研究を学んだ上で，それらを背景とした応用研究が現代社会におけるどのような課題の解決に活用されているのか，あるいは活用されようとしているのかを理解していただくことが狙いである。

産業・組織心理学が取り扱うテーマは広範囲にわたっており，様々に分類されているが，日本の産業・組織心理学会では人事部門，組織行動部門，作業部門，消費者行動部門の4研究部門を置いている。本書では，人事領域のテーマとして採用過程・人事制度（7，8章），キャリア（9，10章），組織行動領域のテーマとして集団・組織と人の行動（1，2章），モティベーション（3，4章），リーダーシップ（5，6章），ストレス（11，12章），作業領域のテーマとしてヒューマンファクター（15，16章），消費者行動領域のテーマとして消費者行動（13，14章）を取り上げた。これらのテーマは他の産業・組織心理学の教科書とほぼ共通するものであり，産業・組織心理学の領域を概ね網羅できているものと考えている。

本書の執筆に際しては八千代出版株式会社代表取締役の森口恵美子様，編集部の井上貴文様に大変お世話になった。深謝の意を表する。

2020年8月

田中健吾・高原龍二

目　　次

1　章

集団・組織と人の行動 (グループ・ダイナミックス)

　総務省統計局労働力調査 (2018) をはじめとする過去のデータは日本の就業者の9割ほどが雇用者として会社や官庁や教育機関などに勤めていることを示している。すなわち就業者のほとんどは集団や組織に所属しているのである。

　なぜ人間は集団の中で仕事をするのであろうか。その理由の第1は，当然であるが，1人ではできないことでも集団になればできるということである。高層ビルのような巨大建築物，海峡をまたぐ長大橋，新幹線の過密かつ正確な運航などは集団の力の偉大さを実感させるものである。また，集団で合議すれば，個人では着想できなかった斬新なアイディアが生まれ，よりよい意思決定がもたらされることもあろう。

　第2は，集団はアイデンティティの確立に貢献してくれることである。定年退職後，アイデンティティを喪失したような状態になり，ひきこもりやうつに陥る人もあるという。会社の中では役職や役割が与えられ，それが社会的アイデンティティとして個人のアイデンティティを支えている可能性がある。しかし，退職後はそれまでの肩書も会社の中の人間関係も失われ，ただの個人になってしまうのである。その意味では集団は個人を包み込む繭のような機能を有しているといえるかもしれない。

　第3は判断の準拠枠を与えてくれている面である。大抵の会社には社是社訓がある。例えば現在筆者が勤務している大学の建学の精神は「勇気，親和，愛，知性」である。これは儒教の五徳「仁義礼智信」と軌を一にしているようにも思えるが，いずれにしても，教職員や学生に1つの準拠枠を提供しているかもしれない。また，われわれは判断の準拠枠として常識を用いることが普通である。地動説や原子の存在，民主主義の正当性などは集団から与え

1

られた常識である。このような知識の準拠枠があるから，多くの事柄を疑うこともなく，安心して毎日を過ごすことができるともいえる。

このように集団や組織は，われわれにとって必要・不可欠の存在であることはいうまでもない。しかし一方，その影の部分もあることを認識しておく必要がある。先述したように集団で力を合わせることにより人は偉大なことを成し遂げることができるのであるが，ある面では非効率（例えば社会的手抜き＝個人当たりのパフォーマンスの低下）を生み出している可能性がある。さらに集団で合議することが，成員の無責任やバイアスを生み出し，そのためにリスキーな**意思決定**や**集団浅慮**を促進するかもしれない。

また集団は成員に判断の準拠枠を与えてくれるのであるが，これが根拠なき同調や服従を促し，内部告発者に対する理不尽な対応を生み出している場合もあろう。

このように，集団のみならず物事は大抵表裏一体であり，光と影の部分がある。そのために影の部分を理解することは光の部分の理解にも役立つと考えられる。本章ではこのような視点から集団パフォーマンス，**集団意思決定**，**同調・服従・内部告発**といった，グループ・ダイナミックスのいくつかのトピックについて概説する。

1　集団パフォーマンス

集団作業時には，成員は互いに触発・促進し合い，動機づけが高まると思われる。社会的促進の研究はこのような現象を検討したものである。この現象が生起するのは他者が自分の行動を観察している状況や**共行動**（coaction）状況である。共行動状況とは他者と同じ作業をしているが，他者との相互作用はない状況である。例えば教室で試験を受ける場合やオリンピックの競泳等である。Triplett（1898）や Allport（1924）をはじめ数多くの研究者がこの問題について検討を行った。そして単純で，慣れた，よく学習した課題（頭に浮かんだ考えを書く，新聞の母音に線を引く，かけ算をする etc）ではパフォーマンスが上昇し，逆に複雑でまだ十分身についていない課題（難しい数学の問題を

解く，初心者がキーボードから字を入力する etc）ではパフォーマンス，特にその質が低下することが明らかになった。前者を**社会的促進**，後者を**社会的抑制**という。そしてこのような現象は人間だけでなくゴキブリやにわとりのような動物でも観察された。

　一方，**社会的手抜き**は個人が単独で作業を行う場合よりも，集団で作業を行うときの方が1人当たりの努力量（動機づけ）が低下するというものである。社会的手抜きは，他者による観察や共行動状況ではない事態での集団作業に伴う現象である。20世紀初頭，フランスの農業技術者 Ringelmann は綱引きなどを課題とした実験を行った。その結果，1人の力を100％とした場合，集団作業時の1人当たりの力の量は，2人で93％，3人で85％となり，8人では49％となった。つまり，8人で作業する場合の力の量は，単独での作業時と比べて半分以下となったのである（Kravitz & Martin, 1986）。すなわち大多数のメンバーが無意識に「あなた任せ」の状態になったのである。さらに幼稚園児にもアリや蜂のような動物にも当てはまる**2：6：2の法則**と呼ばれる現象がある。例えば，神輿は，2割が一生懸命支え，6割は支える振りをして，残りの2割はぶら下がっているだけといわれたりするが，この現象はまさにこの法則を象徴している。

　集団や組織でもこのような現象が生じている可能性が高い。そこで，上司は部下の動機づけを高めるために様々な努力をするが，それが必ずしも功を奏しない。それは，下記のような間違った常識や誤解が背景に存在しているからかもしれない。

1）努力は報われる

　Aronson & Mills（1959）の研究の結果明らかになったのは，「努力はいつか報われる」のではなく，「努力すれば報われたと思い込む傾向がある」というものであった。すなわち，**努力の正当化**という心理メカニズムの存在である。

　Aronson & Mills は，「性の心理学」というテーマで議論を行うと称し，女性の参加者に対して「fuck」や「cock」という言葉やポルノ小説の生々しい

文章を，男性の実験者の前で大声で読み上げさせる実験をした。参加者には「恥ずかしがって議論に参加しない人を選別するため」であるという説明がなされた。

このような選別試験を実施する集団と選別試験がない集団が構成され，その後，参加者は動物の性行動に関する退屈な議論を聞かされることになった。結果，選別試験により恥ずかしい思いをして（努力をして）実験に参加した参加者は，この退屈な議論を高く評価したのであった。

要するに，努力をして何かを成し遂げると，努力しないで同じ結果になった場合よりも，その対象に対する魅力が高まるのである。このことから事前に努力を強いる大学入試は，学生の動機づけを維持するのに役立っている可能性がある。現代のようにほとんど無試験で入学できる大学が増加している現状は学生の動機づけの維持を難しくしている。

２）報酬はやる気を引き出す

努力した人には報酬を与えて，さらなるやる気を引き出すという常識も間違っている可能性がある。**アンダーマイニング（台無し）効果** (Deci, et al., 1999) というものがある。これは，自発的に興味を持ってやっていることに対して金銭や菓子などの褒美を与えると，興味をなくしてしまうことを意味する。人は常に自分の行動の意味を無意識に考えているのである。ある行動に対して**外的報酬**が与えられれば，行動の原因はその外的報酬に帰属されるのである。そのように考えれば文部科学省がボランティア活動に対する単位認定を奨励しているのは（学校教育法施行規則第 98 条第 3 号，平成 10 年文部省告示第 41 号），よい方法とはいえないかもしれない。ボランティア活動は本来，「困っている人の役に立ちたい」という**内発的動機**に基づいて行われるものであろう。しかし，単位がもらえるという外発的動機が顕現化すると，他の誰かのためでなく，自分の単位のために活動していると思い込んでしまって，やる気が削がれる可能性が高くなる。組織や会社の賞与や報奨についても同じことがいえるであろう。

3）叱れば伸びる

　インセンティブを与えるのではなく，「怠け者には厳しく対処する」というやり方も間違っている可能性がある。例えば子どもがテストで悪い点をとったとき，教師や親は嘆いたり叱ったりすることで様々な形の罰を与えるが，すると大抵，子どもは次のテストでそれよりもよい点をとる。先生や親はそれをみて，自分たちが叱ったから子どもは頑張ってよい点数をとったのだ，と思い込む。しかし，これは必ずしも罰の効果とはいえない。単に**平均への回帰**という確率論的な現象に過ぎない可能性が高いのである（Tversky & Kahneman, 1974）。すなわち，点数は平均点を中心に上下にばらついているので，平均点より低い点数をとった後には，単純にそれよりも高い点に回帰する可能性が高い。逆に，子どもがよい点をとったとき，先生や親はその子をほめる。ところが，よい点をとった次のテストでは平均への回帰によりそれより悪い点となる可能性が高い。結果として，多くの先生や親は，ほめることより叱ることの方が教育的な効果があると思い込んでしまうのである。この現象は「平均への回帰の誤判断」と呼ばれる。罰を科せばそれを恐れて人は怠けないと考えるのはいかがなものであろうか。

4）皆で話し合えばよいアイディアが出て，動機づけも高まる

　最近**アクティブラーニング**や集団ディスカッションを取り入れた授業が奨励されている。しかしこれも間違っている可能性がある。「3人寄れば文殊の知恵」ということわざが示すように，一般的には1人で考えるよりも集団で考える方が情報は共有され，総体としての記憶容量も大きくなるのでよいアイディアが生まれやすい，と思われている。それゆえに，集団による会議においては**ブレーン・ストーミング（ブレスト）**が取り入れられることが多い。

　しかし，ブレストよりも個人が単独で考えた成果を集めた方が優れていることや，集団サイズが増大するほどブレスト集団の成果が悪くなることが明らかにされたのである（Diehl & Stroebe, 1987）。ブレストは単独での思考よりも，アイディアの量も質も低下させているのである。1人で考えた場合はアイディアが出ず苦しい思いをするのに対し，他者の話を聞いたり話しかけた

りすることは主観的な満足感を得やすい面がある。

　ブレストで生産性が上がらない原因には「動機づけの低下」がある。ブレストでは，創出された個人のアイディアが集団全体の成果として蓄積されるため，個々の成員の貢献度がはっきりせずに手抜きが起きてしまいやすい。

　このように報酬や罰の効果については誤解があり，また話し合いの奨励は集団成員のやる気や創造性を削いでいる可能性がある。組織をマネジメントする立場の人はこのようなことを常に念頭に置き事態に対処する必要があろう。

2　集団意思決定

　集団や組織において，物事を決める場合，集団決定が多く用いられる。大学や学会の各種会議でも長時間の審議と報告が行われているものが多い。会議については，「小田原評定」や「会議は踊る，されど進まず」「総論賛成，各論反対」のような言葉があるように，必ずしもポジティブなイメージはない。実際に会議により膨大な時間が費やされていることも事実である。しかしなぜ会議は行われるのか。その理由として主に2つが考えられる。その第1はそれぞれのメンバーが主張したことがある程度集団に受け容れられ，コンセンサスが形成されたという満足感を得ることができることである。第2は個人より集団の方が全体としての記憶容量が大きく，他者との情報交換も可能であり，情報処理量も大きくなるのでよい決定ができる可能性が高いことである (Hinsz & Tindale, 1997)。

1）リスキーシフト

　しかし一方，**集団意思決定**にはいくつかの問題点が指摘されている。その1つが，**リスキーシフト**である。これは，集団で話し合いをすると，1人で決断するときよりも，「報酬が高いが危険も高い行動」を選択しやすくなるという現象である。Wallach, et al., (1962) は **CDQ（選択肢ジレンマ質問紙）** を開発した。これには，得られる報酬は高いが危険も高い選択肢と，報酬は低い

が危険も低いという2つの選択肢のどちらかを選ばせる12の場面が描かれており，どの程度の成功率であれば報酬の高い選択肢を選ぶのかを答えさせる質問紙である。例えば参加者に次のような場面（橋口，2003訳）をイメージさせる。

　　重い心臓病患者が，成功すれば完治するけれども，失敗すれば死ぬかもしれない危険な手術を受けるかどうか決めなければならない。手術をしなければ，今までの生活態度を改め厳しく節制しなければならない。

　CDQを使って実験参加者が単独で決定した回答と，集団で決定した回答を比較した実験によれば，集団で出した回答の方が，危険な選択肢を選ぶ傾向が顕著に高いことが示されたのである（Lamm & Myers, 1978；Pruitt, 1971）。さらにその後の研究（橋口，1974；Myers & Bishop, 1971；上野・横川，1982）から，集団の決断には2つの傾向があることがわかった。慎重な人たちが集まって話し合いを行うと，1人のときの決断よりもさらに慎重な方向に傾き，反対に，危険を顧みない人たちが集まって話し合いを行うと，1人のときよりもさらに危険な決断に傾くのである。両者をまとめて**集団極化**と呼ぶ。集団極化が起きる1つの理由は，参加者それぞれが，自分の存在をアピールしようとするためである。曖昧な意見よりも極端な意見の方が，集団の中で自分の存在を際立たせられる可能性が高い。2つ目は，集団内の多くのメンバーの考えが同じ方向に偏っているため，その方向に話が進みやすくなり，最終的に全員がその意見に説得させられるためである。リスキーシフトは危険な決断を生み出す傾向がある。しかし，場合によっては思いきった決断が，大きな壁を打ち破る力を生むこともあろう。集団で行う決断はときと場合によって良くも悪くも働くので，決断を1人でするべきなのか，話し合ってするべきなのかは一概にはいえない。

2）共有情報バイアス

　これについては「**隠れたプロファイル**（hidden profile），すなわち潜在（非共

有）情報」といったテーマのもとで研究が行われている（Stasser & Birchmeier, 2003）。

　この実験では3名の集団構成員（面接官）が2人の人物（例えば新入社員候補）のどちらを採用するかを決定するような場面を想定する。図1-1中のXとYは2人の新入社員候補を意味する。X_1〜X_4は人物Xの長所，Y_1〜Y_3は人物Yの長所を示す。Xの長所は全部で4個でYの長所は3個であるが，3人の共有情報としては，Xについては1個でYについては3個である。長所1個当たりの価値が同一だとすれば，当然全体の数が多いXが採用されるはずである。しかし早急に決定を下さなければいけない場合や問題に正解がなく合意すること自体に意味があるような場合には，非共有情報（X_2〜X_4）については議論されず，Yが選択されてしまう可能性がある。その第1の理由は，人は最初に心の中で決めたことを変更したがらない傾向があるからである。図1-1から，例えばクリスはXについては2個の情報を持ちYについては3個の情報を持っている。クリス個人としてはYについての情報を多く持って

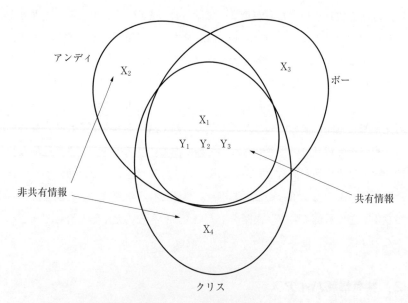

図1-1　隠れたプロファイル（3名の集団成員の共有情報と非共有情報）

いるので，議論の前には Y を好んでいる可能性が高い。そのために後で X の長所が複数明らかになったとしても，最初の好みは容易には変えられないのである。第 2 の理由は皆が知っている情報について語る場合，議論が弾んで気持ちよい場合が多くなるからである。また皆が知っていることを知っていて，それを深く理解しているという印象を他者に与えることは好ましいことであろう。そのような理由から共有情報ばかりが取り上げられ，全ての情報が十分吟味されず，よい決定に至らないことになる。この**共有情報バイアス**を防ぐためにはリーダーの役割が重要となる。リーダーが非共有情報を掘り起こし，成員にそちらに目を向けさせ，議論するように仕向けることが大切であろう。

3）集団浅慮

　最近，**企業の不正**が相次いで発覚している。例えば地震による建物の揺れを緩和するダンパー（KYB 社製）のデータ改ざん，鉄鋼や自動車メーカーの検査データの改ざん，食品の産地や消費期限の偽装などである。このような不祥事の背後には**集団浅慮**（Janis, 1982）という集団意思決定の問題が潜んでいる可能性がある。

　集団浅慮は集団問題解決場面で成員が人間関係（集団の一体感や心地よい雰囲気維持）に配慮するあまり，肝心の目標達成をおろそかにする現象である。ここでは 2008 年に発覚した船場吉兆の食べ残しの再提供事件を例に挙げる。2008 年 5 月 8 日の朝日新聞朝刊に次のような記事があった。

　　　本店だけでなく，博多店などすべての料亭で食べ残しの使い回しが明らかになった船場吉兆（大阪市）。「ほかにはない」の説明から一転，社長は「手つかずの料理は食べ残しとは違う」と強弁した。高級料亭の不祥事はどこまで広がるのか。

　　　「前社長の『もったいない』という指導の流れが今回のことにつながり，悔やまれてなりません」。湯木佐知子社長（71）は 7 日夜，大阪市の本店前で，まず 2 日に発覚した本店での使い回しについて頭を下げた。報道

陣が「佐知子社長は使い回しを知らなかったのか」「なぜ公表を控えた
のか」と質問すると，「下げた料理は私の認知する領域ではない」「営業
を再開し，こういうことのないようにするのが大事だとの一念で，発表
すべきだとは思わなかった」などと答えた。博多店での使い回しが明ら
かになったのは，約30分の会見が終わり，佐知子社長が店内に入った直
後。代理人弁護士が「博多店では使い回しがないといっていたが，一部
あったことが判明した」と切り出した。報道陣の要求を受け，佐知子社
長は数分後に再び現れた。「ほかの店で使い回しはないのか」との質問に，
「ないと思う」と答え，「手つかずの料理を食べ残しと表現するのはニュ
アンスが違うと思う」と釈明した。その約1時間後，福岡市の博多店で
河合元子店長と前村政紀料理長が記者会見をした。前村料理長が心斎橋
店（大阪市）で勤務していた当時，刺し身の添え物を使い回していたと述
べ，さらに河合店長が天神店（福岡市）でもあったと説明した。前村料理
長は「雲の上の人のような前社長が言うことがすべて。洗脳状態だっ
た」と，使い回しに異議を唱えられなかった雰囲気を強調した。

　Janis（1982）は，集団浅慮を健康な集団を襲う病気のようなものだと考え
た。そして，次のような8種類の症状を挙げている。ここでは船場吉兆の事
件に基づき列挙する。

　症状1：自分たちは絶対に大丈夫という**無謬性の幻想**（illusion of invulner-
　　　　　ability）
　　「吉兆は高級料亭としてのブランドを確立している。多少不正が明ら
　　かになったとしても屋台骨が揺らぐようなことはない」
　症状2：**倫理や道徳性の幻想**（illusion of morality）
　　「余った食品を再利用することは環境にもよいことではないのか」
　症状3：**外集団の軽視**
　　「保健所の調査などどうにでもなる」
　症状4：**集団成員相互の同調圧力**

「使いまわしを外部に漏らしたりすると皆から白い目でみられる」

症状5：**自己検閲**

「雲の上の人のような前社長がいうことが全て。間違っていないので黙っている」

症状6：**表面上の意見の一致**

「長年これでやってきたのだから，皆それでよいのだと思い込んでいる」

症状7：**逸脱意見から集団を防衛する人物**（マインドガード，mindguards）の発生

「『細かいことをいろいろあげつらうと，お前のためにならないよ』という人物の存在」

症状8：**解決方略の拙さ**

「情報収集が不十分で，代替案やリスクを検討せず，独善と偏見で物事を処理しようとした結果，嘘と隠ぺいが次々と発覚し釈明に追われる」

このような集団浅慮が発生するのは次のような原因があることを Janis は指摘している。

1. **集団凝集性**の高さ　従業員は高級料亭で働いているというプライドがあり，一体感が高かったと思われる。

2. **孤立**　秘密は社外に出ることはなく，外部からのチェックや情報提供が行われず，決定が独りよがりのものになってしまった。

3. **リーダーシップ**　前村料理長は「雲の上の人のような前社長が言うことがすべて。洗脳状態だった」といっている。部下に有無をいわさない，前社長の強いリーダーシップがあったことが推測される。

4. **問題解決のためのストレス**　船場吉兆は，当時，多角経営と事業の拡大を行っていた。そのため，それを担う社員はストレスを感じていた可能性がある。そのストレスから早く逃れるために熟慮することなく決定し，そしてそれを合理化するために自分たちが決定したことのよい面や，些事にばかり目を向け真に重要な本質的な点（食品の安全な提供）を見過ごしてしまって

いたのかもしれない。

4）集団浅慮を防ぐ方法

　Janis は，集団浅慮を防ぐためには集団成員が反対意見を躊躇することなく述べることができるような雰囲気をリーダーが作り上げる必要があると述べている。そのためにリーダーはメンバー全員の発言が終了するまで自分の意見を表明しないとか，なるべくたくさんの選択肢を用意し，さらにある選択肢をとった場合の良い面や悪い面について徹底的に議論するとか，批判的意見を歓迎するとか，リーダーなしの会合開催を促すとか，集団メンバーのうちの誰かに反対意見ばかりいう天の邪鬼の役割をさせるといったことが考えられる。そのほかにも集団をいくつかの下位集団に分けて，そこで議論された内容を全体会議に持ち寄るようにするとか，外部の専門家に相談するといった方法も有効である。さらに最終決定の際には上述のようなバイアスがかかることをメンバーは意識しておく必要がある。

　ただこのような方法を使用した場合，メンバーの意見が一致せず，いつまでも最終結論に至らないといった負の側面も考えられる。集団浅慮を防ぎながらしかも効率的に集団問題解決を行うことは容易なことではない。

3　同調と服従と内部告発

1）同 調 実 験

　先述したように，企業や組織の不正行為は絶えず発生している。その原因の１つは，集団の中でのみ通用する**集団規範**が発生し，成員の行動がそれに拘束される（同調する）ことに由来するものと思われる。**同調**とは他の成員の行動や考えを受け容れて，自分の行動や考えをそれに合わせる現象である。また，心から納得していないけれども，集団の中で村八分にされないために，むりやり自分の行動や考えを周りの人たちに合わせる場合もある。このような同調の圧力を，人がいかに受けやすいのかを示した実験がある（Asch, 1951）。

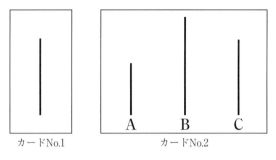

カードNo.1　　　　　　　　　　カードNo.2

図1-2　同調実験で用いられた図版例

　図1-2に示されているように，1本の線が引かれたカードNo. 1と3本の線が引かれたカードNo. 2を2〜8人の実験参加者にみせる。カードNo. 2の線の中には1本だけ，カードNo. 1の線と同じ長さの線がある。それがどれかを答える実験である。図1-2をみてもわかるように，答えは非常にわかりやすいものである（答えはC）。実はこの実験参加者のうち，最後に回答する人を除けば他の人は皆サクラである。サクラが順番に正答以外の答えをし，最後に実験参加者が答えさせられた。実験の結果，サクラが3人の場合の平均同調率は33.3％であった。

　それでは現代の日本人の同調傾向はいかがであろうか。日本のような集団主義の文化では，欧米のような個人主義の文化より同調率が高くなるという予想のもとでメタ分析が行われている（Bond & Smith, 1996）。それによれば予想に反して，Asch（1951）タイプの課題を使用した実験の場合，わが国における同調率の方がAschの実験結果より低いことが明らかになった。わが国において，論文の形でまとめられているAschタイプの実験は少なく，そのほとんどが1970年代から1980年代に実施されている。日本における実験の結果は，同調率の最大値（サクラが3人の場合）は27.8％であり，最低値は18.2％であった。それに対してAsch（1951）の実験結果はサクラが3人の場合33.3％であった。このように日本人の同調率が低いことについてTriandis, et al.,（1988）は，日本人は欧米人と比べて**内集団**と**外集団**の差が大きく，内集団成員に対する同調率は高くなるが，見ず知らずの人である外集団成員に

対する同調率は低くなったのであろう，と述べている。

　そこで，筆者らは Asch 実験の追試を行った（釘原ら，2017）。実験の結果，サクラが 1 人の場合の同調率は 6 ％，2 人 18 ％，3 人 41 ％，4 人 65 ％，5 人 27 ％，6 人 53 ％，7 人 48 ％となった。ちなみに Asch の実験結果は 1 人 3 ％，2 人 13 ％，3 人 33 ％，4 人 35 ％，8 人 32 ％であった。この結果は，1950 年代のアメリカのデータより高い同調率を示している。ちなみにアメリカで 1990 年に行われた実験（サクラ 6 人）（Larsen, 1990）で見出された同調率は 24.2 ％であった。

　わが国では戦後，個性の尊重が叫ばれてきた。そのために昔より個人主義的傾向が強くなり（白樫，1991），他者に同調しなくなっているのではないかと考えられてきた。しかし実験結果をみる限り，以前よりかえって同調傾向が高くなっているように思われる。他者の言動に付和雷同する傾向は強まりこそすれ弱まることにはなっていないだろう。

２）服 従 実 験

　服従行動に関しても同調行動と同様の傾向があるのだろうか。筆者らは，これを確認する実験を行った（釘原ら，2017）。服従行動に関する実験（極限値 450V）は，Milgram（1963）自身の実験を除いて，アメリカ国内で 1960 年代から 1970 年代にかけて 9 件（服従率 30〜91 ％，平均 61 ％）の研究が行われている。アメリカ国外でも，1960 年代から 1980 年代にかけて 9 件（服従率 28〜87.5 ％，平均 66 ％）が行われている。150V 上限値の実験であれば，Burger（2009）やポーランドの Doliński, et al., (2017) のものがある。一方，日本における服従行動に関する論文は小森（1982）によって行われた未発表の卒業論文（極限値 450V）のみである。

　筆者らが実施した研究の目的は，服従率の日米比較と 35 年前の小森の結果とを比較することであった。この間，地下鉄サリン事件や原発事故などが生じており，そのために科学者や権威に対する信頼性の低下が生じているとの調査結果がある（科学技術・学術政策研究所，2012）。そのため服従率も低下することが予測された。

　筆者らの実験では Burger（2009）の方法と類似の方法を採用した。この実験はいくつかの点で Milgram（1974）のものと異なる。例えば臨床心理士による実験参加者のスクリーニングや 150V での実験終了である。実験参加者は男性 8 名（平均年齢 44 歳），女性 7 名（平均年齢 45 歳）であった。そのうちの 1 名はスクリーニングの結果，不参加となった。実験参加者は 2 回のセッションに参加した。第 1 回目は臨床心理士によるスクリーニングである。第 2 回目が実験である。生徒は 75V の地点から 15V 上昇するごとに「うっ」と叫び，120V で「おい，これ本当に痛いよ」という発言をするが，150V の時点で明確に「実験を離脱したい」と主張する。具体的には次のような発言を行う。「うっ，先生，もう耐えられません。ここから出してください。心臓が悪いといったでしょう。心臓がドキドキしてきています。もうこれ以上続けたくありません。もうやめます。お願いだから出してくれ」。この発言にもかかわらず実験者は実験継続を教師役の実験参加者に要請するのである。この実験は 150V 時点で終了するために実験参加者に過大なストレスを加えることはなかった。

　実験結果は予想と異なり，150V 地点での服従率がきわめて高かった（92.31 %，13 名服従）。ちなみに 150V 地点での Burger（2009）の結果は服従率 70 %，Milgram（1974）の実験 5 の結果は 82.5 %であり，さらに小森（1982）の結果は 87.5 %であった。筆者らの実験結果は現代でも服従傾向が高いレベルに留まっていることを示唆している。

3）内部告発

　2018 年 11 月 19 日に日産のカルロス・ゴーン元会長が報酬の過少申告等の疑いで逮捕された。この逮捕のきっかけは会社側の発表では**内部告発**ということであった。19 年にも及ぶ長期独裁が歪みをもたらした（毎日新聞 2018 年 11 月 21 日朝刊）という論評もある。独裁と服従が会社の業績の回復という光をもたらしたのに対して，その陰には屍々累々という側面もある。

　内部告発は不正行為をやめさせるだけでなく，類似問題を抑止する効果があり，結果的に社会全体の利益を守るものとされる（吉田ら, 2017）。また内閣

府国民生活局 (2003) が行った調査によれば，内部告発を「望ましくない」と回答した人は 1.8 ％に過ぎず，ほとんどの人が「望ましい」，もしくは「止むを得ない」と回答したことが明らかになっている。しかし一方，実際に自分が所属している組織の不正行為を目撃した人の約 64 ％が内部告発をしなかったということであった (王ら, 2003)。要するに，人々は内部告発を肯定的に捉えてはいるものの，実際に不正を目撃した際の内部告発率は低いということが明らかになった。

不正行為に直面したときにとりうる選択肢は主に 3 種類 (服従，拒絶，内部告発) あると考えられる。内部告発者は告発後に告発の対象や告発先や世間とのやっかいな関わりを持ち続けなければならない可能性がある。要するに内部告発にはコストがかかるのである。

権威からの不正行為要請に対する実験参加者の服従行動や内部告発を検討した実験的研究がある (Bocchiaro, et al., 2012)。この実験では，実験者からの非倫理的要求に実験参加者がどのように対処するのかについて検討がなされた。**非倫理的要求**とは友だちに，危険を伴う感覚遮断の実験に参加するように頼んでほしいというものであった。実験者は実験参加者に「この実験は人をパニックに陥れたり，認識能力を低下させたり，幻覚を生じさせたりするものである。しかし，友だちには実験が苦痛を伴うものではないと伝えてほしい」と教示した。さらに「あなた方学生の意見が大学の倫理委員会の印象に影響を与えるので聞き入れてもらいたい」と要請した。実験室の隣の部屋には倫理委員会が作成した用紙とメール・ボックスがあった。実験が倫理規定に反すると実験参加者が判断すれば，匿名で委員会に通報することができる仕組みになっていた。実験の結果，服従率は 76.5 ％で非服従が 14.1 ％，内部告発の割合はわずか 9.4 ％であった。一方，事前に行われたアンケート調査 (実験参加者以外の人が対象) では「自分は服従する」と回答した人の割合は 3.6 ％であり，非服従は 31.9 ％で，「内部告発をする」と回答した人は 64.5 ％にものぼった。この結果は Milgram の研究と同様に，人々は自分の道徳性を過信し，状況の力を過小視していることを示している。

内部告発が行われにくいのは，上記のような告発する側の服従行動が考え

られる。それから，内部告発を抑制する周囲の圧力（空気）も考えられる。人は場合によっては立派な行いをする人の行動には嫌悪感を抱き，立腹することさえある（Monin, 2007）。なぜなら，自分が道徳的にそのレベルに達していないという負い目を持っているからである。Monin, et al., (2008) は，人種差別的な行動が要求される実験課題を受け容れた人が，それを拒んだ人を後でみた場合，その人を嫌悪することを明らかにした。内部告発者は社会全体では称賛されるが，組織内部では正義面をした裏切り者としてスケープゴートにされることが多いのである。すなわち内部告発のような立派な行為は，告発しない内部者にとっては，自己の良心を傷つける行為であり，心理的脅威となるのである。

　一方，権威の側の非倫理的行動がなぜ起こりがちなのかを説明する理論の1つに Nisan (1991) の**道徳バランスモデル**がある。このモデルでは，人々が倫理的行動を決断する際に，過去の行動とこれから行う行動の倫理量のバランスをとる傾向があるとみなす。人々は一定の時間範囲で絶えず倫理量の計算をしていて，過去の自分の善行の量が多いと思った場合，悪行実行に対する閾値が低くなる。

　Monin & Miller (2001) は実験参加者に警察官の人事採用者の役割を与え，そこできわめて優秀な黒人の応募者を採用する経験をさせた。それにより参加者は自分が人種差別主義者ではないことを実感することになった。一方，統制群の参加者は白人の候補者（応募者は全員白人）から選ぶだけであった。そうすると，実験群の方が統制群より，白人警察官の黒人に対する人種差別的な対応を妥当だと判断する傾向が強くなった。自分は人種差別主義者ではないという倫理性の証明（錦の御旗）を手に入れたとたんに，非倫理的行動に対する閾値が低くなってしまったのである。過去の努力や善行により権威ある地位まで上り詰めた人は，道徳性のバランスをとるべく悪行に手を染める傾向が強くなるのかもしれない。道徳的判断や行動は，当人の過去経験や他者との比較によって絶えず揺れ動いている不安定なものであるのかもしれない。

　以上，本章ではグループ・ダイナミックスの観点から集団や組織に発生する可能性が高いいくつかの問題を取り上げ，概説した。

2 章

集団・組織と人の行動
（グループ・ダイナミックス）：現代的課題

　現代の複雑化が増す社会環境の中で，産業・組織の現場も大きく変化してきた。かつての日本の職場状況は，大きな変化が起きないことを前提とした終身雇用制と年功序列のシステムで運営されていた。職員も日本人，男性，正社員が中心の同質性の高い職場であった。しかし，社会における価値観が多様化し，国際化と IT 化が進む中で，転職は増加し，終身雇用制と年功序列のシステムは崩れている。職場には，外国人や女性，高齢者，中途採用者，パートタイマーや派遣社員など多様な人々が集まっている。こうした社会環境が変化する中で，現代の社会に適合した働き方を考えていかねばならない。

　前章で説明されてきたような集団・組織における人間の基本的な心理的特性を踏まえた上で，本章では，集団・組織における人間行動に関する現代的課題として，(1)**チームワーク**，(2)**コンフリクト**，(3)**ダイバーシティ**，という大きく 3 つのトピックを取り上げて議論していきたい。

1　チームワーク

　現代の複雑で人規模化した企業組織においては，個人が 1 人だけで仕事の全てを行うことはできない。多様な人が役割分担をして，互いに連携し合いながら，組織やチーム全体として 1 つのまとまりを持って仕事に取り組むことが必要になる。つまり，チームワークは現代の組織ほど必要だといえる。

　では，ここでいう「チーム」とは単なる「集団」とどう違うのだろうか。広く受け容れられているチームの定義として，次の 4 つの条件が挙げられる (Salas, et al., 1992；山口, 2008, 2009)。(1)達成すべき目標があること，(2)目標達成のための相互依存があること，(3)各メンバーに果たすべき役割が割り振られ

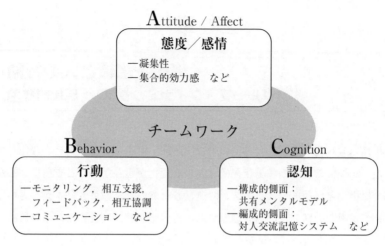

図2-1 チームワークの3側面

るること，⑷チームの構成員とそれ以外の違いが明瞭であること，である。言い換えると，人が枠に沿って集まっただけの「集団」をいかにして「チーム」としてマネジメントしていくのかが，産業・組織心理学の重要な課題である。

　チームワークは態度・感情（Attitude / Affect），行動（Behavior），認知（Cognition）の3側面から説明されることが多い（三沢, 2012；田原, 2017）（図2-1）。その頭文字から「チームワークのABC」（Bell, et al., 2018）などとも呼ばれる。この3側面からそれぞれみていこう。

1）チームワークの感情・態度面

　1つ目のAの側面は感情や態度に関する側面（Attitude / Affect）である。態度の研究では，**凝集性**（cohesion）の側面が最も多く研究されてきた。凝集性とはチームのまとまりのよさを示す。実証研究では，チームの凝集性はチーム・パフォーマンスと正の関連が一貫して示されてきた（Gully, et al., 1995）。また，その影響は双方向的なものであり，凝集性が高まることでパフォーマンスが高まるとともに，パフォーマンスが高まることで凝集性が高まっていくという相互影響過程が示唆されている（Mullen & Copper, 1994）。「チーム一

丸となって」という言葉で示されるように，高いパフォーマンスを挙げるためには，チームの凝集性を高めていくことが，非常に重要な側面だといえる。

　ただし，凝集性には負の側面が潜んでいることに気をつけなくてはならない。凝集性が高まる中で，チームの「和」を乱すことを嫌い，異論を許さないような風土が生まれることがある。こうした風土のもとでは，メンバーが同調するように斉一性への圧力が強まり，結果として**集団浅慮**（1章参照）が生じやすくなる。チームのまとまりのよさが悪い方向に転じ，「和」を乱さないことだけが重視される風土が根づいてしまうと，そのチームは愚かな意思決定を行い，結果としてパフォーマンスは下がってしまうだろう。凝集性を高める際には，同時に風通しがよく，いつでも反論を歓迎する自由闊達な議論ができるような組織風土を醸成することが重要になるといえる。

　また，近年はチームの感情・態度面として，**集合的効力感**（collective efficacy）に注目が集まっている。これは個人の自己効力感を集合レベルに拡張した概念である。自己効力感，すなわち「自分はやればできる」と思う気持ちを持つことが個人のモティベーションを高める上で重要であることは教育心理学や産業・組織心理学で指摘されてきた。集合的効力感の研究によると，これは集団やチームのレベルでも同様であるという。「自分たちの集団はやればできる」と自信を持つことはチームのモティベーションやパフォーマンスを高める影響を持つことが示されてきた（Stajkovic, et al., 2009）。集合的効力感を持つことによって，将来の目標達成に向けてより一層努力ができるようになるとともに，たとえ失敗や困難に直面したときにも忍耐強く乗り越えられるようになるためである（Bandura & Wessels, 1997）。

　チームを鼓舞する際には，風通しのよい形でチーム全体のまとまりを高めながら，「自分たちはやればできる」という感覚を醸成していくことが重要となるのである。

2）チームワークの行動面

　2つ目のBの側面が行動面（Behavior）である。この行動の側面は，特に**チーム・プロセス**と呼ばれることが多い。実際にメンバーに行われる行動に

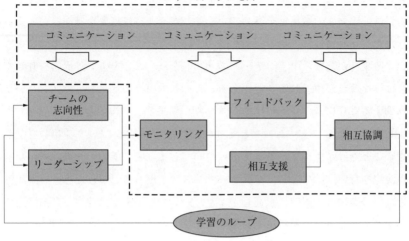

図 2-2　ディッキンソンとマッキンタイアのチームワークモデル（Dickinson & McIntyre, 1997）

よって，チーム内のプロセス処理がなされるためである。

　チームワーク行動の分類は研究者の数だけあるとさえいわれることもあるが，ここでは，ディッキンソンとマッキンタイアのチームワークモデルを紹介しよう（Dickinson & McIntyre, 1997, 図 2-2）。これは日本国内のチーム・プロセス研究でよく用いられているモデルである。このモデルでは，チームワークの行動的・心理的要素を同定し，その要素間相互関係をチームワーク行動のプロセスとして描いている。まず，他のメンバーがどのような状態・状況にあるのかの「モニタリング」を行う。そして，必要であればメンバーに「フィードバック」を行ったり，「相互支援」を与え合ったりしながら，仕事の「相互協調」を行っていく。そして，その前提になるのは，チーム・コミュニケーションである。コミュニケーションはチーム・プロセスを円滑に流すための“潤滑油”のようなものである。もしもチーム内で適切にコミュニケーションが行われない場合，モニタリングや協調などのチーム・プロセスが有効に機能できない。こういったチーム内の一連の行動フローを描いたモデルがチームワークモデルである。このモデルは日本の企業組織のチームでも実証され，「コミュニケーション」→「モニタリング・協調などの目標へ

の協働」→「チームの業績や成果」という影響過程が確認されている（縄田ら, 2015）。

　そして，プロセスの最後として，重要となるのが「学習のループ」である。ここまでのチーム・プロセスを経て，どこが良くて，どこが悪かったのかを振り返ることで環境に適応できるようチームが学習し，成長していく。

　このように，チームワークには多様な行動的要素が含まれている。これらはどれか1つだけできていればよいというものではない。いずれもがチームが円滑に機能するためには重要となるものである。組織でチームワークを発揮するには，行動要素それぞれと，その流れを常に意識しながら，協働していくことが必要だといえる。

3）チームワークの認知面

　ABC の C の側面が認知（Cognition）である。チーム内でメンバーは仕事やチームをどのように認識していくとよいのだろうか。チームの認知に関しては，大きく2側面が存在することが指摘されている（DeChurch & Mesmer-Magnus, 2010）。(1)個人の認知のチーム内類似性を重視する構成的側面と，(2)異なる情報や認知を組み合わせることを重視する編成的側面である。

　1つ目の構成的側面に関する代表的な研究が，チームの**共有メンタルモデル**に関するものである。共有メンタルモデルは，体系化された理解や知識に関する心理的表象をチームメンバーが共有した状態として定義される（Cannon-Bowers, et al., 1993）。職場では，仕事の専門的な知識やスキル，さらには目標や戦略を，メンバー同士が正確かつ一致して理解できていることがメンタルモデルを共有できた状態である。

　2つ目の側面が，編成的側面である。代表的な研究が，**対人交流記憶システム**に関するものである（Lewis & Herndon, 2011）。これは「『誰が何を知っているのか』の共有」として端的に示される。ビジネスで「ノウフー（know-who）」と呼ばれているものに近い。特に，対人交流記憶システムは円滑な分業や役割分担を行う上で重要となる。集団内のメンバー同士が，お互いに誰が何を得意／不得意なのかを正確に理解できていれば，適切にチームの協調

が行えるようになるだろう。また，支援を要請されるよりも前に自発的かつ先取りした支援を提供できるようになる。

　構成的側面としての共有メンタルモデルも，編成的側面としての対人交流記憶システムも，チーム・パフォーマンスと正の関連があることが示されている (DeChurch & Mesmer-Magnus, 2010)。すなわち，チームメンバー同士が，仕事のしかたや戦略を正確かつ類似して共有していることとともに，相互に誰が何を知っているのかを共有することが，的確にチームワークを発揮する上で重要だといえる。

　チーム認知が共有されることによって，チーム・プロセスが正確かつ円滑に回るようになる。特に協調 (coordination) 行動において重要な役割を持つことが指摘できるだろう。協調行動は，明示的な協調と**暗黙の協調**とに分けられる。前者の明示的な協調とは，綿密なコミュニケーションを行いながら，計画を立てたり，要請に基づいて支援したりする側面である。それに対して，後者の暗黙の協調とは，明確にコミュニケーションをとらずに行われる協調行動である。いわゆる「阿吽の呼吸」「ツーカー」といわれるものはその典型例である。共有メンタルモデルや対人交流記憶システムが構築されていることで，コミュニケーションにわざわざ時間を費やさずとも，円滑かつ的確にチーム活動が行われるようになる。

　特に日本は「察し」の文化であり，他者の心を読むことが求められる文化である。だからといって，日本人が実際に察することが得意であるとは限らない。空気の読み間違いが生じることも多くあるだろう。日本だからこそ，こうしたチーム認知を共有していくことの重要性は高く，改めて振り返ることが必要だといえる。

2　コンフリクト

　職場にはいろいろな悩みの種が存在する。その1つが「人間関係」である。若者を対象とした調査によると，最初に就職した仕事をやめた理由として，「労働時間・休日・休暇の条件がよくなかった」に次いで挙げられた第2位の

理由が「人間関係がよくなかった」であった（厚生労働省, 2013）。特に，ここでは組織における人間関係の対立の問題を扱おう。

１）課題コンフリクトと関係コンフリクト

対人関係における対立は，コンフリクト（紛争, 葛藤, 対立）と呼ばれる。職場におけるコンフリクトには，大きく２側面があることが指摘されている。1つが，職務内容に関するコンフリクトである**課題コンフリクト**である。来期の目玉企画を A にするか，B にするかで，意見の対立が起きているといったものだ。もう１つが，職場の人間関係に関する関係情動的な側面である**関係コンフリクト**である。例えば，ある上司と部下の折り合いが悪くなり，２人は会話もほとんどしなくなったといったものである。

これまでの研究では，関係コンフリクトは特に悪影響が大きく，チームの成果やメンバーの満足度を下げることが示されている（De Wit, et al., 2012）。人間関係がギスギスしたチームでは成果も上がらず，メンバーも不満を持った状態になってしまう。

では，課題コンフリクトはどうであろうか。仕事の内容に関して率直に議論し合うことは有用だと考えられるため，課題コンフリクトは成果を高めるのではないかという予測がかつてはされていた。しかし，調べてみると，全体的傾向としてはチーム成果とは無関連もしくはマイナスの効果がみられている（De Wit, et al., 2012；De Dreu & Weingart, 2003）。その理由は，現実には課題コンフリクトと関係コンフリクトの２側面を完全に分離するのが難しいためである。人間関係が悪化すれば，仕事内容に関する対立も起きやすくなる。また，組織場面でこそ，これら課題・関係の両側面のコンフリクトの悪影響が大きくなるという指摘もある（O'Neill, et al., 2013）。

ただし，課題コンフリクトも「意思決定」の側面のみを丁寧にみると効果的となることもある。意見をしっかりと戦わせる中で，集団がより優れた判断ができるようになるためである（Amason, 1996）。課題コンフリクトを適切にマネジメントしていく必要性が強く求められる。職場で課題コンフリクトが起きたときには，意見をきちんと戦わせてしっかりと議論しながらも，話

し合いが終わればそれを人間関係の悪化まで引きずらせないようにすることが重要となる。

2）コンフリクトへの対処

　では，コンフリクトにどのように対処していくのがよいのか。特に，人間関係上のコンフリクトは悪影響が大きく，適切に解決していくことが求められる。代表的なコンフリクト対処のモデルの1つである**二重関心モデル**（Rahim, 1983）では，自分自身の関心と相手の関心のそれぞれ高低の組み合わせから，4つのコンフリクトへの対処方略を導いた（図2-3）。自分と相手の両者の利益に関心を持つのが「統合方略」もしくは「問題解決方略」と呼ばれるものである。ビジネス場面で，いわゆる「win-win」と呼ばれる関係を目指すような方略だといえる。自分の関心のみを考慮して，自分の考えに相手を従わせるのが「強制方略」である。その逆に，相手の関心のみを考慮して，相手に合わせるのが「服従方略」もしくは「同調方略」である。自分と相手の関心をともに考慮せず，コンフリクトから目を背けるのが「回避方略」である。

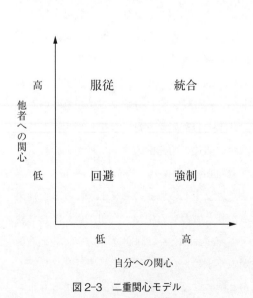

図2-3　二重関心モデル

　特に日本では回避方略がとられやすい一方で，回避方略は問題解決に至らないことが多い（藤森・藤森, 1992）。なぜならば，回避方略では，問題が棚上げにされ，放置されてしまうためである。それに対して，統合型の対処方略はあまり用いられることはない一方で，問題の解決に最もつながりやすく，また結果への満足度や相手への好意度も高める方略だとされる。

2章　集団・組織と人の行動（グループ・ダイナミックス）：現代的課題

　つい問題を直視せず回避することや，逆に自分の意見を相手にむりやり強制することをしてしまいがちであるが，それでは適切にコンフリクトを解消することはできない。自分だけが我慢して相手に合わせても，やはり不満はくすぶるだろう。自分にとっても，相手にとっても，ともに満足できるためにどうすればよいのかを常に考えることが重要となる。

　コンフリクトは適切に統合方略の視点から解決することができれば，生産的な結果を生むことも多い。特に，課題コンフリクトは，その課題や組織における問題点を浮き彫りにする1つのきっかけとなることが多い。適切に解決することができさえすれば，一時的には人間関係の摩擦が強くなっても，長期的にはより成長した組織集団へと生まれ変わることができるだろう。まさに「雨降って地固まる」のである。

3）コンフリクトを嫌う日本人

　最後に文化的特徴にも触れておきたい。先にも述べたが，特に日本ではコンフリクトを顕在化させるのを嫌う傾向が強く，コンフリクトに対しては回避方略がよく使われる（藤森・藤森, 1992）。不満があっても，表沙汰にはせず，"なあなあ"で済ます。

　その理由としては，日本文化で重視される目標が，欧米文化とは異なるためである。例えば，アメリカでは目標として公正が重視される。アメリカは個人主義社会であり，個人的な権利保護を重視しているがために，ルールベースで公正に処理することこそが社会を維持する上で重要だとみなされている。その一方で，日本では，個人的権利や利害よりも，人間関係を維持し，集団の秩序を保つことが目標とされることが多い。裁判「沙汰」といった表現があるように，表立って人間関係に波風を立てることは，日本社会の中で望ましくないことだとされている。そのため，日本人は集団のためには我慢して押し黙る回避方略をとりがちである。

　もちろん回避方略は常に悪い結果を引き起こすわけではない。人間関係に波風を立てずに，その場をうまく収めるためには有用な対処方略である。特に，些細な問題まで全てをコンフリクトとして顕在化させることには不利益

の方が大きいだろう。しかし，特に課題コンフリクトには，将来的には克服すべき重要な組織的問題が含まれることも多い。その場では回避方略でやり過ごせても，その後無視できないほど問題が大きくなってから向き合わなくてはならなくなるかもしれない。常に回避方略を行うのではなく，小さなうちに問題の芽を摘むことも重要だといえるだろう。

3　ダイバーシティの高まる職場

　かつてのように「日本人の正社員，サラリーマン，男性」だけが働いている職場は少なくなり，現代の職場では，女性，外国人，高齢者，派遣社員など多種多様な人々が一緒に働くことがほとんどである。日本で「ダイバーシティ」というと，女性の参画と同義で用いられる場面が多いが，決してダイバーシティとは女性に限らない。ダイバーシティとは多様性を指し，性別のみならず人種，性別，年齢といった様々な側面が含まれる。つまり，外国人や民族的マイノリティ，女性，高齢者や若者といった様々な人材に職場組織へと参画してもらうことがダイバーシティであり，このダイバーシティの高まる職場をマネジメントしていくことが現代の企業組織では求められている。ダイバーシティ・マネジメントの詳細については，8章2を参照されたい。

1）ダイバーシティの功罪
　では，職場において多様性が高まることは，組織においてどのような効果をもたらすのか。成果との関わりという観点からみたときには，集団の多様性にはメリットとデメリットの両面が存在することが示されている。
　メリットとしては，多様性が高まることで，チームや職場に様々な知識や情報が増えることである。同じような人ばかりが集まったチームでは発想や知識に偏りや限界がある。例えば，中年男性のみの同質性の高いチームでは出ないアイディアが，「若い女性」「高齢独身男性」「中国人」といった様々な人がチームに入ってくることで，素晴らしい発想と成果が生まれるといった側面である。

　デメリットとしては，多様な人がいると，価値観が多様になり，人間関係上のコンフリクトが生じやすくなる。「これだから，女は／男は／年寄りは／若者は……」といったように，価値観や考え方の異なる他者とはうまくいかないことが多いものである。また，チーム内で「男性 vs. 女性」「若者 vs. 中高年」といったように，下位集団間の断層が生じ，下位集団間のコンフリクトも起きやすい。先に述べたようにコンフリクトはパフォーマンスを阻害し，満足度を下げる。

　そのため，「多様性」と呼ぶときにどの側面が多様なのかが重要となる（van Dijk, et al., 2012）。職務能力に関する多様性は，パフォーマンスを高めるようなポジティブな効果を持つことが多い。それはメリットとしての多くの情報がチーム内に入ってくる効果が前面に出るためである。その一方で，本章が最初に例に挙げたような，女性や異人種，異年齢，多国籍といった人口統計学的な多様性が増しても，全体としてはパフォーマンスと無関連である。これは，メリットとデメリットが両面存在するために，プラスとマイナスが打ち消し合い，差し引きゼロという結果となるためだと考えられる。

　つまり，ダイバーシティは一種の「諸刃の剣」である。多様な人の間で生じるコンフリクトというマイナス面を適切に解消・管理しながら，チーム内に知識や情報がたくさん入ってくるプラス面を伸ばしていくことが，これからの職場において求められる。すでに同じような人だけが職場に存在する時代ではない。多様性が増していく職場環境の強みを活かし，弱みを補強するマネジメントはますます重要性を増しているといえるだろう。

2）セクショナリズム

　組織が大きくなる中で，部門ごとに役割が分化していく。1つの企業組織であっても，規模に伴い，その中の多様性は増していく。組織内で複雑な役割分化と階層化を行う中で問題となるのが，**セクショナリズム**の問題である。セクショナリズムとは，組織の内部の各部署が自分の部署の利害や権限に固執し，お互いに協力せず，ときには足を引っ張ることさえ行うようになった結果，組織全体が機能しなくなってしまう状態である。

これは「組織内の部門間コンフリクト」という社会心理学で研究されてきた集団間コンフリクトの1つの形態である。例えば，営業部門では「開発部門がまともな製品を作らないのが売上が低い原因だ」と開発部門を非難する一方で，対する開発部門では「自分たちの素晴らしい製品を営業が売ってくるのが下手だから売上が上がらない」と営業部門を責める。自分たちの見方に固執することで，お互いに相手の立場に立った適切なものの見方ができず，責任を押しつけ合ってしまう。これでは組織は適切に機能できないだろう。

　サイロ化やタコツボ化と呼ばれるように，特に組織が大きくなり，各部門で行う専門性が高まるほど，隣の部署では何をやっているのかがわからなくなる。部門間の壁は分厚くなり，セクショナリズムはますます強くなりがちである。

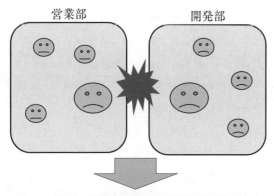

図2-4　共通目標の導入によるセクショナリズムの解消方略

　では，この壁を乗り越えるにはどうしたらよいのか。特に企業組織におい
て重要となるのは，この組織には目指すべき1つの大きな目標があるという
ことである（図2-4）。例えば，営業部と開発部が互いに対立していたとして
も，会社全体の目標は「顧客に満足してもらい，製品の売上を伸ばすこと」
だろう。両者がともに目指すべき大きな目標を持つことで，お互いに協力す
ることができるのである。

　このように**共通上位目標**を共有することで，個別の部門レベルではなく，
上位の我々集団としての集団意識が構築され，その結果コンフリクトが低減
される（Gaertner & Dovidio, 2000）。ひいては組織全体の成果が高まることも期
待できるだろう。自分たちの個別の「営業部」の立場と成員性にこだわって
いては，いつまでも「開発部」とは協力できない。より上位集団である「同
じわが社」の一員としての意識を持つことで，壁を超えて，協力し合うこと
ができるようになるのである。

　古川（2014）もまたこうした共通上位目標を「共に見るもの」と呼び，その
重要性を指摘している。個別にみれば立場や利害の異なる複数の部門が，1
つの会社としての共通上位へのアイデンティティを高めながら，ビジョンや
目標を「共に見る」ことで，壁や溝を越えて，生産性や創造性が高い仕事が
できるようになるのである。

3 章

ワーク・モティベーション (動機づけ)

　モティベーションという言葉は，「モティベーションの高いチーム」「今年の新人はモティベーションが低い」などのように仕事やスポーツなどの様々な場面で用いられている。

　この章ではモティベーションに関する基本的な理論を紹介していく。

1　モティベーションの概念

　日常的には「やる気」や「意欲」の高さを示す言葉として使われているモティベーションは，心理学の分野において「動機づけ」と訳されてきた。「動機」を「つける」という訳語が示すように，「やる気」になるだけでは十分ではなく，成果に至るまでその行動を持続していくことが重要となる。本章では，特に職場や仕事場面で問題となる**ワーク・モティベーション** (work motivation) に焦点を当てて解説する。ワーク・モティベーションについて，Mitchell (1997) は「目標に向けて行動を方向づけ，活性化し，維持する心理的プロセス」であると定義している。そのプロセスには，目標やそれに向けた行動を選択する方向性 (direction)，目標の実現に向けられるエネルギーや努力を表す強度 (strength)，そして，目標実現のために行動を継続していく持続性 (persistence) の3つの要素が含まれている。モティベーションは行動を起こすことから始まり，どのような行動をとるかの選択を行い，行動を持続させ，一定の成果を得ることで終了するという一連の過程を表した概念なのである。

2　モティベーションの内容理論

　ワーク・モティベーションに関する理論には大きく分けて2つの流れがある。1つは人の行動を引き起こす動機の内容や欲求を中心にしており，これらは**内容理論**（content theory）と呼ばれる。もう1つは，モティベーションの喚起から行動選択，方向づけまでのプロセスを扱う理論であり，これは**過程理論**（process theory）と呼ばれる。以下では，内容理論に属するものから解説を行っていく。

1）社会的動機

　私たち人間の持つ欲求や動機には様々な種類がある。基本的なものとしては飢えや渇きを満たす欲求，睡眠欲求などの生命の維持に関するものがあり，これらは生理的欲求，あるいは一時的欲求を呼ばれる。他方で，生命の維持とは直接関係しない，社会生活を営む中で出てくる欲求もある。身近な人と温かい関係を築きたい，周りから尊敬されたいなどの心理的な満足に関する欲求は**社会的欲求**と呼ばれる。Murray（1964）は，人間の持つ社会的欲求をリストアップし整理を行った。その中には，達成，親和，承認，自律，支配など様々な社会的動機が30以上も含まれている。

(1)　McClelland の達成動機理論

　社会的動機のうち，特にモティベーションに関連が深く蓄積の多い研究分野として**達成動機**が挙げられる。McClelland（1961）は，達成動機を「その文化において，優れた目標であるとされている事柄に対し，卓越した水準でそれを成し遂げようとする意欲のこと」と定義している。彼は達成動機，親和動機，権力動機に着目し，これらの動機の高さとビジネスリーダーとしての適性との関連を検討した。その結果，競争の激しいアメリカ社会におけるビジネスリーダーたちは達成動機や権力動機が高く，相対的に親和動機は低いという傾向を見出し，文化・社会的な状況がモティベーションに影響を及ぼすことを指摘している。

(2) **Atkinson の達成動機理論**

Atkinson（1957）は，達成動機を，成功を求めるために課題に接近する傾向（接近傾向）と，失敗することを恐れて課題を回避しようとする傾向（回避傾向）の合成物であると考えた。2つの合成において接近傾向が勝るようなら達成への行動が促進される。成功の見込みが全くないような困難な課題や誰でも成功するような易し過ぎる課題のどちらにもモティベーションは起こりにくい。Atkinson は成功の確率が中程度の課題において最も近接傾向が強くなり，モティベーションが高まるとしている。

前出の McClelland の研究は達成動機の内容それ自体に関心があり，行動の原因として捉えているため内容理論に相当するが，この Atkinson の研究は，どのようにして達成行動が喚起されるのかという過程を主に説明しているため，どちらかといえば過程理論に近いといえる。

2）欲求階層理論

人間性心理学の祖である Maslow（1954）は，インタビュー調査の結果から，人間の持つ欲求を図 3-1（左側）に示されるような5つの次元に分類した。下から，①生理的欲求（飢えや渇き，性欲などの一時的欲求），②安全の欲求（災害や

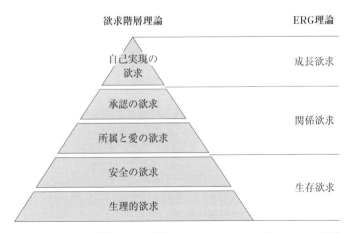

図 3-1　欲求階層理論と ERG 理論（Maslow, 1964 および Alderfer, 1972）

病気などから身を守るなどの保護と安全を求める欲求），③所属と愛の欲求（集団に所属したい，愛情ある人間関係を築きたいという欲求），④承認の欲求（仲間や社会から承認され，高く評価されたいという欲求），そして，⑤自己実現の欲求（自己の成長を希求し，理想とする自分を実現したいという欲求）である。

　これら5つの欲求は階層構造を成しており，最も上位の自己実現の欲求は「成長欲求」，それ以外は欠乏状態を解消するために人間を動機づける「欠乏動機」と呼ばれる。そして，低次の欲求ほど緊急性と強度が高く，これが充足されないとより高次の欲求が活性化されないことが想定されている。

3）ERG 理論

　Maslow の欲求階層理論を基礎として，それを発展させたのが Alderfer (1972) の ERG 理論である。これは欲求階層理論の5次元を，生存 (Existence)，関係 (Relatedness)，成長 (Growth) の3次元に集約し，再構成したものであり，各々の次元の頭文字をとって ERG 理論と呼ばれる。図 3-1 に示されるように，Maslow の理論の生理的欲求や安全の欲求は，ERG 理論においては「生存欲求」として位置づけられ，所属と愛の欲求および承認の欲求は社会的なつながりや愛情，承認や尊敬を求める欲求である「関係欲求」に集約されている。「成長欲求」は自己実現の欲求に対応し，人間としてより高い水準に到達することを志向する欲求である。

　生存→関係→成長というように，より低次の欲求から高次のものに欲求が移行するという点では Alderfer の理論は Maslow と同様である。しかし，例えば，成長欲求が満たされない場合には代わりに承認や愛情などの関係欲求を求めるなどの逆行性を認めている点で Maslow とは異なっている。また，低次の欲求が満たされない場合でも高次の欲求が生じる可能性についても想定されており，欲求階層理論よりもより柔軟で現実に即した考え方となっていることが特徴である。

4）二要因理論（動機づけ-衛生理論）

　Herzberg (1966) らは，ピッツバーグ周辺のエンジニアと会計士 200 名以

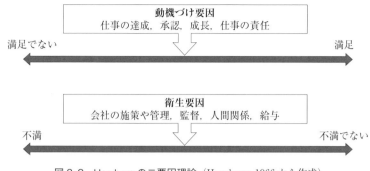

図 3-2　Herzberg の二要因理論（Herzberg, 1966 から作成）

上の面接調査の結果から，ワーク・モティベーションの源泉として 2 つの要素があることを提示した。2 つの要素とは，職務満足を高め，仕事に対する**動機づけ要因**として働く要因と，**衛生要因**と呼ばれる仕事に対する不満足に関連する要因であり，仕事に関わる満足と不満足は同一次元にあるのではなく，別次元のものである可能性を指摘している。図 3-2 に示されるように，動機づけ要因は，仕事の達成，承認，仕事の責任など主に仕事の内容ややりがいに関するものであり，これらは「満足」〜「満足でない」を両極として職務満足感と関連している。衛生要因は，会社の施策や管理，監督，給与，人間関係などの主に職務環境に関わるものであり，「不満」〜「不満でない」を両極として職務不満足に関連している。例えば，給与水準が低いことは不満足の原因になるが，給与が 2 倍の額になったとしても不満足が解消されるのみで満足には結びつくとは限らない。職務満足を得てモティベーションが高まるためには仕事自体から得られる達成感や承認，成長の感覚などが必要であるということである。

5）職務特性理論

　Herzberg の二要因論から職務満足をもたらす動機づけ要因として職務の内容が注目されることとなり，ワーク・モティベーションを高める手法の 1 つとして，仕事内容を作り変えて充実させるという**職務充実**（job enrichment）の展開につながっていった。

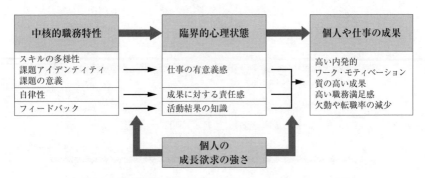

図3-3　職務特性モデル（Hackman & Oldham, 1976 から作成）

　ここでは，代表的なものとして Hackman & Oldham（1976）のモデルを紹介する。彼らの**職務特性モデル**（図3-3）においては，まず，職務自体が持つ特性として，スキルの多様性（仕事内容が複雑・多様でスキルを必要とする程度），課題アイデンティティ（仕事全体を把握し，遂行できる程度），課題の意義（重要で意味のある仕事をしている程度），自律性（仕事の計画ややり方などにおいて自分の意見を反映できる程度），フィードバック（仕事の遂行結果についての情報を得ることができる程度）という5つの次元が挙げられる。これら5つの中核的職務特性の水準は職務診断調査（Job Diagnostic Survey：JDS）によって測定され，それによって仕事がモティベーションを高める程度を測定する得点 MPS（Motivating Potential Score）が算出される。そして，これらの職務特性の水準は「仕事の有意義感」「成果に対する責任感」「活動結果の知識」という個人的な心理状態に影響を及ぼし，最終的に高いワーク・モティベーションのような仕事の成果に結びつくことが想定されている。多様性や自律性に富んだ仕事が高いモティベーションを引き出すという仮定は後述する内発的モティベーションの研究とも整合性が高い。しかしながら，このような効果がみられるのは仕事に対して積極的で成長欲求の高い個人に限定される傾向があり，このモデルが全ての人に適合的ではないことには注意が必要である。

6）内発的モティベーション

⑴　モティベーションの内と外

　モティベーションを考える際，それを外と内とに分けて考えることが可能である。外とは，金銭的報酬や他者からの評価，強制のような自分以外からの圧力や報酬によるモティベーションであり，これを**外発的モティベーション**（extrinsic motivation）と呼ぶ。内とは，何らかの課題や行動に従事することそれ自体が目的であり，そこから快や満足を得るというものであり，これを**内発的モティベーション**（intrinsic motivation）と呼ぶ。

　仕事にまつわる多様な価値も同様に内的なものと外的なものに大別できる。内的価値とは，仕事に取り組むことそのものに内在する価値であり，専門性や自律性をはじめとして仕事の面白さや達成感などがそれに当たる。他方，外的価値は，仕事を遂行するに当たっての労働条件や職場環境に関する特性，給与などの金銭的報酬や雇用の安定性，昇進の機会，職場での人間関係などが含まれる（田靡，2017）。前述の Herzberg の二要因論で考えると，衛生要因は概ね外的価値に当たり，動機づけ要因は内的価値に相当すると考えられる。

⑵　内発的モティベーションと自律性，有能性

　内発的なモティベーションに基づく行動は高いパフォーマンスや創造性と関連が高く，行動の持続期間も長い（Pinder, 2008；Amabile, 1998）。このことから教育心理学や社会心理学，産業・組織心理学において多くの関心が寄せられてきた。

　内発的モティベーションを高める要因について，Deci（1975）は，人間には２つの生得的な心理的欲求があり，それらが満たされることでモティベーションが高まると仮定している。その１つは，**自律性の欲求**（the need for autonomy）であり，自ら行動を起こし，行動の主体であろうとする欲求である。もう１つが**有能性の欲求**（the need for competence）であり，周りの環境に効果的に影響を及ぼし，自己の能力を発揮する機会を持ちたいという欲求である。これらの欲求が満たされるような状況で人はより内発的なモティベーションが高まり，パフォーマンスも促進されると考えられる。

(3)　認知的評価理論

Deci（1975）は，**認知的評価理論**（cognitive evaluation theory）を提唱し，自律性と有能性が内発的モティベーションに影響を及ぼす過程を説明している。この理論の基本的なメカニズムは，自律性や有能性が低下するような経験や状況は内発的モティベーションを下げ，高められるような状況であれば内発的モティベーションも上がるというものである。内発的モティベーションの初期の研究においては，金銭などの外発的報酬が内発的モティベーションを下げてしまうという**アンダーマイニング効果**が知られている。これについて認知的評価理論では，もともと内発的に動機づけられて行っていた行動に外発的な報酬が付加されることによって個人の自己決定（自律性）の感覚が低められてしまい，内発的モティベーションが低下したと解釈する。金銭的報酬を受け取ったことによって，本来は好きでやっていた行動（目的）が，「お金のため」という外的報酬を得るための手段として認知されてしまうのである。有能性についても同様で，これが低められればモティベーションは低下する。これに対して，有能感を促進するようなほめ言葉やゲームの高得点などのポジティブなフィードバックは内発的モティベーションを高める代表的な要因であり，こちらの過程は**エンハンシング効果**と呼ばれている（Ryan & Deci, 2000）。

(4)　自己決定理論と関係性

認知的評価理論は後年，自己決定理論（Deci & Ryan, 1985；Ryan & Deci, 2000）として展開され，自律性と有能性に加えて第3の要因，**関係性の欲求**（the need for relatedness）が加わっている。これは他者やコミュニティと関わって良好な関係を築こうとする欲求である。Deci らはこれら3つの要因が満たされることで内発的モティベーションや心理的な成長，ウェルビーイングな状態が促進されると述べている（Ryan & Deci, 2000；Deci, et al., 2001）。

関係性の欲求は，自律性，有能性という2つの基本的欲求を下支えする役割を果たす存在として位置づけられている。例えば，英語が苦手で嫌いな人が仲のよい友人につきあって一緒に TOEIC の勉強を始めた場合を考えてみよう。気が進まないながらも一緒に勉強を続けているうちに TOEIC の点数

も上がり（＝有能感が高まる），だんだんと英語の勉強が楽しくなってきて進んで勉強するようになる。そして，英語の勉強が自分の仕事や将来のキャリアのために重要であると再認識し自発的に取り組む（＝自律性の高まり）というプロセスがあるかもしれない。友人という自分にとって重要な他者を介して始めた行動の結果，有能性が高まり，行動が自発的になり動機が内在化していく。このようなモティベーションの内在化の過程をデシらは有機的統合理論としてまとめており，これについては次章で詳しく扱っていく。

3　過 程 理 論

1）期 待 理 論

⑴　Vroom の期待理論

努力をすることで自分が望むものや結果を手に入れることが可能な場合に人はやる気になる。これが**期待理論**の基本である。期待理論はモティベーション研究の中で数多く研究されてきた領域である。一般に**期待-価値モデル**と呼ばれ，行動がある結果をもたらすという主観的な期待（確率）の大きさと，その結果の持つ誘意性（価値や魅力）の高さによって，モティベーションが変化することを想定している。初期の Vroom (1964) による定式化では，ある行動へのモティベーション（F）の大きさは，行動が好ましい結果をもたらす可能性である期待（確率＝E）の大きさと，その結果に対して感じる誘意性（V）の積で表される。

モティベーション（行動への力）F＝Σ（期待 E×結果の誘意性 V）

ただし，結果の誘意性 V＝Σ（行動の道具性×2 次的結果の誘意性 V′）

⑵　Porter & Lawler の期待価値理論

多くのビジネスマンにとって昇進は魅力的でモティベーションの源泉となりうる。しかし，勤続年数の長さによって自動的に昇進できるような仕組みであったとしたら，昇進できるという期待値は高いものの，昇進の魅力度（誘意性）は低くなってしまい，モティベーションはあまり上がらないかもし

れない。このような点を鑑みて，Porter & Lawler (1968) は，Vroom が定式化した「期待」を，努力がある業績をもたらすという主観的な期待 (確率) E→Pの大きさと，業績がある結果をもたらすという主観的な期待 (確率) P→Oの大きさに分けて考えた。

モティベーション M＝Σ｛努力から業績への期待〔E → P〕
　　　×Σ(業績から結果への期待〔P → O〕×結果の誘意性 V)｝

　実際の産業場面では，前者のE→Pの過程は個人でコントロール可能でも，後者のP→Oの過程はコントロールできない場合も多い。例えば，努力した結果として職場でトップとなる営業成績を上げたとしても (E→P)，上司がそれを評価しない場合は昇進することは難しい (P→O)。その場合，結果としてモティベーションは高まらないこととなる。Porter & Lawler の**期待価値理論**は，このような現実的な事象をより説明可能なものとしてより有用性の高いモデルを提示しているといえよう。

2）衡 平 理 論

　同じ職場で同じ仕事に従事し，仕事の成果も変わらないにもかかわらず，支払われる賃金が異なっている場合，人はどのように感じ，行動するだろうか。**衡平理論** (equity theory) は，個人が投入した努力やスキルなどの**貢献** (input) と，その対価として得られる給与や昇進などの**成果** (outcome) との釣り合いの認知によってモティベーションが影響を受ける過程を説明したものである。釣り合いの認知は，自分と似た状況の比較可能な他者と自分を比べることによって決定される。自分の得た成果と貢献の比が他者の報酬と貢献の比と釣り合っている状態であれば衡平状態ということになる (Adams, 1965)。
　釣り合っていない不均衡な状態は，図3-4のような2つのパターンが考えられる。①自分の貢献−成果の比が他者のそれより低い＝過少支払い，②自分の貢献−成果の比が他者のそれより高い＝過大支払い。過少支払いの場合は，自分の働きに応じた報酬が得られていないため，その分配に不公正さや怒りを感じ，均衡を回復させるべく自分の貢献を低減させる (＝モティベーション

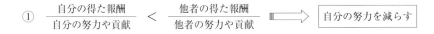

図 3-4　衡平モデル（Adams, 1965 から作成）

を下げる）ことが予測される。

　一方，過大支払いを受けている場合にも，衡平さを回復しようとする心の動きがある。衡平理論の考えでは，人間は常に公正さを求める存在であり，公正さが実現されていないと感じた場合は心理的緊張や不快感が高まるからである。過大支払いの場合は不当な利益を受けていることに罪悪感が生じ，衡平さの回復のために自身の貢献を増大させる行動が予想される。

　公正さの知覚はモティベーションのみならず組織への愛着やコミットメントなどにも影響を及ぼす（今在ら, 2000）。この領域の研究は，給与や昇進・昇格などの配分の結果に関する公正さである「分配的公正」，配分を決定する過程や手続きの公正さに関わる「手続き的公正」などに分化して発展を遂げている。

　また，同一の仕事（職種）に従事する者には同一水準の賃金が支払われるべきだという「同一労働同一賃金」の考え方は衡平理論に基づいたものである。日本においても，政府の働き方改革の流れの一環として，「同一労働同一賃金制度」が 2020 年 4 月から適用され，これまで格差が問題となっていた非正規雇用労働者と正規雇用者の間の不合理な待遇差が法的に禁止されることになった。中小企業では 2021 年以降の適用となるが，各企業では賃金制度の見直し，就業規則や賃金規程の改定の取り組みがなされている。

3）目標設定理論

　最初に述べたようにモティベーションはプロセスであり，人が動機づけられて行動を起こす場合には，何らかの目指すべき到達点や目標があり，その達成に向けて意欲を駆り立て行動することとなる。Locke & Latham（1984,

1990）の**目標設定理論**（goal-setting theory）は，目標に焦点を当て，仕事場面を中心として目標がモティベーションに及ぼす効果を検討・理論化したものである。

　目標設定理論においては，明確でより高いレベルの目標設定が高いモティベーションとパフォーマンスを引き出すことが仮定されている。「ベストを尽くしなさい」のような曖昧な目標の提示よりも，「30分で10問解きなさい」というような量的に明確な目標を示す方がモティベーションが高まりやすいとされる。これは，仕事の量や基準が明確に示されることによって，何をするべきかという行動の方向性が定まり，目標達成に取り組みやすいためである。また，「30分で2問解きなさい」というやさしい目標よりも「10問解きなさい」のようなより困難な目標の方が効果的であるとされる。これは，やさしい目標では努力の集中や新しい方略の検討・工夫をする必要がないのに対して，難しい目標では達成に向けた努力やその継続，様々な方略の検討が必要であるためである。無論，現実的でない高過ぎる目標や明らかに能力を超えた目標はこの限りではない。目標設定理論で想定されている高く困難な目標が成果に結びつくためには，本人がその目標を十分に納得し受容している必要があるということである。

4　ジョブ・クラフティング

　前出の職務特性理論では，組織や管理者の側から職務設計を考え，その効果を検討する立場をとっており，ワーク・モティベーション向上のための試みはこれまで企業や組織側からの視点で行われることが多かった。近年，従業員が主体的に職務設計に取り組む**ジョブ・クラフティング**（job crafting）という試みも注目を浴びている。

　ジョブ・クラフティングにおいては，従業員が自律的に自らの職務を作り替え，デザインすることで仕事の意義の認識や関与が深まり，モティベーションやパフォーマンスが高まると考えられている（Wrzesniewski & Dutton, 2001；森永ら，2015）。内発的モティベーションに関する理論（Deci, 1975；Deci &

Ryan, 1985）でも示されたように，仕事という課題の「自律性」を高めること
はモティベーション向上に貢献する。わが国においては，職場における自主
的な活動である「カイゼン活動」（野中・米倉, 1984）などの歴史があり，職場
の自律性を重視しモティベーションに結びつける試みは一定の素地があると
いえる。次章で扱う働き方改革や働きがい向上のためにも今後の研究の発展
が期待される領域である。

4 章

ワーク・モティベーション：現代的課題

　近年，日本社会では労働力不足が懸念され，新聞や雑誌で「働き方改革」や「働きがい」という言葉を目にする機会が増えている。この背景としては，バブル経済崩壊以降のいわゆる「失われた20年」といわれる経済の長期低迷期間に業績や効率重視の経営が主流になり，成果主義の導入が急速に進んだ一方で，働く人の幸せや働きがいといった要素が軽視されてきたことが挙げられる。人を使い捨てにする会社「ブラック企業」という言葉が生まれたのもこの頃である。今また仕事の満足や働きがいを重視した組織経営のあり方が問われているといえる。

　本章では，前章でのワーク・モティベーションに関する理論を踏まえて，働きがいと密接に関わるワーク・エンゲイジメントや成果主義とモティベーションの関係，女性および高齢者の働き方などの現代的課題を取り上げていく。

1　ワーク・エンゲイジメント

　働き方改革や**ワーク・ライフ・バランス**（以下，WLB）への関心が高まり，物理的な意味での労働時間短縮対策が進む一方で，働く人の心のケアや心理面での対策の必要性が指摘されている。ワーク・モティベーションの分野においても，近年，働く人々のより心理的な側面に着目した**ワーク・エンゲイジメント**（work engagement）という概念が注目されている。

1）エンゲイジメントの概念と定義

　エンゲイジメントとは，「質の高いやる気」を指す概念であり，「課題に没

頭して取り組んでいる心理状態」を表す (鹿毛, 2012)。課題に自己目的的に没頭している状態であるフロー体験 (Csikszentmihalyi, 1990) や内発的モティベーションに基づいて課題に取り組んでいる状態はエンゲイジメントとかなり近い状態である。

エンゲイジメントには認知, 感情, 行動の3つの側面がある。すなわち, ①自分の行動の目的を自覚し, 積極的に取り組む姿勢 (認知的エンゲイジメント), ②その行動に興味を持ち, 楽しむというポジティブな感情 (感情的エンゲイジメント), ③課題に熱心に取り組み, 努力する姿勢 (行動的エンゲイジメント) といった要素が揃うことで, 「質の高いやる気」とパフォーマンスが生み出される (鹿毛, 2012)。このエンゲイジメントという概念を仕事場面において発展させたのがワーク・エンゲイジメントである。

2) ワーク・エンゲイジメント

ワーク・エンゲイジメントは, 職業性ストレスやバーンアウト (燃え尽き症候群) の研究で有名なユトレヒト大学の Schaufeli が提唱した概念である。彼は「ワーク・エンゲイジメントとは, 仕事に関連するポジティブで充実した心理状態であり, 活力, 熱意, 没頭によって特徴づけられる」と述べている。活力 (vigor) とは, エネルギッシュで活力に満ちている状態である。没頭 (absorption) は, 時間が経つのを忘れてしまうほど自分の仕事に引き込まれ, 完全に熱中しているような状態を指す。熱意 (dedication) は, 自分の職務に意義を感じ, 仕事に誇りを持って取り組んで集中, 熱中している状態を指す。エンゲイジメントは, 特定の対象や出来事, 個人, 行動などに向けられた一時的な状態ではなく, 仕事に向けられた持続的かつ全般的な感情と認知であると定義される (Schaufeli & Bakker, 2004)。総合すると, ワーク・エンゲイジメントは, 仕事にやりがいを感じ, 熱心に取り組み, 仕事から活力を得て生き生きとしている状態だといえる (島津, 2015)。

3) ワーク・エンゲイジメントとバーンアウト, ワーカホリズム

ワーク・エンゲイジメントは心理学, 特に産業保健心理学の領域における

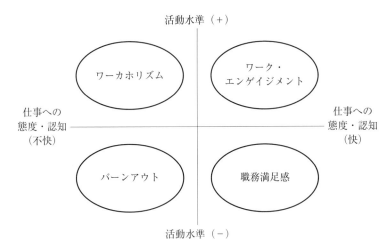

図 4-1　ワーク・エンゲイジメントと関連する概念との関係（島津, 2015）

「ネガティブからポジティブへ」という流れの中で新たに注目されるように
なった概念である。これまで扱ってきたストレスや精神的・身体的不健康な
どのネガティブな側面から，一転して人間の持つ強みやパフォーマンスなど
のポジティブな側面に焦点を当てている。

　図 4-1 はワーク・エンゲイジメントと関連する概念（バーンアウト，ワーカホ
リズム，職務満足感）との関係を，「活動水準」と「仕事への態度・認知」の 2
つの軸で分類したものである（島津, 2015）。ワーク・エンゲイジメントは**バー
ンアウト**（燃え尽き症候群）の対極として位置づけられている。ワーク・エン
ゲイジメントが「仕事への態度・認知」が肯定的で活動水準が高い状態であ
るのに対して，仕事に燃え尽きた状態であるバーンアウトは，両者ともに低
く，否定的な傾向が強い。一方，**ワーカホリズム**（仕事中毒）は，活動水準は
高いものの，仕事に過度にのめり込むような「強迫的な働き方」と「働き過
ぎ」という点が特徴となっている（Schaufeli, et al., 2009）。これに対して，ワー
ク・エンゲイジメントは，身体的，精神的，社会的に良好な状態（well-being）
であるとされ，仕事のパフォーマンスや生活満足度にポジティブな効果を持
つ（島津, 2014）。

4）ワーク・エンゲイジメントの測定

　このように近年注目されるようになったワーク・エンゲイジメントは，Schaufeli が考案した**ユトレヒト・ワーク・エンゲイジメント尺度**（Utrecht Work Engagement Scale：UWES）によって測定することが可能である。日本語版も作成されており，「活力：仕事をしていると，活力がみなぎるように感じる」「熱意：仕事に熱心である」「没頭：私は仕事にのめり込んでいる」の 3 要素を測定する全 17 項目である（島津, 2014）。各国で翻訳され，広く使用されている。没頭や熱意の側面から，エンゲイジメントはパフォーマンスを直接規定する「やる気」状態としても注目されており（鹿毛, 2017），働く人のモティベーション向上とウェルビーイングの両方の観点から，今後，ますます重要性が増し，研究が進むものと思われる。

2　成果主義とモティベーション

　いわゆる「成果主義」という言葉が日本の人事労務の世界に導入されたのは 1990 年代初頭であるとされる（守島, 2004）。以降，大手企業を中心に導入が進み，2004 年には従業員 1000 人以上の大企業では 8 割以上が何らかの成果給を導入していることが報告されている（厚生労働省, 2004）。当初は大企業や管理職層を中心に導入が進んだが，1990 年代からの 30 年間で着実に非管理職層や規模の小さい企業を含めた幅広い労働者層および企業に浸透してきた（荻原, 2017）。

1）成果主義の特徴と賃金格差

　成果主義制度は主に年功制の廃止・縮小と年俸制の導入・拡大によって進められてきた（荻原, 2017）。その主要な特徴としては以下の 3 点が挙げられる（奥西, 2001）。①賃金決定因としてプロセスよりも成果を重視すること，②長期ではなく短期的な成果を重視すること，③賃金の格差を拡大すること。成果主義をベースとした賃金制度では高い成果を上げた場合とそうでない場合とで賃金を大きく乖離させることが重要となる。一体どの程度の格差がモ

ティベーション向上のためには効果的なのだろうか。

2）モティベーションのクラウディング・アウト

　大洞（2006）によると，海外における多くの経済実験の結果を概観すると，成果に対する金銭的なインセンティブの付与とパフォーマンスとの関係は，インセンティブがない状況から次第にインセンティブを強めていくと，最初はパフォーマンスが上昇するものの，ある点を境にして低下する逆U字型の関係にあるという。同様に，歩合給のような強い金銭的動機づけが企業内で用いられた場合，アウトプットは増大するもののモティベーションは低下するという現象も報告されている（安藤，2017）。このような外発的なインセンティブの増大がモティベーションの低下をもたらす現象を経済学ではモティベーションの**クラウディング・アウト**と呼んでいる。これは前章で紹介した内発的モティベーションのアンダーマイニング効果と同様の現象である。Deci, et al.，（1999）は業績に連動した報酬が内発的モティベーションを低下させることを様々な研究結果から指摘しているが，成果主義における賃金格差も適切な程度でなければ同様の現象を引き起こす危険性があると考えられる。

3）望ましい賃金格差とは

　参鍋（2008）は，多様な産業にわたる企業データを検討して，仕事満足度との関係からすると賃金格差をつける程度は 20 ％程度に留めておくことが望ましいとしている。このことから，少なくとも日本においては一般社員間で大幅に賃金に差をつけるような苛烈な成果主義はモティベーション向上には有益ではない可能性がある。また，立道・守島（2006）は実際に賃金格差が拡大すると従業員の納得感が低下することを指摘しており，成果主義が効果的に機能するためには従業員の納得性確保のための工夫が必要であるとしている。

　成果主義については様々な議論や批判があり，モティベーションへのアンダーマイニング効果を懸念する指摘も多い（例えば，高橋，2004 など）。また，過

度の成果主義が組織で働く人の不適切な行動（例えば，食品偽装事件など）を引き起こす可能性も否定できない（安藤, 2017）。すでに日本企業に浸透した成果主義ではあるが，その運用のあり方やどの程度のインセンティブの強化や処遇の格差がモティベーションに効果的であるのかなど，引き続き検討を重ねていく必要があるだろう。

3　自己決定理論の発展

　近年，人手不足による人材確保の観点から，働きがいの向上や魅力ある組織・職場づくりに対する関心が高まっている（例えば，日経ビジネス, 2014 など）。以下では，前章で紹介した自己決定理論（Deci & Ryan, 1985 ; Ryan & Deci, 2000）をより詳細に検討し，働きがいを支える内発的モティベーションと「自律性」，「有能性」の果たす役割，外発的モティベーションとの関係などについて考察していく。

１）自己決定理論とコーチング

　自己決定理論は自己決定性の概念を核として，様々な領域におけるモティベーションを包括的に捉える理論的枠組みとして発展している。例えば，今や多くの企業で研修などに取り入れられている**コーチング**はクライアントのモティベーションを高めるために自己決定性（自律性）を最も重視している。山口（2008）も，メンバーから内発的なモティベーションと自律的行動を引き出し，成長を支援する働きかけとしてコーチングを定義している。

　コーチングにおいて重要なことは「教え込む」ことではなく「引き出すこと」である（本間・松瀬, 2015）。コーチングにおいて「指示・命令」は禁物であり，「傾聴」「質問」「承認」という３つのスキルによってクライアントのモティベーションや自発的な行動を引き出していく。これらのスキルは，どれもがクライアントの自律性を尊重し，自分で考え，行動することを促すように組み立てられている。自律性を尊重したコーチの働きかけによって，最初は自発的に行動できなかったクライアントが自ら自己決定的に課題に取り組

むようになり，モティベーションが高まり目標達成がなされるという流れが重視されているのである。

2）有機的統合理論

コーチングにみられるような，ある課題や目標に対して人が自律性を高めていく過程を説明するのが自己決定理論の中に含まれる**有機的統合理論**（organismic integration theory）である。この理論は外発的モティベーションに関する理論であり，モティベーションを自己決定性（自律性）の視点から区分し，これまで二項対立的にみなされてきた外発的動機づけ-内発的動機づけを連続的なものとして捉えていることに特徴がある。

(1)　自律性の程度とモティベーション

自律性の程度によって外発的モティベーションを4つの段階に分類し，自律性の低い状態を外発性の高い状態と位置づけている。4つの段階は行動の理由づけを表す「調整スタイル」によって区分されており，図4-2に示されるように，左方が最も自律性が低く，右方ほど内発性が高い状態となる。左から順に，①外的調整の段階（自発的ではなく，外からの力によって行動している状

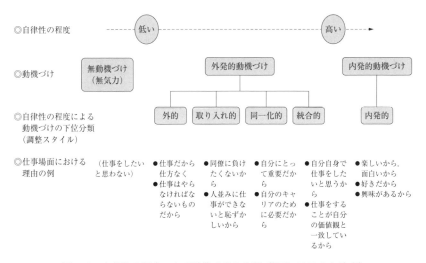

図4-2　自律性の程度による動機づけの分類（櫻井, 2012 から改変）

態），②取り入れ的調整の段階（しなければならない，恥をかきたくないなどの外発的理由から行動している状態），③同一化的調整の段階（それをすることが自分にとって重要，将来のためといった理由から行動する状態），④統合的調整の段階（仕事に取り組むことと自分の価値観が一致している状態）となる。外的調整段階よりも左には何の行動も起こさない無動機づけの状態があり，右の統合的調整段階の外には「楽しいから」「好きだから」といったその課題自体の遂行が目的である純粋な内発的モティベーション状態が位置している。

(2) モティベーションの内在化

図4-2において，現在，仕事に対して外発的で，いわれたことしかやらない部下に対して，上司が目指すのはより右方の内発的・自律的になった段階である。このような状態に部下を方向づけることで，部下は自分自身で仕事の価値を認識し，積極的に取り組んでいくようになるかもしれない。自己決定理論では，個人の自己決定の水準の高さが活動を通して変化すると考えており，当初はそれほど興味がない，あるいは外発的に取り組んでいるような場合でも（外的調整），活動を続けていくうちに「自分にとって価値がある」「楽しい」というように認知が変化し，活動の価値が内在化する過程が想定されている。これをモティベーションの内在化過程（internalization）と呼び，コーチングで目指すのも内在化が進んだ段階である。加えて就業動機が自律的（内在的）な人ほど業績が高く，精神的に健康であることも確認されており，内在化はやはり高いパフォーマンスと結びついているといえる（櫻井, 2009）。

従来の産業場面や教育分野では内発的モティベーションを重視する一方で，外発的モティベーションを喚起することは悪とみなし，軽視する傾向にあった。しかし，前述のように外発的状態から内在化が進む過程は連続的なものであり，加えて，もともと興味が低い課題については外発的報酬が内発的モティベーションを高める役割を果たすということも確認されている（Calder & Staw, 1975；McLoyd, 1979）。産業場面においては，全ての人に興味ある仕事を割り当てることは難しく，外発的な報酬を用いてモティベーションを喚起しなければならない場面も少なくない。組織状況における外発的モティベーションの持つ役割と効果を検討する研究の進展が望まれているといえよう。

3）有能性の認知と承認

　人は周りの環境と効果的に関わって活動することで効力感（コンピテンス）を感じ，能力発揮の機会を得たいと願う存在である（White, 1959）。動機の内在化は有能性の欲求が満たされることでも促進される。産業・組織心理学分野において，有能さへの欲求を満たすものとして取り上げられてきたものの1つが**承認**である。承認は前章でのマズローの欲求階層理論やHerzbergの動機づけ−衛生理論における「動機づけ要因」として取り上げられてきた。近年，盛んなSNSなどにおける発信も「承認」という要素がキーワードになっており，注目されること，「いいね」をたくさん集めることは効力感や社会的承認を満たすことと密接に結びついている。

(1)　組織における承認の効果

　太田（2011）は組織場面における承認には以下の5つの効果があると述べている。①組織のパフォーマンス向上，②モティベーション・アップ，③離職の抑制，④メンタル・ヘルス向上，⑤不祥事の抑制。承認が達成感や自己成長などを促すことでモティベーションやパフォーマンスが高まり，離職の抑制効果やメンタルヘルス面で肯定的な効果が得られるとしている。結果として，組織への不満が低下し，組織コミットメントや自尊心が高まるため組織的な不祥事も減ると考えられる。太田は人材派遣会社や看護師などを対象に調査を行い，上司や同僚にほめられた体験が自己効力感と挑戦意欲を高めることを確認している。

(2)　非金銭的・心理的報酬としての活用

　経済学の分野でも非金銭的な心理的報酬の効果やその導入に関心が高まっている（安藤, 2017）。承認は非金銭的な動機づけ要因としてかなり有望であると考えられる。例えば，太田や安藤は表彰制度の活用を通じて承認を組織の活性化に結びつけることを提案している（太田, 2013；安藤, 2017）。成果主義的な賃金制度の広まりの背景に賃金コストの抑制があったことを考えると（厚生労働省, 2008），表彰制度の活用は組織にとってコスト面での負担が少なく導入しやすい制度であると思われる。加えて，成果主義による賃金格差が引き起こすような従業員間の不満やモティベーションへのアンダーマイニング効

果の懸念も比較的起こりにくい方法といえるだろう。

(3) ほめることのリスク

しかしながら，「承認」の活用にも全くリスクが存在しないわけではない。教育心理学の分野における「ほめること」の効果の検討によると，「ほめ」には「コミュニケーション効果」と「方向づけ効果」という2つの役割があることが見出されている (高崎, 2010)。前者は，「ほめ」を用いてコミュニケーションを図ろうという方向であり，後者は，その行動を継続させたい意図でほめるというものである。ほめられることは承認の1つの形であり，モティベーション向上の糧となるが，相手の行動をコントロールする意図を持ってほめる方略については注意が必要である。前章で紹介した認知的評価理論の予測に従えば，コントロール的な要素が相手に伝わってしまう場合には自己決定性が低下して，モティベーションが下がってしまう可能性がある。このようなモティベーションのアンダーマイニング効果を引き起こさないように，承認に関連した制度の運用や対応についても慎重に検討していく必要があるだろう。

4 超高齢化社会における女性と高齢者の働き方

1）女性の活躍推進

今日，わが国では平均寿命の伸びや出生率の低下により急激な少子高齢化が進んでいる。日本の出生率 (合計特殊出生率) は1960年以降，概ね2以上で推移してきたが，若年層の晩婚化や未婚化により2005年には1.26まで低下した (1.26ショック)。女性や高齢者の労働参加が進んだとしても，長期的な観点からみて働き手の減少は避けられない見通しとなっている。

このような現状から，2015年には女性の職業生活における活躍を推進するための法律，いわゆる「女性活躍推進法」が制定されている。それに呼応する形で多くの企業では働き方やWLBの改善，育児支援のための取り組みが推進されることとなった。

(1)　就業継続を支える制度・施策

　女性の就業継続や勤続年数の長さはモティベーションの1つの指標となりうる。育児休業制度が女性の就業継続の確率を高めることを示した研究は多い（森田・金子, 1998；駿河・張, 2003 など）。また, 組織における仕事と家庭の両立支援策が女性の勤続年数を延ばし, その結果, 女性管理職の割合や賃金が高まる傾向にあることも報告されている（松繁・武内, 2008）。女性活躍推進法に後押しされる形で制度や支援策が整備されていくことは女性の活躍に貢献する可能性が高いといえる。

(2)　職場風土と経営者の理解

　しかしながら, 企業レベルでの活躍推進や両立支援の施策の効果は限定的であるという指摘もある（武石, 2014）。それよりも重要なのは女性が働く職場の風土や状況であり, 部下育成に関する上司のマネジメントの果たす役割が大きいという指摘がある。同様に, 経営者が WLB 施策に熱心な企業ほど女性の定着度が高く, 女性が活躍していることや（川口, 2011）, 「夫は外で働き, 妻は家庭を守るべきだ」のような性別役割意識が強い雇用主の下では組織に残る女性の割合が低い傾向も報告されている（安田, 2013）。総合すると, 職場の上司や経営者が女性活躍支援策や WLB 施策に理解が深く, 積極的な姿勢を示すことが重要であると考えられる。育児休暇制度や両立支援策があったとしても職場の雰囲気や上司の対応などから実際には活用しがたいという話は珍しくない。制度や施策の導入はあくまで入り口で, 実際にその制度・施策を運用・活用していく仕組みの確立や, 理解して受け容れる職場風土を醸成していく必要があるだろう。昨今の拙速な働き方改革や女性の活躍推進策の導入において注意を要する点である。

2）生涯現役社会と高齢者の活躍促進

　女性の活躍推進と同様に, わが国の経済や社会の活力の維持・発展のためには高齢者の活躍を促進することが喫緊の課題となっている。このような背景から, 高年齢者雇用安定法が改正され, 2013 年より企業に対して 65 歳までの雇用が義務化されるに至った。人生 100 年時代においては職業生活も長

【高齢者の就労希望年齢】

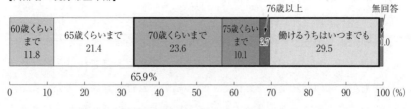

図 4-3　定年後の就職希望の状況（内閣府, 2013 より）
（注）60 歳以上の男女を対象とした調査（n＝1,999）。
（出典）第 7 回　人生 100 年時代構想会議 2018.5.

期化することが見込まれ，これまで 65 歳退職を頭に描いていた人でも 70 歳
以降も働くことを視野に入れた「生涯現役社会」に入っているといえる。

　働くということに強い意義を見出す人が多い日本では，欧米諸国と比較し
ても高齢者の就業意識が高い傾向がある。内閣府が行った調査においてはほ
ぼ 9 割の人が 60 歳以上も働きたいと回答しており，何歳まで働きたいかとい
う質問に対しては「働けるうちはいつまでも」を含めて 70 歳くらいまでは最
低働きたいという希望が 65.9 ％と 7 割近くにのぼっている（図 4-3）。

（1）　高齢者とワーク・モティベーション

　調査によると，高齢社員の配置・活躍推進に当たって企業が問題だと考え
ている点は，再雇用による「働くモチベーションの低下」であり，53.4 ％が
これを懸念している（日本経済団体連合会, 2016）。

　年齢とワーク・モティベーションの関係については，様々な研究を検討し
た結果，年齢が高くなるとワーク・モティベーションも高くなる傾向が確認
されている（Kooij, et al., 2011）。わが国でも，若年層に比べて年齢が高い層の
方が仕事への内発的モティベーションや継続意思が高いことが報告されてお
り（山下, 1996），これらのことから高齢者の雇用についても働くモティベー
ションの低下を懸念する必要はあまりないといえそうである。

（2）　技術変化に対する対応・支援策

　高齢者の実際の仕事の遂行能力に関しては，一般的な傾向として加齢によ
る大幅な学習能力の低下は少ないとされている（Blustein, 2014）。コンピュー

タを用いたシミュレーション実験のような課題では，若い層に比べると高齢
者は成績が劣るという報告もあるが，これは加齢が直接の原因ではなく，機
器に対する慣れという世代特有の要因による可能性が高い（Blustein, 2014）。
現代社会において職場で必要とされるためには，年齢を問わず，習得した知
識やスキルが技術の変化に対して陳腐化しないように維持・向上に努めるこ
とがより重要である。こういった点に対応するために特に高齢者を支援する
ような訓練・研修の実施や職場設計を行うことが必要である（Blustein, 2014）。

　高齢期の就労を成功させるためには，高齢期に入る前からの職業生活設計
やキャリア・チェンジを支援する観点からの職業能力開発が重要である（労
働政策研究・研修機構, 2016）。しかし，その取り組みはまだ十分とはいえない状
況である。高年齢層の労働参加がますます重要となる中で，生涯現役社会の
実現のために個々人が自律的に職業生活設計や職業能力開発に取り組むこと
が必要であり，そのためには積極的にキャリア・コンサルティングを活用す
るなどの方法も有効であろう。

(3)　仕事の持つ意味

　何のために人は働くのか，この答えは人により様々ではあるが，世論調査
では，働くことのモティベーションとして「生きがいをみつけるために働
く」という回答は高齢者になるほど多く，男女を比べると女性の方が多い傾
向にあった（内閣府, 2018）。

　働くことは社会的環境の中で他者とのつながりを形成・促進していく役割
を果たす（Blustein, 2014）。仕事を通じて自己決定や能力発揮の機会が満たさ
れたと感じるときに人はやりがいや働きがいを感じ，仕事はその人にとって
意義のあるものとなる（Ryan & Deci, 2000）。日本社会が活力や生産性を保っ
ていくためには，働く人々のモティベーションやエンゲイジメントの維持・
向上が欠かせない。人生100年時代において，働きがいのあるよりよいワー
ク・ライフを送ることの重要性が高まる中，組織と個人がwin-winの関係を
築いていくためにもワーク・モティベーション研究の一層の発展が望まれる。

5 章

リーダーシップ

　リーダーシップの定義は，「定義しようとした者と同じくらい多く」(Stogdill, 1974) あるといわれるほどに多様であり，全ての研究者が合意する統一的な見解というものは存在しない。しかし，多くの定義に共通している要素として，⑴集団において，⑵共通の目標を達成するために生じる，⑶**社会的影響過程**であるという考え方が広く受け容れられている (e.g. Bass & Bass, 2008；Chemers, 1997；Silva, 2016)。そして，リーダーシップは必ずしも**公式リーダー** (上司や教員など，組織においてリーダーであることが明確化されている人物) だけが発揮するものではなく，リーダー以外の人物も発揮できるものとされており，公式リーダー以外でリーダーシップを発揮する人物を**非公式リーダー**という。

　心理学的な立場からのリーダーシップ研究はおおよそ 1900 年頃から着手され，その 100 年以上の歴史は研究者の学派によって大きく 6 つ程度に分類される。ここでいう学派とは，研究者がリーダーシップをどのように捉えてどのように測定するかという考え方や工夫のことを指す。これらの学派は，それぞれの年代によるリーダーシップ観の変遷によって主要なものが移り変わってきている (図 5-1)。本章ではこれらの時代の流れに沿って，それぞれの学派の主要な理論とその実証的な裏づけが得られているかを概観する。実証的な裏づけについては複数の**実証研究**をとりまとめて分析を行う**メタ分析**によるものを中心に言及し，メタ分析が見受けられない場合には，**文献レビュー**や個別の実証研究に触れる。

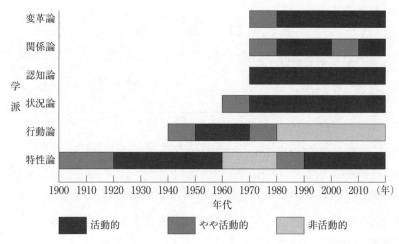

図 5-1　リーダーシップ研究における各学派の活動（Day & Antonakis, 2012：7 を改変）

1　特　性　論

　最も初期のリーダーシップ研究である**特性論**では，リーダーとなる人物は
それに相応しい特性を備えていると考える。ここでいう特性とは，性格や能
力，外見などの個人の性質のことを指す。特性論の考え方はわれわれの最も
素朴なリーダーシップ観に基づいたものといえ，こうした考え方を**偉人**
(great man) **論**ともいう。
　特性論に基づいたリーダーシップ研究は，リーダーとフォロワー（リー
ダーに従う人物）の違いを観察や調査などで明らかにしようとする手法をとっ
た。それを明らかにすることで，リーダーの出現，すなわちどのような人物
がリーダーとなるのかを予測することができるからである。調べられた特性
は年齢，身長，多弁，知能，判断力，外向性・内向性など多岐にわたる
(Stogdill, 1948)。それらの多くの研究をとりまとめた文献レビューからは，
リーダーはフォロワーと比較して知的能力，達成度，責任能力，社会参加度，
社会経済的地位などが高いことが示されている (Mann, 1959；Stogdill, 1948)。
しかし，これらの差は大きなものではなく，決定的なリーダー出現の要因を

特定できたとは認められず，リーダーシップ研究の主流は行動論に移行することとなった。

　一旦途絶えた特性論研究は，しかしながら，研究手法が洗練されてきたことなどを背景として1970年代頃から見直されている。知能，男性性，支配性がリーダーの出現に与える影響力は過去の文献レビュー（Mann, 1959）の推定より大きいものであることがメタ分析により示されている（Lord, et al., 1986）。また，性格を5つの主要な要素で捉えるビッグファイブ理論に基づいたリーダーシップ研究のメタ分析からは，外向性，勤勉性，経験への開放性，神経症傾向がリーダーの出現と関わりがあると示されている（Judge, et al., 2002）。さらに，知能はリーダーの出現だけでなく，リーダーの効果性（グループのパフォーマンスなど）にも関わっていることが，メタ分析により示されている（Judge, Colbert, & Ilies, 2004）。

　さらに近年では，生物学や進化論の観点からリーダーシップを取り扱った研究もみられる。一卵性の双子の両方がリーダーになる確率と，二卵性の双子の両方がリーダーとなる確率の違いを調べて，リーダーの出現に遺伝がどの程度関わっているのかを明らかにしようとする研究からは，2割から3割程度が遺伝によって説明されることが示されている（De Neve, et al., 2013）。進化論的なリーダーシップ論では，リーダーやフォロワーの行動を社会的問題解決のための手段と捉え，有効な行動をとった集団が生き残り，その行動を生じさせる特性が次世代に継承されていくと考える（Van Vugt, et al., 2008；Van Vugt & Schaller, 2008）。そして，現在のリーダーシップを過去の環境への適応の観点から捉えることを試みている。

2　行　動　論

　特性論研究が一旦途絶えた後，研究者は観察可能な行動からリーダーシップにアプローチした。その取り組みを総称して**行動論**という。その方法は多岐にわたっており，大人からの監督方法の違いによる少年らのお面づくり作業の比較（Lewin & Lippitt, 1938），小集団での意思決定におけるメンバー間の

表 5-1　リーダーシップ行動論

	課題行動	関係行動
Lewin & Lippitt, 1938	専制型	民主型
Bales & Slater, 1956	課題機能	社会-情緒的機能
Halpin & Winer, 1957	構造主導	配慮
Kahn, 1951；Katz, 1951；Katz & Kahn, 1951	生産（経営）志向	従業員（労働者）志向
Likert, 1961	仕事中心	従業員中心
三隅ら，1970	目標達成	集団維持

相互作用の観察（Bales & Slater, 1956），上司行動のリストに基づいた質問紙調査データの因子分析（Halpin & Winer, 1957），企業従業員へのインタビューや質問紙調査（Kahn, 1951；Katz, 1951；Katz & Kahn, 1951）などの多くの研究が行われた。その結果は細部では異なっているものの，2つの主要なリーダーの行動のまとまりを抽出したという点では概ね一貫していた（表5-1）。1つはグループの目標を達成させるための指示，ルール構築，スケジュール管理や成果のフィードバックなど課題に関する行動，もう1つはグループ自体の強化や支持的な環境を形成するための配慮，人間関係の調整，雰囲気づくりなど関係に関する行動である。

　上記の行動論研究の多くは，**課題行動**と**関係行動**の両方をとるリーダーであるほど，フォロワーの生産性や満足感が向上すると仮定している。文献レビューからはある程度それが裏づけられることが示されている（Stogdill, 1974）。しかし，矛盾する結果も少なからず含まれており，特定のリーダーの行動スタイルが常に有効なのではなく，状況によって行動の効果性が変わることが指摘されている。こうして，行動論による研究は次の段階である**状況論**に移行することになった。

　特性論と同様に，近年になって行動論を見直す研究も生まれている。過去の163研究をまとめたメタ分析（Judge, Piccolo, & Ilies, 2004）からは，課題行動に分類される構造主導行動と関係行動に分類される配慮行動は，ともに組織のパフォーマンスやフォロワーの満足度に正の影響を与えることと，特にその効果は配慮行動の方が大きいことが示されている。

3　状　況　論

　状況論はリーダーの特性や行動だけでなく，状況，すなわちフォロワーや
環境の持つ要素も用いてリーダーシップを説明しようとした。状況論に共通
する考えは，状況によって業績や満足を高めるリーダーシップスタイルが異
なるという点である。

　Fiedler（1964）の**状況**（コンティンジェンシー）**モデル**は最初の状況論として
知られており，状況論（コンティンジェンシー・セオリー）という学派名の由来と
もなっている。Fiedlerは効果的なリーダーシップをリーダーの志向性と3つ
の状況要因の組み合わせから決まるリーダーの有利さによって説明した。3
つの状況要因はリーダーとフォロワーとの関係，課題の構造化の程度，リー
ダーの地位が持つ権力であり，関係が良好で，課題が構造化されており，権
力が大きい場合には最も有利，逆の場合は最も不利となる。そして，リー
ダーにとって状況が有利か不利な場合は課題志向のリーダーが，中程度に有
利な場合は関係志向のリーダーが集団業績を高めることができることを示し
た（表5-2）。なお，Fiedlerは状況論の研究をさらに進め，リーダーの知能や
経験の影響がストレス状況によって変化するという認知的資源理論（Fiedler
& Garcia, 1987）を提唱している。

　パス・ゴール理論（House, 1971；House & Mitchell, 1974）は，仕事の目標（ゴー
ル）への通路（パス）をリーダーが提示すること，すなわち，目標達成のため
の適切な行動を示すことが，フォロワーを動機づけることになるという仮定

表 5-2　状況モデル（Fiedler, 1964, 1972 から作成）

	I	II	III	IV	V	VI	VII	VIII
状況要因								
リーダー・フォロワー関係	+	+	+	+	−	−	−	−
課題の構造	+	+	−	−	+	+	−	−
地位の権力	+	−	+	−	+	−	+	−
効果的なリーダーシップ	課題	課題	課題	関係	関係	関係	関係	課題

に基づいた状況論である。リーダーは2つの状況要因に応じて4つの行動スタイルを使い分けることで，フォロワーの満足度を高めることができる。2つの状況要因は，フォロワーの個人特性と仕事の環境で，さらに5つに分類されている。4つの行動スタイルは，指示型，支持型，達成志向型，参加型とされている。例えば，指示型のリーダーシップは仕事の曖昧な部分を明らかにするため，構造化されていない仕事に従事しているフォロワーの満足度を高める。また，支持型のリーダーシップは，仕事の楽しさを感じさせる機会を作り出すため，ストレスフルで苛立たしく，不満を感じさせる仕事に従事しているフォロワーの満足度を高める。後に House (1996) は理論を修正し，リーダーの行動スタイルを8つに再分類している。

状況対応リーダーシップ理論（SL 理論；Hersey & Blanchard, 1969；Hersey, et al., 1996）は，状況に応じて最適な課題行動と関係行動が異なるという立場に立つ。状況として扱われるのは，初期の理論ではフォロワーの成熟性であったが，後には意欲と能力の組み合わせによるレディネスという概念に変更された。フォロワーが低能力・低意欲であれば，高課題・低関係の教示的リーダーシップが，低能力・高意欲であれば，高課題・高関係の説得的リーダーシップが，高能力・低意欲であれば，低課題・高関係の参加的リーダーシップが，高能力・高意欲であれば，低課題・低関係の委任的リーダーシップが最適とされる。一連のリーダーシップはフォロワーの成長の過程に対応しており，教示的スタイルから始まるリーダー行動を，フォロワーの成長に合わせて委任的リーダーシップに至るまで切り替えていくことが示唆されている。後に，状況対応リーダーシップ理論Ⅱ（Blanchard, 2007）が発表され，フォロワーの能力が初期段階で高く，一度低下してから徐々に上昇し，意欲は低い状態から徐々に上昇するモデルに修正されている。

リーダーシップ代替論（Kerr & Jermier, 1978）は，フォロワーの特徴，仕事内容や組織の特性の中にリーダーの行動の代替になるものや障害になるものが含まれているという理論である。例えば，興味深い仕事であればフォロワーはリーダーの配慮がなくても自発的に従事すると考えられる。これは仕事の興味深さが関係行動の代替となることを意味している。このようにリー

ダーシップの代替や障害となる 14 の特徴が提示されている。

　状況論は，例えば新人教育を当てはめればほとんどのモデルから指示や構造づくりなどの課題行動が示唆されるなど共通点も認められるが，個別に独立したモデルであるため，効果検証は理論ごとに行われている。Fiedler の状況モデルは複数のメタ分析から支持されている（Ayman & Adams, 2012）。パス・ゴール理論は 120 研究のメタ分析より支持されているものの，矛盾した結果が含まれており十分に検証されているとはいえない（House & Aditya, 1997）。Hersey らの状況対応リーダーシップ理論は，実証的研究自体が少なく，理論を裏づける結果はほとんど得られていない上，2007 年の修正版理論も支持されていない（Thompson & Vecchio, 2009）。リーダーシップ代替論はメタ分析によって検証されており，リーダーの行動とフォロワー・仕事・組織の特徴との組み合わせがフォロワーの態度やパフォーマンスに関連しているものの，リーダーの行動が代替されるわけではないことが示されている（Keller, 2006；Podsakoff, et al., 1996）。

　状況論は現在，その枠組みを広げてリーダーの行動やその先行要因を促進あるいは抑制する文脈を扱う論に展開している。そこでは，環境リスク，ジェンダー，リーダーの階層，文化などが対象となっている（Antonakis, et al., 2003）。

4　認　知　論

　認知論は，効果的なリーダーシップを探るという状況論までの研究の流れとは別に，リーダーやフォロワーの行動の背後にどのような認知があるのかを取り扱っており，従来のリーダーシップ研究がリーダーシップとして扱ってきた構成概念やその測定方法を批判的に捉える懐疑論や，人のリーダーシップに関する認知の過程を明らかにしようとする情報処理論などから成り立っている。

　Eden & Leviatan（1975）は，人が暗黙の前提としてリーダーシップに関する理論を持っていると仮定し，**暗黙のリーダーシップ理論**と名づけた。実験

において，架空の食品工場について質問紙に回答を求められた学生は，リーダーに関する情報は一切与えられていないにもかかわらずリーダーシップを評定でき，その回答パターンの構造（例えば，「いいたいことをよく聞いてくれる」を高く評定した回答者は「友好的で近づきやすい」も高く評定しやすい）は実在のリーダーの評定データから得られた構造と一致していることが示された。人はリーダーシップを評定する際に，得られた情報を「頭の中にある」暗黙のリーダーシップ理論に照らし合わせているということが示されたといえる。

　Lord, et al., (1982, 1984) の**リーダーシップカテゴリー化理論**では，人は類似している人物像をカテゴリーとしてまとめており，新しく観察した人物がどのカテゴリーに当てはまるかという分類を行う際にはプロトタイプと呼ばれるカテゴリーに代表的な特徴のまとまりが参照されると考える。すなわち，ある人物がリーダーのプロトタイプ的な特徴を持っているほど，人はその人物をリーダーと分類することになる。架空の人物に関する文章を学生に読ませ，その人物のリーダーシップを評定させる実験からは，文章の一部にリーダーのプロトタイプ的な特徴（例えば，目標を強調する）が入っていると，中立的な特徴（例えば，行動を説明する）やプロトタイプ的ではない特徴（例えば，報酬を与えない）が入っている場合に比べて，リーダーとして効果的であり，文章に入っていないプロトタイプ的な特徴（例えば，解決策を提案する）も持ち合わせていると評定されることが明らかになった。

　Meindl, et al., (1985) は，組織にとってリーダーシップは必要不可欠であり，大きな影響をもたらすという幻想があり，その幻想のために人は実際のリーダーの貢献よりもその影響力を過大視してしまうという**リーダーシップの幻想論**を提唱した。Meindl らの研究の１つでは，組織に関する文章を学生に読ませ，業績の変動要因を評価させた結果，業績以外の情報が全く同じであっても，業績が大きく高まったか低下したと書かれている場合にその要因がリーダーシップであると評定されやすくなることが示されている。

　認知論研究の多くは，帰属理論 (Heider, 1944 ; Weiner, et al., 1972)，暗黙の性格理論 (Bruner & Tagiuri, 1954)，プロトタイプ理論 (e.g. Rosch, 1978) など，リーダーシップ研究以外の領域での知見をリーダーシップに応用したものと

なっている。また，有効なリーダーシップを追究するという立場ではないこともあり，メタ分析などによる効果性の検証などは基本的に見受けられない。しかし，質問紙調査を主に用いるリーダーシップ研究全体にとって，質問紙の回答は本当にリーダーシップを測定できているのかという議論を提起するなど，影響力は大きい。

5　関　係　論

　状況論までのリーダーシップ理論は，主にリーダー志向的な理論を扱っており，フォロワーの存在を含めたモデルも，リーダーの影響を受ける対象あるいはサポート源としてしか扱っていなかった (Chemers, 1997)。一方，リーダーとフォロワーの相互の対人関係を中心的なテーマとして扱ったものが**関係論**である。

　特異性クレジットモデル (Hollander, 1958) は，リーダーとフォロワーの社会的交換を扱った最初の関係論といわれている。この交換に用いられるのが特異性クレジットと呼ばれる他者からの肯定的な印象の蓄積であり，リーダーがフォロワーの期待に沿った行動をとったときに得られ，フォロワーの期待から外れるような特異的な行動をとったときに失われる。特異性クレジットは，リーダーの革新的な行動がフォロワーに許容される程度を表している。後に Hollander (2008) はこの理論を発展させた包含的リーダーシップ理論を提唱している。包含的リーダーシップ理論では尊敬 (Respect)，正当な評価 (Recognition)，反応性 (Responsiveness)，責任 (Responsibility) の 4 つの R を通じてリーダーとフォロワーの相互の関係を構築することが推奨される。

　LMX 理論 (Leader–Member Exchange Theory；Graen & Uhl–Bien, 1995) は関係論の中で最も代表的な理論とされている。LMX 理論は VDL 理論 (Vertical Dyad Linkage Theory；Dansereau, et al., 1975) を発展させたもので，リーダーとフォロワーの交換関係 (LMX) に質の高低があると考える。質の高い LMX は相互の信頼や支持に基づいており，リーダーから提供される情報，影響，信頼，裁量権，サポートなどが，フォロワーからの時間，努力，コミットメン

トなどと交換されることになる。一方，質の低い LMX は契約上の義務に基
づいており，交換材料は必要最低限のものになる。すなわち，質の高い
LMX は集団のパフォーマンスを含めた様々な成果と関連すると考えられて
いる。

　関係論の実証研究は特異性クレジットモデルを扱ったものが少なく，
LMX 理論を扱ったものが数多い。特異性クレジットモデルについてはいく
つかの実験 (e.g. Estrada, et al., 1995；Hollander, 1960) から人がモデルに従った行
動をとっていることが示されている。LMX 理論については，質の高い LMX
がパフォーマンス，上司満足，コミットメント，役割葛藤の少なさ，役割明
瞭性，メンバーの能力，退職意図の少なさと関連していることがメタ分析
(Gerstner & Day, 1997) によって示されている。

6　変　革　論

　変革論は，関係論以外も含めた過去の研究が主にリーダーとフォロワーの
交換関係，すなわち**交換型リーダーシップ**を扱ってきたと指摘し，フォロ
ワーを刺激して，その目標を個人的な興味や関心を超えて集団的な達成にま
で変革させるリーダーシップを提唱している (Bass, 1990；Chemers, 1997)。こ
の理論は既存の理論を破壊したという意味で「新リーダーシップ論」とも呼
ばれている (Antonakis, 2012)。

　House (1977) は Weber, M. の提唱した社会支配の類型の1つであるカリス
マ的支配の概念を参考に，**カリスマ的リーダーシップ理論**を提唱している。
それによれば，フォロワーにリーダーへの無条件の受容や好意，リーダーへ
の同一視や模倣，組織目標への情緒的な関与などを生じさせるのがカリスマ
的リーダーシップであると定義される。カリスマ的リーダーの特徴として，
特性面では支配性，自信，影響の欲求，自分の信念の道徳的正しさの確信，
行動面では役割モデリング，イメージ構築，目標明確化，高い期待と信頼の
提示，動機喚起行動が挙げられている。これらの定義や特徴は仮説として提
案されたものだが，その後の研究の流れに影響を与えた。

表 5-3　全範囲リーダーシップ理論（Bass & Giggio, 2006）の構成要素

構成要素	内容
理想化された影響（帰属されたカリスマ）	フォロワーにリーダーへの尊敬の念や信頼を強く感じさせる
理想化された影響（行動）	組織的な目標や展望を示し，使命感を持つ重要性を強調する
モティベーションの鼓舞	高い期待や仕事の意味を伝え，動機づける
知的刺激	新しい方法や考え方を提示し，知的に刺激する
個人的配慮	フォロワー個人の目標や成長の欲求に配慮する
随伴報酬	仕事を達成したときに得られる報酬を明らかにし，提供する
例外管理（能動）	フォロワーが決まりに従い，ミスを起こさないように積極的に働きかける
例外管理（受動）	フォロワーが決まりを破ったり，ミスを起こしたときにだけ対応する
放任	フォロワーと関わらない

全範囲リーダーシップ理論（Bass, 1985）はカリスマ的リーダーシップ理論や後続の研究などを発展させ，**変革型リーダーシップ**と交換型リーダーシップの全体を網羅したモデルを提唱した。全範囲モデルでは，リーダーの特性や行動を，理想化された影響，モティベーションの鼓舞，知的刺激，個人的配慮，随伴報酬，例外管理，放任に分類している。最初の4つは変革型リーダーシップを表す4つのI（Idealized influence, Inspirational motivation, Intellectual stimulation, Individualized consideration）と呼ばれ，それ以外は交換型リーダーシップを表すものと位置づけられる。また，理想化された影響はさらに帰属されたカリスマと行動に，例外管理は能動と受動に細分化されている（表5-3）。

　変革論は，現在のリーダーシップ研究の中心的なテーマの1つとなっており（Gardner, et al., 2010），実証研究も数多く行われている。複数のメタ分析から，変革型リーダーシップがフォロワーの満足感や動機づけ，リーダーの効果性，個人や組織のパフォーマンスに関連することが示されている（Wang, et al., 2011）。また，変革型リーダーシップと交換型リーダーシップの影響力を比較したメタ分析（Derue, et al., 2011；Judge & Piccolo, 2004）からは，両リーダーシップともに有効であるものの，上司満足のように変革型リーダーシップの影響が大きい指標，職務満足のように交換型リーダーシップの影響が大

きい指標，グループのパフォーマンスのように影響が拮抗している指標があることが示されている。

7　その他のリーダーシップ理論

　ここまで主要な学派ごとのリーダーシップ研究を概説してきたが，本章で取り上げた学派にまとまらない理論や新しい理論も少なくない。本章で言及していない近年のリーダーシップ研究としては，戦略的リーダーシップ，チーム・リーダーシップ，倫理的リーダーシップ，共有・分担型リーダーシップ，多様性とリーダーシップなどが注目を集めている (e.g. Day & Antonakis, 2012；坂田, 2017)。

6　章

リーダーシップ：現代的課題

　リーダーシップ研究は，企業などの実社会で役立てるということを視野に入れた実践的な側面が強いものの，その理論を実際の組織に当てはめることや，具体的な行動に活かすことには様々な困難が伴う。そこで本章では，現代の日本企業において課題となっているいくつかのトピックを取り上げ，リーダーシップ研究から得られる示唆を検討する。

1　パワーハラスメントとリーダーシップ

　職場における**パワーハラスメント**は近年急激に問題となっている。厚生労働省の個別労働紛争解決制度に基づいた民事上の個別労働紛争相談における「いじめ・嫌がらせ」件数は年々上昇しており，民事上の個別労働紛争相談全体における割合も近年は首位となっている（図6-1）。

　こうした背景から，2019年には**労働施策総合推進法**が改正され，2020年6月（中小企業は2022年4月）から事業主にパワーハラスメント対策を講じることが義務化された。その中で職場のパワーハラスメントは，「職場において行われる優越的な関係を背景とした言動であつて，業務上必要かつ相当な範囲を超えたものによりその雇用する労働者の就業環境が害されること」（労働施策総合推進法第30条の2）と定義されており，法改正に続いて発表された指針ではその代表的な行動類型も挙げられている（表6-1）。これらの定義や行動類型は厚生労働省が開催した「職場のいじめ・嫌がらせ問題に関する円卓会議」のワーキング・グループ報告（厚生労働省, 2012）をほぼ引き継ぐ形となっており，パワーハラスメントの概念を明確化し，対策を促すという政策上の取り組みはおおよそ10年前より行われているといえる。

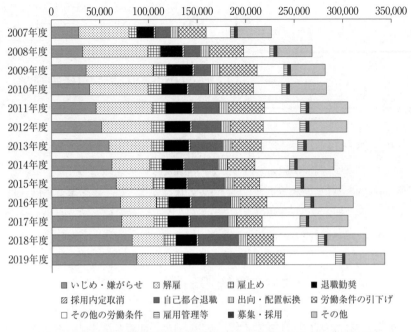

グラフ上部の横軸目盛り：0　50,000　100,000　150,000　200,000　250,000　300,000　350,000

縦軸（年度）：2007年度、2008年度、2009年度、2010年度、2011年度、2012年度、2013年度、2014年度、2015年度、2016年度、2017年度、2018年度、2019年度

凡例：
■ いじめ・嫌がらせ　　▨ 解雇　　▥ 雇止め　　■ 退職勧奨
▨ 採用内定取消　　■ 自己都合退職　　▥ 出向・配置転換　　▨ 労働条件の引下げ
□ その他の労働条件　　▤ 雇用管理等　　■ 募集・採用　　▨ その他

図6-1　民事上の個別労働紛争相談件数（厚生労働省, 2020a をもとに作成）

　しかしながら少なくとも法改正に至るまでの取り組みは，実態としてのパワーハラスメントの軽減にはつながっていないようである。厚生労働省委託研究による調査からは，「過去3年間にパワーハラスメントを受けたことがある」という従業員の比率が2012年の25.3％から2016年の32.5％へと増加していることが示されている（東京海上日動リスクコンサルティング株式会社, 2017）。もちろん，パワーハラスメントの概念が明らかになることで，これまでそう認識されていなかった行為が正しく捉えられるようになったという側面が含まれていると考えられるものの，3割以上もの労働者がパワーハラスメントを受けたと感じている実態にはさらなる対策が必要であることは間違いない。なお同調査からは「パワーハラスメントをしたと感じたり，パワーハラスメントをしたと指摘されたことがある」という従業員の比率は11.7％であることが示されている。パワーハラスメントを受けた側の3割，行った側の1割という数字は単純に比較することはできないものの，かなりのパワーハラス

表 6-1　職場のパワーハラスメントの行動類型
（厚生労働省, 2020b をもとに作成，例は文意を損なわない範囲で編集）

類型	該当すると考えられる例	該当しないと考えられる例
身体的な攻撃 （暴行・障害）	殴打，足蹴り，物を投げつける	誤ってぶつかる
精神的な攻撃 （脅迫・名誉毀損・侮辱・ひどい暴言）	人格を否定するような言動 必要以上に長時間の厳しい叱責の繰り返し 他の労働者の面前での威圧的な叱責の繰り返し 能力否定，罵倒のメールなどを対象を含む複数の労働者に送信	社会的ルールを欠いた言動が再三注意しても改善されない労働者に一定程度強く注意 重大な問題行動を行った労働者に一定程度強く注意
人間関係からの切り離し （隔離・仲間外し・無視）	意に沿わない労働者の仕事を外し，長期間別室隔離や自宅研修をさせる 同僚が集団で無視し，孤立させる	採用した労働者の育成に，短期間集中的に別室で研修 懲戒処分を受けた労働者に，一時的に別室で研修
過大な要求 （業務上明らかに不要なことや遂行不可能なことの強制，仕事の妨害）	勤務に直接関係ない長時間の過酷な環境下での作業を命じる 教育を行わないまま到底対応できない業績目標を課し，未達を厳しく叱責 私的な雑用の処理を強制的に行わせる	育成のために少し高いレベルの業務を任せる 繁忙期に，業務上の必要性から通常時よりも一定程度多い業務を任せる
過小な要求 （業務上の合理性なく，能力や経験とかけ離れた程度の低い仕事を命じることや仕事を与えないこと）	管理職を退職させるため，誰でも遂行可能な業務をさせる 嫌がらせのために仕事を与えない	能力に応じて，一定程度業務内容や業務量を軽減
個の侵害 （私的なことに過度に立ち入ること）	職場外での継続的監視や，私物の撮影 了解を得ずに性的指向などの機微な個人情報を暴露	配慮目的の家族状況等のヒアリング 了解を得て機微な個人情報を必要な範囲で人事に伝達し，配慮を促す

メントが自覚なく行われている可能性を示唆しているものと考えられる。そこで，本節ではパワーハラスメントのメカニズムや要因の解明につながりうる 2 つのリーダーシップ研究の流れを概観し，パワーハラスメント防止の可能性を検討する。

1）社会的勢力と勢力変性効果

　厚生労働省の指針（厚生労働省, 2020b）においてパワーハラスメントは，「抵抗又は拒絶することができない蓋然性が高い関係を背景として行われるもの」とされており，同僚や部下による言動であっても該当する場合があることが示されている。すなわち，パワーハラスメントは必ずしも公式リーダーのみではなく，優越性を持ち相手に影響を及ぼすことのできる優位な立場にある者は誰でも行えるものといえる。心理学ではこの優越性と類似した**社会的勢力**という概念が研究されてきた。

　社会的勢力とは他者の行動，意見，態度，目的，欲求，価値などに自分が望む変化を生じさせる潜在的影響力を意味しており，他者に従うということはその他者の勢力を受け容れるということを意味している（Bass & Bass, 2008；Emerson, 1964；French, Jr. & Raven, 1959；鎌田, 2017）。

　French, Jr. & Raven（1959）は，社会的勢力の5つの基盤として**強制，報酬，正当性，専門性，準拠性**を提示し，Raven（1965）は**情報**を加えた6つに拡張し，後にさらに細分化や修正を加え（Raven, 1992, 2008；Raven, et al., 1998），現時点では6つを細分化した11の**勢力基盤**が提示されている（表6-2）。これら

表 6-2　社会的勢力の基盤
（鎌田, 2017：19；Raven, 2008 を参考に作成）

勢力基盤	例（受け手の立場からみた行動変化の要因）
強制	
非個人的強制	解雇や懲罰を避けるため
個人的強制	非難や拒否を避けるため
報酬	
非個人的報酬	賞与や昇進を得るため
個人的報酬	承認や尊敬を得るため
正当性	
地位の正当性	上司や教員からの指示であるため
互恵性の正当性	受けた恩を返すため
平等性の正当性	損失を埋め合わせて平等にするため
責任の正当性	弱者や頼ってくる者を助けるため
専門性	専門的な知識に基づいているため
準拠性	尊敬し手本にしている人であるため
情報	納得できる説明であるため

11 の勢力基盤は強制（個人，非個人），報酬（非個人），互恵性，平等性，地位から成る厳しく**強い勢力基盤**と，残りの 5 つから成る穏やかで**弱い勢力基盤**にまとめることができる（Raven, et al., 1998）。パワーハラスメントの観点からは，特に前者の強い勢力基盤の活用がハラスメントに結びつく危険性を持つといえよう。さらに，こうした強い勢力基盤を活用することは勢力者自身にも影響を及ぼすことが Kipnis（1972）の実験から明らかとなっている。実験は大学生 28 名がそれぞれ管理者となって隣の建物にいる 4 人の高校生の部下に 3 分の作業を 6 回行わせるというものであった。管理者には，管理者から部下へはイヤフォンを通じて個別に一方通行の連絡をとることができ，部下から管理者へは各回の終わりに成果の報告とともにノートを通じて連絡をとることができると伝えられたが，実際には部下は存在せず，成果報告や連絡の内容はあらかじめ定められていた。管理者の半分は勢力を与えられ，部下の給与の増減，配置転換や解雇，作業指示の追加やそれらを実行するという脅しを行うことが認められたが，残りの半分はこうした勢力は与えられなかった。その結果，勢力を与えられた管理者は，与えられなかった管理者に比べて部下に頻繁に連絡をとって影響を与えようとし，部下のパフォーマンスや動機づけを低く見積もり，彼らの努力は自分の指示がよかったからだと判断し，部下と心理的距離をとって会いたがらなかった。

　続く研究（Kipnis, et al., 1976）では，夫婦関係，主婦・家政婦関係に関する 2 つの質問紙調査が行われ，強い影響手段を使う勢力者は自分が相手の行動を引き起こしたと信じており，相手を低く評価し，相手と社会的に距離をとることが明らかとなった。これらの研究から明らかになった強い勢力が勢力者自身に与える影響は**勢力変性効果**と名づけられ，後続の研究に大きな影響を与えた。

　勢力変性効果の発生には民族，性別，競争・協調状況などの条件がある可能性も示唆されており（Ayers-Nachamkin, et al., 1982；Tjosvold, et al., 1984；渕上，1985），日本人を対象にした実験では確認されていない（Imai, 1994；今井, 1982）。近年研究が蓄積されてきている**接近・抑制理論**（Cho ＆ Keltner, 2020；Keltner, et al., 2003）は，このように条件によって勢力変性効果が生じない場合がある

ことを踏まえて，勢力の増大が自動的認知や非抑制的な行動などに特徴づけられる接近傾向を強めると提唱している。接近・抑制理論によれば，勢力保持者の行動は内的な特性や状態に影響される（Keltner, et al., 2003）。すなわち，勢力は保持者の性格や感情に基づいた行動を生じさせやすくなるため，勢力変性効果の発生には個人差があることになる。

　これらの理論を踏まえると，職場において裁量権を持ちそれを行使することは認知や行動に影響する可能性があり，日本人においては起こりにくいとはいえ周囲との関係悪化につながるリスクを孕んでいるといえる。勢力変性効果は要求や命令などの強く操作的な戦略に相手が従った場合に生じやすく，説明や提案などの合理的戦略やお願いなどの弱い戦略では生じにくい（Kipnis, 2001；O'Neal, et al., 1994）。前者では自分が相手を変えたという認知が生じやすいのに対し，後者では相手が従った場合でもその決定は本人が行っていると判断されるためである。また，ギブ＆テイクを主とする交換志向性の高い勢力者は共同志向性の高い勢力者に比べて，利己的に勢力を行使することも指摘されている（Chen, et al., 2001）。したがって，物事をギブ＆テイクや貸し借りで考え，直接的な命令や指示を行うリーダーは，自分の行動がパワーハラスメントに陥らないよう気にかけておくことが求められる。

２）破壊的リーダーシップ

　パワーハラスメントという言葉は国際的には用いられておらず，同様の行為を指す言葉としては，いじめを意味するmobbingやbullying，精神的な暴力を意味するmoral harassmentなどが用いられている（入江, 2015）。リーダーシップ研究でこれらの行為と関連するトピックとして近年注目を集めているのが**破壊的リーダーシップ**である。破壊的リーダーシップとは特定のリーダーシップ理論を指すのではなく，リーダーシップの破壊的な側面に焦点を合わせた様々な研究の総称である（表6-3）。破壊的リーダーシップは，虐待的監督に関するものを中心に研究が進められており（坂田, 2017），もたらす影響や先行要因に関するメタ分析も行われている。

　破壊的リーダーシップがもたらす結果については，当然のことながら組織

表 6-3　主要な破壊的リーダーシップ（Krasikova, et al., 2013；坂田, 2017：176 をもとに作成）

概念	定義	提唱者
小暴君	過酷で，気まぐれで，悪意ある勢力と権威の使用	Ashforth, 1994；1997
虐待的監督	敵対的な言語的・非言語的行動（身体的接触を除く）を持続的に示す程度の部下による知覚	Hornstein, 1996；Tepper, 2000
社会的侵害	肯定的対人関係，仕事関連の成功，好ましい評判を確立・維持する能力の妨害を意図した行動	Duffy, et al., 2002
嫌悪的リーダーシップ	威嚇，処罰，叱責を多用する行動	Bligh, et al., 2007；Pearce & Sims, 2002
有害なリーダー	破壊的な行動および非機能的な性質や特徴によって，率いる個人や集団に深刻で永続的な危害を与える個人	Lipman-Blumen, 2004
自己愛的リーダーシップ	リーダーの行為が主に極端に自己中心的な欲求と信念によって動機づけられており，組織および構成員の要求や利益に優先されるときに生じるリーダーシップ	Rosenthal & Pittinsky, 2006
偽の変革的リーダー	変革的リーダーシップの要素を示すが，個人的，搾取的，自己強化的な動機を持っているリーダー	Bass & Riggio, 2006；Bass & Steidlmeier, 1999
戦略的いじめ	個人的および／または組織的目標を達成するために，対象者に特定のイメージを伝え，従順で無力な立場に置くことによって，影響や操作をしやすくする戦略的に選択された戦術	Ferris, et al., 2007

やフォロワーへの否定的な影響が多数挙げられている。具体的には，組織的公正や組織からの支援の知覚との負の関係に代表される**組織の評価**への影響，組織コミットメントや組織同一視，組織市民行動との負の関係，離職意図との正の関係に代表される**組織との関与**への影響，リーダーへの抵抗との正の関係，リーダーへの態度との負の関係に代表される**リーダーに対する姿勢**への影響，非生産的行動や逸脱行動との正の関係に代表される**組織秩序**への影響，ストレスや抑うつ，ネガティブ感情との正の関係，肯定的自己評価やポジティブ感情との負の関係に代表される **well-being** への影響，職務満足や職務態度，パフォーマンスとの負の関係に代表される**職務**そのものへの影響，

ワーク・ファミリーコンフリクトとの正の関係に代表される**家庭生活**への影響などが挙げられている（Harms, et al., 2017；Mackey, et al., 2017；Schyns & Schilling, 2013；Zhang & Liao, 2015）。ただし，これらの関係の一部は，勢力格差（power distance）の受け容れられやすさや，フォロワーの勤続年数，年齢，リーダーと過ごした時間などによって強さが異なるという調整効果も明らかになっている（Zhang & Liao, 2015）。

　破壊的リーダーシップの先行要因について同様にまとめると，権威的リーダーシップや非倫理的リーダーシップとの正の関係，倫理的リーダーシップや支持的リーダーシップ，LMX，変革的リーダーシップとの負の関係に代表される**リーダーシップスタイル**からの影響，社会的公正の知覚との負の関係に代表される**リーダーによる組織の評価**からの影響，ネガティブな経験やネガティブ感情，ストレスとの正の関係に代表される**リーダーの well-being** からの影響，感情的知性との負の関係に代表される**リーダーの特性**からの影響，組織的制裁との負の関係，攻撃的規範との正の関係に代表される**組織風土**からの影響などが挙げられている（Harms, et al., 2017；Mackey, et al., 2017；Zhang & Bednall, 2016）。また，フォロワーの性格や感情状態などが破壊的リーダーシップの知覚と関連することも明らかになっている（Mackey, et al., 2017；Zhang & Bednall, 2016）。例えば，自己愛的でネガティブ感情の強いフォロワーは上司の行動を破壊的だと受け止めやすいというように，フォロワーの特徴によって同じ行動であっても破壊的リーダーシップと知覚される程度が異なるということになる。さらに，先行要因においても，フォロワーの性別や勤続年数，リーダーと過ごした時間による調整効果が確認されている（Zhang & Bednall, 2016）。

　破壊的リーダーシップのもたらす結果は，ほぼパワーハラスメントの悪影響と読み替えることもでき，これらの被害を予防することには大きな意義があるといえる。そのためにはリーダー自身の well-being を向上させ，適切なリーダーシップスタイルをとるような教育や訓練を行い，組織レベルでの風土改革を行うなど，先行要因への介入が有効であるといえよう。

2　リーダーシップと文化

　ビジネス社会におけるグローバル化の加速に伴い，海外進出する日系企業数や現地法人従業者数は拡大傾向にある（外務省, 2018；経済産業省, 2018）。アジアの新興国を中心に安価な労働力を求めた海外進出はすでに転換点を迎え，人口減少などによる国内市場の縮小に伴った市場開拓のための進出が展開されている。現地での市場を開拓するためには，現地化，すなわち顧客のニーズに応じた仕様や納期の変更，アフターサービスなどのカスタマイズが求められる（経済産業省, 2011）。そのためには，現地の状況に即した迅速な経営判断を行う必要があり，現地法人に権限移譲を行う経営の現地化も必要であることが指摘されている。こうした動きを適切な形で進めるには，進出先の国の多様性に対する理解が求められる（國分, 2018）。具体的には，現地で暮らす人々がどのような価値観を持っており，どのようなリーダーシップが受け容れられやすいのかといった文化を理解することで，現地人材との摩擦を避け，効果的に現地化を進めることができるようになるものと考えられる。そこで，本節ではリーダーシップに関する国際比較研究プロジェクト **GLOBE**（Global Leadership and Organizational Behavior Effectiveness Research Program）から，日系企業が多く進出している国の価値観や受け容れられやすいリーダーシップについての特徴を概観し，効果的な現地化施策について検討する。

　GLOBE は 1991 年に House, R. J. によって創始されたプロジェクトで，現在も継続しているが，本節ではその第 2 期の成果を取り上げる。GLOBE の第 2 期では，個人の暗黙のリーダーシップ理論が文化ごとに類似しているという仮定に基づき，62ヶ国の 1 万 7000 人を超える中間管理職を対象として，質問紙調査による文化とリーダーシップの測定が試みられた。文化は現状の **実態**（practices；the way things are）と目指す **価値観**（values；the way things should be）の 2 側面が測定されており，結果の分析より 9 次元の構造を持つことが示唆された。リーダーシップは優れたリーダーの特性や行動，すなわちどのような人物が優れたリーダーと認知されるかが問われ，6 次元の構造が示唆

された（表6-4）。

　日系企業が多く進出している国は，2017年時点で上位から中国，アメリカ，インド，タイの順となっている（外務省, 2018）。これら4つの国および日本は全てGLOBEのプロジェクトに参加しており，比較可能であることから，まず日本の文化とリーダーシップについて確認した上で，4ヶ国を順に概観する。

表6-4　GLOBEで用いられた尺度

（Javidan, et al., 2004；Global Leadership & Organizational Behavior Effectiveness, 2016 を参考に作成）

尺度	説明
文化	
業績志向	集団が業績向上や優秀な業績を推奨し，報いる程度
自己主張	個人が他者との関係において主張的，対立的，攻撃的である程度
未来志向	個人が満足の遅延，計画，未来への投資などの未来志向行動に従事する程度
人道志向	個人が公平，利他的，寛容，配慮的，親切であることを集団が推奨し，報いる程度
制度的集団主義	組織的・社会的な制度的慣行が資源の集団的な配分や集団的行動を推奨し，報いる程度
内集団集団主義	個人が自分の組織や家族の中で誇り，忠誠心，凝集性を示す程度
ジェンダー平等主義	集団がジェンダーの不平等を最小限に抑えようとする程度（低：男性優位，高：女性優位）
権力格差	共同体が権威，権力の違い，地位の特権を受け容れ，是認する程度
不確実性回避	未来を予測しやすくするために，社会，組織，集団が社会的規範，規則，手続きを頼る程度
リーダーシップ	
カリスマ型	確固とした価値観に基づき，フォロワーの高い成果を刺激し，動機づけ，期待するリーダーシップ
チーム志向	効果的なチーム構築とフォロワー間の共通目的や目標の実現を強調するリーダーシップ
参加型	決定を下し，実行する際にフォロワーを関与させるリーダーシップ
人道志向	思いやりと寛容さを含む，支持的で配慮のあるリーダーシップ
自律型	独立した個人主義的リーダーシップ
自己防衛型	地位の強化と面目の保持による個人や集団の安全と安心の確保に重点を置くリーダーシップ

（注）各尺度の得点は7件法の質問項目の平均値が示されており，ジェンダー平等主義を除いて得点が高いほどその尺度の傾向が強いことを表す。

1）日本の文化とリーダーシップ

GLOBE 61ヶ国平均[1] と比較[2] して，日本の文化（図6-2）で際立っている側面として，実態では制度的集団主義（高），自己主張（低），価値観では自己主張（高），業績志向（低），制度的集団主義（低），内集団集団主義（低）が挙がる。リーダーシップ（図6-3）ではカリスマ型（低）が挙がる。すなわち，日本では自己主張的で組織から自立するような文化が望ましいと思われている一方で，現状がその逆であるということになる。また，業績志向や内集団への帰属意識は現状よりも強くあることが望ましいと考えられているものの，その程度は他の国と比べると小さい。望ましいリーダーシップに関してはカリスマ型リーダーの評価が他国と比較して高くないということが読み取れる。

　これらの結果は，日本の文化やリーダーシップ観がそもそも独特なものであることを意味しており，海外進出においてはその独自性を理解した上で進出先の文化との融和を図ることが必要であることを示唆しているといえよう。

2）中国の文化とリーダーシップ

　中国の文化（図6-4）は GLOBE 研究では日本と同じ儒教アジア圏に分類されており，自己主張が弱い実態と強いことを望ましいと思う価値観のようにほぼ一致している側面もあるが，異なる側面もある。日本と比較すると実態では内集団集団主義（高），不確実性回避（高），未来志向（低），価値観では不確実性回避（高），業績志向（高），ジェンダー平等主義（低），未来志向（低），制度的集団主義（高）が挙がる。リーダーシップ（図6-5）は人道志向（高）が挙がる。

　日本と比較した中国の文化の特徴として際立っている側面として，不確実な未来を回避するための社会的規範や手続きが積極的に用いられ，かつそれが望ましいと思われていることが挙がる。面子（mianzi），人情（renqing），関

1　GLOBE プロジェクトの分析に従って，回答バイアスの大きいチェコ共和国を除外した（House & Javidan, 2004）。
2　主に，GLOBE 61ヶ国から求められた標準偏差以上の差があるものに言及している。

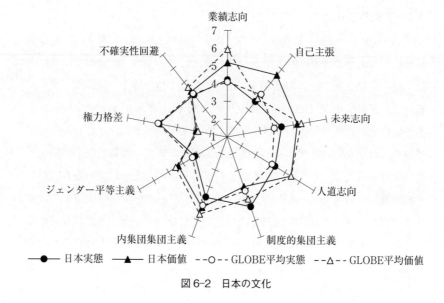

図6-2　日本の文化

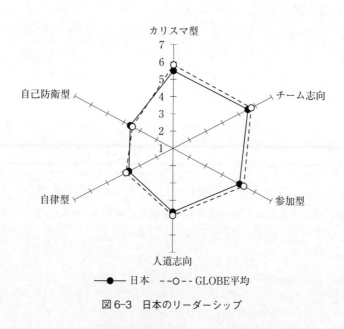

図6-3　日本のリーダーシップ

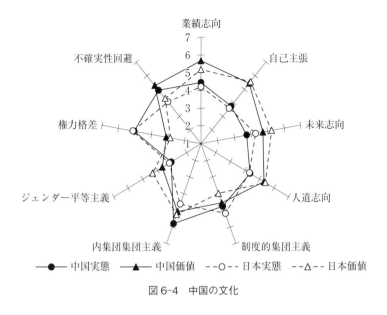

図6-4　中国の文化

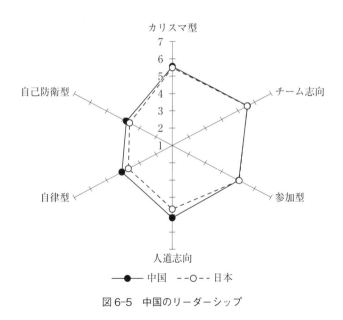

図6-5　中国のリーダーシップ

係（guanxi）という特有の文化規範（Fu, et al., 2007）を背景とした接待や折衝などの中国独特の商慣習が，日系企業のビジネスの展開を妨げることや，日本人駐在員のストレス要因となっている（鈴木, 2004）ことはよく知られている。一方で，長期的な視点などの未来志向性は重視されず，短期的な利益が尊ばれる文化があることが推察される。現地における駐在員の行動に関しては業績志向的価値観や人道志向リーダーシップを求める傾向が日本より強いことから，評価やそのフィードバックなどを中心に工夫が求められるであろう。また，男性優位の価値観は日本だけでなく他国と比べても強いことから，女性駐在員の派遣には慎重な考慮が必要になると考えられる。

3）アメリカの文化とリーダーシップ

　アメリカの文化（図6-6）を日本と比較して差のみられる側面として，実態では自己主張（高），制度的集団主義（低），価値観では業績志向（高），自己主張（低），ジェンダー平等主義（高），内集団集団主義（高）が挙がる。リーダーシップ（図6-7）では参加型（高），カリスマ型（高），人道志向（高），自己防衛型（低）が挙がる。

　日本と比較したアメリカの文化の特徴として際立つのは自己主張性や独立心が強いという現状である。このことはしばしば開拓によって成立した国家という歴史的経緯と関連づけて語られる（Hoppe & Bhagat, 2007）。アメリカの実態の自己主張は，日本だけでなく他国と比較しても高い。制度的集団主義は他国との比較では平均的だが，日本と比べると低い。また，期待するリーダー像も日本とは相違点が多く，自己防衛型のリーダーシップが望まれず，参加性や人間性を備え持つカリスマ型リーダーが望まれる傾向にある。したがって，独立性の強い現地人材と向き合えるカリスマ型リーダーをどのように育成するかが課題といえよう。

4）インドの文化とリーダーシップ

　日本と比較したインドの文化（図6-8）の特徴としては，実態では制度的集団主義（低），内集団集団主義（高），価値観では業績志向（高），制度的集団主

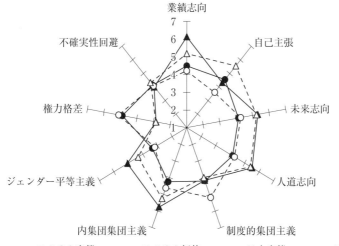

図6-6　アメリカの文化

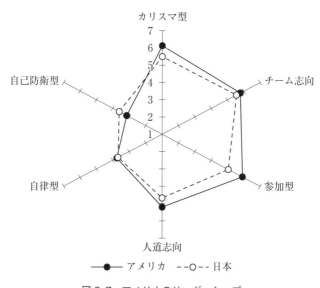

図6-7　アメリカのリーダーシップ

義 (高)，自己主張 (低) が目立つ。リーダーシップ (図6-9) では人道志向 (高)，カリスマ型 (高) で差がみられる。

　カースト制あるいはヴァルナ・ジャーティ制と呼ばれる独特の社会制度を持つインドの文化の日本との違いは，主に集団観に現れている。個人の組織に対するコミットメントは高く，実態として集団主義的な組織運営がなされているわけではないものの，そうすることが望ましいと思われていることは，組織を運営する立場にとって有利な状況であると考えられる。自己主張をあまり重視しない傾向もこれを後押しするものと考えられる。一方で，中国と同様に，業績志向の価値観や人道志向リーダーシップを求める傾向が強いことから，適切な評価制度を構築することも必要になるといえよう。

5）タイの文化とリーダーシップ

　タイの文化 (図6-10) は日本と食い違う側面が多く，実態では制度的集団主義 (低)，未来志向 (低)，内集団集団主義 (高)，権力格差 (高)，人道志向 (高)，価値観では自己主張 (低)，未来志向 (高)，制度的集団主義 (高)，不確実性回避 (高)，業績志向 (高)，人道志向 (低)，内集団集団主義 (高) において差がみられる。リーダーシップ (図6-11) では自律型 (高)，人道志向 (高) が特徴的である。

　タイは東南アジアで植民地支配を受けなかった唯一の国であるが，中国やインドの影響を受けた文化が形成されており (タイ国政府観光庁, n.d.)，業績志向性，自己主張や制度的集団主義などの傾向は比較的近い。しかし，日本と比べると未来志向を望む価値観の一方でそれと食い違う実態や，社会の実態として人道志向が満たされているためかあまり価値が置かれない傾向，実態と価値の両面で重視される内集団集団主義，権力格差を許容する実態などは，独特の文化とみることができる。また，リーダーシップでは人道志向だけでなく自律型のリーダーシップも望ましいと考えられている。このように日本と食い違う文化が多いことは現地化において日本人側が調整しなくてはならない点が多いことを示していると考えられる。

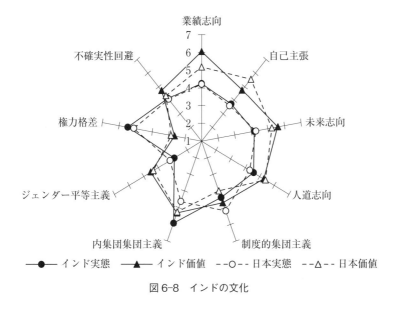

図 6-8　インドの文化

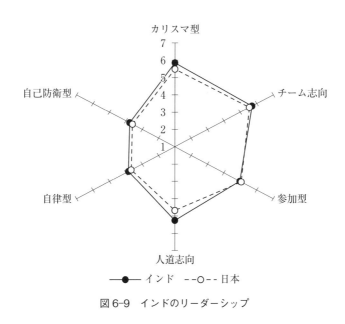

図 6-9　インドのリーダーシップ

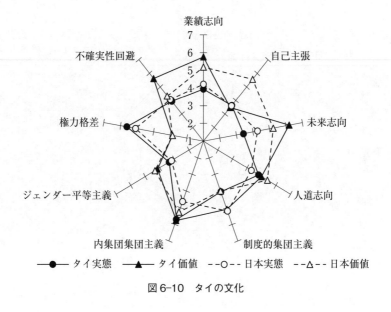

業績志向
自己主張
不確実性回避
未来志向
権力格差
人道志向
ジェンダー平等主義
制度的集団主義
内集団集団主義

——●—— タイ実態　——▲—— タイ価値　--○-- 日本実態　--△-- 日本価値

図6-10　タイの文化

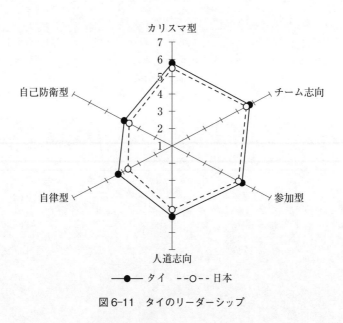

カリスマ型
チーム志向
自己防衛型
参加型
自律型
人道志向

——●—— タイ　--○-- 日本

図6-11　タイのリーダーシップ

7 章

人的資源管理と採用選考

　あなたが社長から，「うちの会社のために，ここで働く人たちのお世話をしてほしい」といわれたら何をすればよいだろうか，何を目指すべきだろうか。この章では企業がそこで働く人に対して行う働きかけのうち，雇用管理と人事評価，および採用について考える。

1　人的資源管理

1）人的資源管理の考え方

　働く人について企業経営の立場からは，企業が目標を達成し成果を上げるためには，必要な能力・知識を持つ社員を集めて効率的に配置し，報酬などで仕事の動機づけを高めると同時に育成を行うことが重要である。一方で産業・組織心理学の立場からは，それらの働きかけが社員の**離職率**に深く関係する**職務満足**，**仕事の動機づけ**，**組織コミットメント**（企業や職場組織に一体感を持ち，所属し続けようとする気持ち）を高め，企業での処遇や**人事評価の公正さ**を高めることが重要である。

　企業では経営資源をヒト・モノ・カネ・情報の4つの要素に分けて考えるが，このうちヒト（成員）に働きかけて管理する活動を**人的資源管理**という。1990年代以前，これらの活動はブルーカラーの社員については**労務管理**，ホワイトカラーの社員については**人事管理**と呼ばれていた。人的資源管理という呼び方には，社員は人件費のかかるコストではなく成長や意欲，および，雇用のしかたや配置により組織にプラスに貢献する，という考え方が背景にある。

　また，人的資源管理の考え方には，企業は社員を一方的に管理するのでは

なく相互依存的に協働しているという見方が含まれている。従来，企業と社員の関係は，労働と賃金の経済的な交換による契約関係として考えられることが多かった。人的資源管理では企業と社員の間には心理的な暗黙の相互期待に基づく契約である**心理的契約** (psychological contract；Rousseau, 1989；服部, 2013) が存在し，これによって企業の組織・活動が維持されていると考える。

　心理的契約とは，社員が企業に対して，自分が一定の働きをすれば賃金以外に教育訓練，福利厚生，昇進昇格などの処遇をしてくれると期待し，企業は社員に対して，一定の処遇をすれば希望するような働きをしてくれると期待する，という暗黙の心理的な期待により両者が結びついているという考え方である。ここでは，十分な賃金だけではなく，社員の企業への様々な心理的な期待を満たすことが組織コミットメントや満足を高め，人的資源の有効活用につながるとしている。従来の日本企業が社員を簡単には解雇せず，社員も競合他社に転職しなかったこと，不況期における人員削減や中高年の賃金抑制が社員からは信頼していた企業による裏切りにみえることは，心理的契約によって説明可能である。

　人的資源管理が注目された1つの原因は，2004年の**労働者派遣法**の改正による製造業務の派遣解禁などを通じて，広い範囲の業務でパート社員だけでなく派遣労働者などのいろいろな雇用形態での雇用が可能になったことである。雇用形態を選ぶことは人件費を軽減できることにつながるため，人材の活用のしかたがコストの削減を通じて組織の成功をもたらすとみなされ，人的資源管理という発想が注目されるようになった。同時に産業・組織心理学では，雇用形態の違いが職務満足や仕事の動機づけ，組織コミットメント，人事評価の公正さに与える影響が重要な課題となった。

2）雇用管理

　雇用管理は，社員の採用，各部署への配置や異動，昇進昇格，解雇や退職に関わる管理である。日本の雇用管理制度の特徴に**終身雇用制**という考え方があった。これは，新卒者を正社員として一括採用し定年まで雇用するもので，労働者には安定した雇用が保証される利点があり，企業には長期勤続の

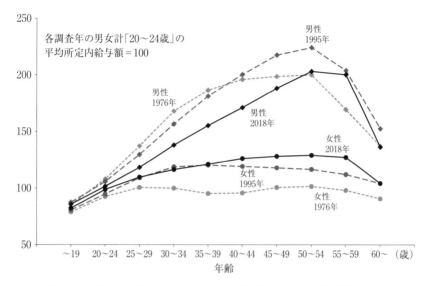

図 7-1　　性別・年齢階級による賃金カーブ（労働政策研究・研修機構, 2019）

社員は組織コミットメントが高く離職が少ないという利点がある。またこの制度は，人数の多い若年層での賃金は低く，中高年にならないと高くならない**年功序列制**の処遇制度とセットになっており，コストをかけずに長期的に安定して人材を確保したい企業の多くがこの制度をとってきた（図 7-1 参照）。

　この仕組みは，企業が高度成長期に次々と必要となる能力や技術を内部で育成し，人材を異動するのに適していた。1990 年代以降，急速な技術革新に対応できる即戦力の人材を必要とするに当たって，採用が新卒中心のこの制度は機能しなくなり経験者の中途採用が増えた。また，社員が中高年になるとコストが高くなることから，大企業では従来から終身雇用制度は女性には適用しない，中高年社員は子会社へ出向・転籍させる，といった方法で制度が維持されてきたが，景気後退により制度そのものが維持できず正社員の退職勧奨や早期退職優遇，中高年層の昇給の抑制が行われるようになった。それだけではなく，一時的なコストは高くても雇用を中断することのできるパート社員や契約社員，派遣労働者といった正社員以外への代替が進んだ。長期雇用が見込めなくなったことを反映して社員の考え方も多様化し，1 つ

の企業に深く関与して勤め続けるのではなく，個人の目標や能力に合わせて転職することも職業生活のあり方の1つであるという考え方も普及し始めた。

3）人事評価制度

　企業にとっての社員の価値（能力，業績など）を評価する制度が**人事評価制度**である。人事評価は昇進昇格や賃金などの処遇と密接につながっているため，人事評価処遇制度とまとめられることもある。1960年代から1980年代終わりのバブル崩壊までは，日本の多くの企業では**職能資格制度**（表7-1参照）という人事評価処遇制度が行われており，現在も多くの企業が評価処遇制度の一部を構成するものとして利用している。

　この制度は年齢や学歴によらず能力に応じて処遇する**能力主義管理**の制度として日本経営者団体連盟の主導で1960年代に導入された。この制度は，処遇の基礎となる職能資格の**昇格**と職位の**昇進**を分けている点と，成果や実績ではなく**職務能力の評価**に基づいて処遇する点に特徴がある。高い評価を得た人は高い職位，高い賃金を得ることは当然であるが，日本では正社員の増えた1950年代以降，職位，すなわち仕事上の権限に対応した課長などのポストが不足し，評価が高くても職位で処遇することが困難となった。そこで，仕事の能力に対応した主事，参事などの**職能資格等級**を設け，これに賃金水

表7-1　職能資格等級の構成例（著者作成）

職能資格			役職	備考
職能	等級	呼称	職位	
管理職能	M4級	参与	部長	
	M3級	副参与		
	M2級	参事	課長	
	M1級	副参事		
指導職能	S2級	主事	係長	
	S1級	副主事		
一般職能	3級	社員3級		修士卒
	2級	社員2級		大学卒
	1級	社員1級		高校卒

準を連動させることで昇進によって処遇できない場合でも資格等級で処遇することで企業への一体感を維持して離職を防ぐ一方，能力評価を職位に連動させないことで職位の不足に対応できるようにした。

　一方で，このような能力の評価では社歴に応じて評価を上げざるをえず，賃金などの労働条件は労働契約法第9条で**不利益変更**が原則禁止されていることから，社歴が長い中高年層の職能資格が高くなり人件費が高くなる傾向があった。1990年代以降の不況により中高年の人件費負担が重荷となった企業は，職能資格に連動する賃金の上昇カーブを極力抑えてフラットにすると同時に，高資格者が増えないように評価の対象を職務能力中心から成果中心に変更した（**成果主義**）。

4）目標管理制度，多面観察評価制度

　人事評価で社員の貢献を成果によって評価する場合，職種，地域，業務経験，職位や権限の違いなど様々な要因が成果に影響する。新卒とベテラン，実績のある地域と新規開拓地域では成果の上げやすさが異なる。成果の指標が営業のように明確な職種はむしろ少ない。また成果には期ごとの変動がある。そのため共通の評価基準を設けることができず，成果による評価は公正感，満足感が低くなる。また，1年という短期の成果が評価対象となることから個人間の競争意識が厳しくなり，職場での協力や相互の育成に悪影響が生じる（高橋, 2004）。

　1990年代に成果による評価が導入された際，これらの問題を解決する方法の1つとして業務管理の手法である**目標管理制度**（Management by Objectives：MBO）を参考にして普及が進んだのが**目標による人事評価制度**である。この制度では社員が担当業務に応じて成果の目標を立て，その達成度で評価を行う。実際には，期初に上司（評価者）と**目標設定面談**をして目標を立て，必要であれば期の途中で中間面談をして変更などを行い，期末に**評価面談**をして目標達成に応じて評価（1次評価）が行われる。最終的には事業所や部の単位で評価の調整が行われて最終評価（2次評価）が決定される。

　被評価者に目標管理による人事評価結果を受け容れてもらうためには，評

価結果や実施過程が公正であることが求められる。評価の公正さは**分配の公正**（貢献に対する評価結果に偏りがなくルール通りであること），**手続きの公正**（評価の実施手続きが決められた評価方法や評価基準に沿って偏りなく行われていること），**相互作用的公正**（評価者が被評価者を尊重し，十分に話を聞いていること）の3つに分けることができ（関口・林，2009：1-4），いずれも評価者と被評価者との円滑なコミュニケーションが実施のポイントとなる。

　近年，評価の公正さの点で管理職への評価を中心に導入の進んでいるのが，自己評定と職場で関係のある複数の人からの評定を対比させて評価する**多面観察評価ツール**である。その代表的な方法が上司以外の同僚や後輩，顧客などから評価とフィードバックを受ける **360度フィードバック評価**である。この評価は，上司以外からも評価とフィードバックを受けることで評価の公正さを高めると同時に，主観的ではあっても職場という場での実際の対人評価である点に実践的な価値があり，自己の発見や能力開発にも有効と考えられている。

2　採用選考

1）採用・雇用とは

　採用とは，企業が目標や戦略に応じて求める知識や能力に適合し，組織にも適合する人を企業の望む雇用形態で獲得する活動であるが，同時に仕事を求める人が自分の知識や技術を活かすことができる企業，自分に合った組織を選ぶ就職活動であり，両者のマッチング作業である。採用には，**中途採用**のように知識や技術を持ち，就業経験があって社会化の進んでいる人を採用するものと，**新卒採用**，**第2新卒採用**のように働いた経験や知識・技術のない人を採用して企業内で社会化を行うものがある。

　これはそれぞれ，**ジョブ型雇用**と**メンバーシップ型雇用**の違いと考えることもできる。ジョブ型雇用は企業が望む知識や技術が明確であり，それに応じた職務内容や勤務条件を示した**職務記述書**（job description）により優秀な人と雇用契約を結んで雇用するものであり，**個人−職務適合**（person-job fit）

を目指している。この雇用は知識や技術を持つ経験者には有利であるが就業経験の少ない層には不利である。中途採用はこれに近いものが多い。メンバーシップ型雇用は組織の文化や考え方に合う人を雇用することが中心であり，職務記述書はあまり重視されずに雇用契約が結ばれ，**個人–組織適合**（person–organization fit）を目指している。企業の都合で職務を変えることもありうるこの雇用は低賃金でも応募できる若年層には有利であり，賃金相場の高い中高年層には不利である。新卒採用はこのタイプである。このタイプは日本的と思われているが実際には欧米の企業でも活用されている（濱口, 2018：4）。

　採用活動では，企業のPRや募集内容の情報提供を通じてなるべくよいイメージを提供することが，優秀で，個人–職務適合や個人–組織適合を果たせる人を採用できるという考え方があるが，必ずしもそうではない。応募者にとって就職活動は，企業での職務の実行と組織への適応に向けた過程である**組織社会化**の一部である。募集時のよいイメージに偏ったPRは応募者に仕事で達成できる成果や職場の環境などに対する過度な期待を持たせるが，この期待は入社して企業の現実を知ることで裏切られ，**リアリティ・ショック**を受けて失望し，組織への不適合により離職を高めることになる（竹内, 2004）。

　これが大卒の就職3年目までの離職率が31.8％（厚生労働省, 2019）である大きな理由と考えられる。Wanous（1992）は，企業の提供するものと社員の求めるもののマッチングが重要であり，募集活動で現実的な職務内容（Realistic Job Preview：**RJP**）や企業の実際の様子（Realistic Organization Preview：**ROP**）を伝えることがショックを緩和し組織社会化を促進することを示した。日本でも金井（1994）が，RJPがリアリティ・ショックを緩和して離職を低くすることを報告している。

2）適 性 検 査

　選考において，ジョブ型雇用であれば知識や技術，仕事の経験から仕事への適合性，組織への適合性を判断することができるので，履歴書や仕事の経験から選考が可能であるが，メンバーシップ型雇用である新卒採用では仕事

への適合性の判断材料がないので潜在的な能力や**適性**から類推することになる。組織への適合性については，新卒の段階では組織への社会化が行われておらず判断できないので最低限の推定のみが行われ，実際には入社後の教育や配属を通じた社会化で適合性を高めることになる。

　採用において適性とは，個人がある分野に進んだときに行う可能性がある能力や特性（子安, 1999 : 609）とされるが，業務の能力だけでなく業務遂行に関わる性格や興味も含めて考えられることが多い。

　採用選考では適性を調べるために，主に**適性検査**と**面接**が行われる。適性検査としては**能力検査**，**性格検査**，**興味検査**が行われることが多い。能力検査では，特に仕事経験のない新卒対象では採用職種をあらかじめ決めて選考するわけではないので，一般的な知的能力である文章理解の能力，数的な能力，論理的な能力を測る程度のことが多い。

　性格検査では，**YG 検査**などの**質問紙法**，**内田クレペリン検査**などの**作業検査法**，**TAT** などの**投影法**などが用いられる。質問紙法は，性格特性を測定する質問項目に答えさせるものであり，回答方法が単純であるので結果の信頼性は高い。また，結果の判定は専門家でなくてもマニュアルによって行うことができることから実施のコストは小さく，多くの応募者に対する予備的選抜にも用いることができる。ただし，社会的に望ましい回答をされるおそれがある。

　作業検査法は，代表的な手法である内田クレペリン検査のように，単純な作業を行わせ，その成績の推移等によって応募者の適性を測るものである。測ることのできる性格特性は質問紙法ほど広くはない。また，応募者には測定されているものがわかりにくいことから，社会的望ましさの影響を受けにくい。ただ，実施には一定の時間がかかること，結果の判定には専門的知識が必要であることから，実施は質問紙法ほど容易ではない。

　TAT などの投影法は，描画や会話内容の推定により，そこに投影された内的な特性を測るものである。応募者には何が測定されているかわからないので社会的望ましさの影響を受けにくいが，実施に時間がかかり結果判定には高い専門的知識が必要であるので，多くの応募者への実施は難しい。

　ただ，これらの性格検査はもともと精神的疾患の判定のための検査であり，企業が採用する応募者の間の差異についての**テスト識別性**は高くない。興味検査は，職業指導のツールとして開発されたもので，採用側よりも就職する人の進路決定やキャリア開発のための指針として有効である。

3）面　　接

　面接は採用で多く用いられる選考方法であり，適性検査では測ることのできない適性や組織への適合性を判断する方法，個人を総合的に評価することができると考えられている。特に，組織への適合性を重視する企業では，採用選考の方法として最も重視されてきた。したがって，面接が有効に行えること，面接による採用が公正であることが求められている。

　面接は被面接者1人に対して面接を行う**個人面接**，複数の被面接者と同時に面接を行うことで効率を上げる**集団面接**がある。また，その手法としては**自由面接**と**構造化面接**がある。自由面接では面接の進め方や質問が面接者に任されるため面接者によって進め方や質問が異なり，評価も主観的な基準で行われやすい。これに対して，構造化面接はあらかじめ進め方，質問内容，評価基準を決めて行われるので，面接者が異なっても共通の内容と基準で調べられるように設計されている。

　面接は対人認知の一種であることから，最初の情報による判断の影響を受ける**第1印象の影響**による歪み，被面接者の性別，年齢，外見などによる**ステレオタイプ**を用いて判断する誤り，被面接者の話したエピソードの原因を被面接者の属性に帰属する**基本的な帰属の誤り**により特性を判断する歪み，面接者自身との類似性から**自己スキーマ**を使って自分と同じ特性を持つと判断する誤り（**自己類似好感効果**），印象に残る情報から判断する**利用可能性ヒューリスティックス**，聞いた情報が典型的な人物像と似ていると，それが被面接者に当てはまると考える**代表性ヒューリスティックス**，以前の被面接者の評価結果と対比して相対判断をする**係留と調整のヒューリスティックス**などのヒューリスティックスによる判断の誤り，などの対人認知での歪みを生じやすい。

そのほかに，以下の点に注する必要がある（e.g. 二村, 2005：157-158）。

1. 面接者が話し過ぎて被面接者に関する必要な情報が得られない。
2. 質問が場当たり的で被面接者全員について一貫した情報が得られない。
3. 職務遂行能力と関連がない質問をしやすい。
4. 被面接者の緊張を解きほぐせず本音の情報を引き出せない。
5. 一度に多くの面接をし続けることにより評価が寛大化したり，また逆に厳格化したり，ときには中心化する。
6. 1つの特に優れたまたは劣った点に目を奪われ，それで人物全体を評価してしまいやすい（ハロー効果）。

4）信頼性と妥当性

　適性検査や面接といったテストの有効性は，信頼性と妥当性から考えることができる。テストの点は測定しようとする特性の大きさを示す真の値と測定の誤差で構成されている。**テストの信頼性**とは誤差の小ささを示すものである。信頼性が高いテストはいつ測っても同じ点数となるが，信頼性が低いと測るごとに点数が変動するので真の値の推定が難しくなる。

　信頼性の調べ方には，**再テスト法，平行テスト法，折半法，内的整合性による方法**がある。再テスト法は同じテストを2回行って両者の相関係数から誤差を推定する方法，平行テスト法は同じ特性を測る同種のテストとの相関係数から誤差を推定する方法である。折半法，内的整合性による方法は，テストの各項目に一貫性があることを用いて誤差を推定する方法で，折半法はテスト項目を2群に分け，群間の相関係数から誤差を推定する方法，内的整合性による方法はテスト項目を2群に分けるあらゆる組み合わせから得た相関係数の平均値から誤差を推定する方法である。最もよく用いられる信頼性の指標は**α係数**で，これは内的整合性による**信頼性係数**である。

　テストが測定しようとする特性を十分に測れていることを**テストの妥当性**という。妥当性が低いテストの結果は測定したい特性を十分に反映していない。妥当性にはその考え方から，**構成概念妥当性，内容的妥当性，基準関連妥当性**がある。構成概念妥当性は妥当性そのものであり，テストが測ろうと

している特性や概念を測れていることである。これは，理論的に類似する概念を測る他のテストとの相関係数の高さである**収束的妥当性**や，類似しているが理論的には異なった概念を測る他のテストとの相関係数の低さである**弁別的妥当性**によって確認することができる。

　内容的妥当性とは，テストの質問内容や作業の課題が測ろうとする特性の内容を反映していることである。質問紙法ではこれが妥当性の必要条件の1つとなる。基準関連妥当性とは，テスト結果と測りたい特性を示す外的基準（例えば個人業績）との対応（相関係数）が高いことである。外的基準として妥当性が高い既存のテストとの相関係数をもとにする場合は**併存的妥当性**，外的基準として入社後の業績など将来の行動や指標との相関係数をもとにする場合は**予測妥当性**と呼ばれる。予測妥当性は適性検査の効果を表す指標とみなされやすいが，選考に落ちた応募者を含めず，入社した社員の適性検査と業績の相関係数を使うと**選抜効果**の影響を受け，妥当性を正しく推定できないことがある。なお，内容的妥当性と基準関連妥当性は，広い意味での基準関連妥当性に含まれると考えることもできる。

　信頼性と妥当性の高さは有効なテストの条件であるが，誤差が大きいと測りたい特性を測ることができないことから，原理として妥当性の高さは信頼性の高さを超えることはできない。

8 章

人的資源管理と採用選考：現代的課題

2019年1-3月の雇用者数は5945万人であったが，そのうちパート社員や派遣労働者といった正社員以外の雇用者は2162万人（36.4%）であった。正社員数は大きく減少していないが，これらの雇用者数は増加傾向にあり（総務省, 2019），正社員以外での雇用は珍しいものではなくなっている（図8-1）。

この章では，多様化する雇用と，国籍も含め様々に異なる社員に対するダイバーシティ・マネジメントについて考える。

1　多様化する雇用形態

1）雇用形態

(1) 雇用形態の種類

働く際の雇用契約の結び方を**雇用形態**といい，正社員とそれ以外に大別することができる。正社員は企業に直接雇用され，雇用契約期間に定めがなく所定労働時間働く契約の人である。正社員は組織コミットメントが高く，能力，技術が高ければ有用であるが，解雇することは難しく長期にわたり雇用コストがかかる。正社員以外の雇用形態は4つに分けることができる（表8-1）。

(2) パート社員・契約社員

5年といった有期で所定労働時間働く契約の人はフルタイムの**パート社員**（常勤パート社員），**契約社員**，**嘱託社員**である。所定労働時間が短い人はパート社員，**アルバイト**である。そのうち，週当たりの労働時間が正社員よりも短い人は，**パートタイム労働法**の適用を受ける。パート社員やアルバイトの賃金は時間給で，最低賃金以上であることが求められ，一定期間以上勤務し

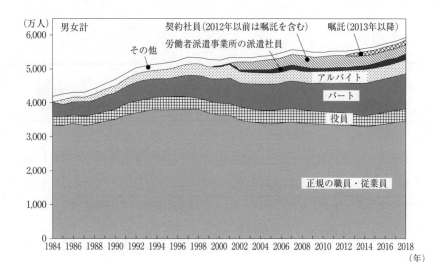

図 8-1　雇用形態別雇用者数 1984 年〜2018 年 (労働政策研究・研修機構, 2019)

表 8-1　正社員以外の雇用形態

雇用関係あり（直接雇用）		雇用関係なし（間接雇用）	
フルタイム勤務	短時間勤務	指揮・命令あり	指揮・命令なし
常勤パート社員 契約社員 嘱託社員	パート社員 アルバイト	派遣労働者 （派遣元が雇用）	請負労働者 （請負元が雇用）

た場合は有給休暇を与えること，また，条件によっては社会保険，雇用保険
への加入が求められる。

　契約社員には，企業が専門的な知識を持つ人を一時的に雇用する専門職型，
補助的な仕事をする人を雇用する一般職型がある。契約社員の契約 1 回当た
りの契約期間は 3 年または 5 年が上限となっている。嘱託社員も契約社員の
一種だが，65 歳までの雇用確保が義務づけられたことにより企業を定年退職
後に再雇用された人を指すことが多い。定年前に比べ賃金はかなり低い額に
抑えられ，仕事内容が変わる場合がある。

(3)　派遣労働者・請負労働者

派遣労働者 (派遣社員) は派遣会社に雇用され，労働者派遣契約で一定の年

数を上限にして派遣先の企業に派遣される。派遣労働者は派遣先の社員ではないが，派遣先の指揮・命令に従って仕事をするので派遣社員と呼ばれることがある。派遣労働者には登録型と常用型がある。高度な知識を持つ技術者などは常用型で，派遣会社と期間に定めのない雇用契約を結び毎月賃金が支払われる。一般事務や生産現場で働く多くの派遣労働者は登録型で，派遣先と契約があるときだけ派遣されて仕事をする。契約が終われば賃金もなくなる。派遣会社は独自の生産設備やサービス提供の仕組みを持たず，人材を派遣することが業務なので登録型が多いが，そのため登録型の人は派遣先の業務に不満があってもそれを表明することが難しい仕組みとなっている。

　請負労働者は請負会社に雇用され，請負契約によって請負先で仕事を行う。請負先の指揮・命令は受けずに仕事を行うが，請負先にとっては外部の労働力を活用する点で派遣労働者と同等である。特に請負先の構内で作業をする構内請負会社では，実際には派遣労働者のように請負先から指揮・命令を受けているが，請負労働者として契約することで請負先が有利となる**偽装請負**により，労働者に不利な扱いが生じることがある (e.g. 朝日新聞, 2006)。また，請負労働者の中には個人が事業主として企業と業務の契約をするケースがあるが，この場合は自営業者になり雇用保険や労災保険，労働時間規制などの労働者としての保護を受けられず厳しい労働条件で働くことになる。

⑷　限定正社員

　パート社員や派遣労働者といった正社員以外の雇用の多くは短い期間の契約を更新する不安定な雇用形態であり，2008年のリーマン・ショック時の不況では突然の契約打ち切りや雇い止めが発生し社会問題にもなった。これに対し2013年の労働契約法の一部改正によって，通算で5年を超えて契約が反復更新された有期契約社員から申し込みがあれば，企業は契約を期限の定めのない契約（無期雇用）に転換することが求められるようになった。

　パート社員にとっては雇用が安定することで職務満足や仕事の動機づけを高める変化であったが，企業は無期雇用への転換で雇用コストが増えることになった。そこで企業は，転勤がなく勤務地の限定される勤務地限定社員，職務内容や勤務時間を限定した社員など，無期雇用であるが賃金や処遇の水

準の低い**限定正社員**を設け，これに転換させる仕組みを設けている。これによって職場には正社員と正社員以外の間に，能力や技術が高く安定的に業務を任せられるがコストの低い限定正社員という雇用ポートフォリオ上の新たな階層が導入されつつある。

2）正社員以外で雇用する理由，働く理由

(1) コストの削減

正社員以外での雇用は，企業が人的資源を効率的に活用するために立てる**雇用ポートフォリオ**を構成する上で不可欠な雇用形態である。厚生労働省 (2016) のパートタイマー調査では，パート社員を雇用する理由 (複数選択) の第1位は1990年以前の「1日の忙しい時間に対応する」から「人件費が割安だから」に変化し，2016年にはこれが41.3％になった。日本のパート社員の賃金は先進国では低く正社員の59.4％でしかない (労働政策研究・研修機構, 2018)。これは，7章の図7-1の示すように日本の賃金構造は年功序列的であるため，契約年数の短い雇用形態では賃金が上がらないことが影響している。パート社員は労働力の調整ができ，賃金コストも低い使いやすい資源であり，忙しい時期に臨時に雇用するものではなく常に雇用するものとなっている。

さらに，**直接雇用**のパート社員や契約社員は雇用期限の満了まで解雇は難しいが，**間接雇用**の派遣労働者や請負労働者は契約を打ち切ることで実質的に解雇でき，コストはやや高いが労働力の調整により使いやすい雇用形態である。

(2) 雇用の安定

正社員以外の雇用がコストの抑制のためであれば，新卒採用中心，年功序列の処遇，正社員の長期雇用という日本の雇用の制度を持ち，正社員を優遇するコストの高い企業ほどそれ以外の雇用が増えると考えられるが，実は反対で正社員を優遇しない非日本的雇用の企業ほどそれ以外の雇用の比率が高い (労働政策研究・研修機構, 2017：41)。正社員以外の雇用は，一旦雇用した社員の安定を重視するか否かという要因によっても影響されている。

(3)　働くことのできる時間の制限

　厚生労働省 (2014) の調査によれば，正社員以外の雇用で働く人は，その理由として，「自分の都合の良い時間に働けるから」(37.9 %)，「家庭の事情や他の活動と両立しやすいから」(30.6 %) を上位に挙げている。しかしながら，正社員以外で働く人の7割が女性であることから，この結果は，「自分の都合の良い時間に働きたいから」ではなく，女性は「働く必要があっても子育てや介護の負担があるためフルタイムで長時間労働ができないから」と考える方が妥当である。

3）正社員以外の社員の基幹化，本業化

　1990 年代半ばから 2000 年代半ばにかけて，企業は雇用のコストを下げるために新卒採用を抑制して正社員を減らし，代替として正社員以外の社員の**量的基幹化**，つまりこれらの社員を臨時ではなく継続的に雇用するようになった。この時期は新卒でも正社員で就職できなかった人の多いいわゆる就職氷河期で，正社員でなかったこれらの人は能力育成や特定業務での経験の積み重ねの機会が少なく，その後も正社員で雇用されない状態が続いている。

　企業ではさらに，正社員の減少を背景にパート社員に店長を任せるなどパートの監督職も導入され，正社員以外が正社員の業務を代替する**質的基幹化**が生じている。これまで現場でのパート社員と正社員を分けていた業務の違いがなくなってきたといえる。

　働く側からみると量的基幹化は，リーマン・ショックの際も新卒が正社員で雇用されない時期があるなど，正社員以外で働くことが一時的なものではなく生活を支える本業化した人が出てきたことにつながる。また質的基幹化は，正社員とパート社員，特に監督職のパート社員との賃金や処遇の差がより不公正と感じられるようになり，満足や動機づけの低下を招くことになる。

4）正社員以外の社員の処遇の改善

　同じ時間働いても正社員以外で働く社員の処遇は正社員よりかなり低く不公正であり，職務満足や仕事の動機づけに影響を与えていた。近年，同一労

働同一賃金の考え方に基づいてパートタイム労働法が改正され，2007年には職務内容，成果，能力または経験に応じて賃金を決定する努力義務が設けられ（**均衡処遇**），2014年には職務内容や人材活用の仕組みが同じならば賃金その他での差別待遇が禁止される（**均等処遇**）など，パート社員の処遇を改善して公正にするための制度が整備されてきた。これらによる職場での処遇の改善は，職務満足，仕事の動機づけの向上，組織コミットメントの増加を通じ，パート社員の離職低下につながると考えられる。

　またパート社員は，継続して雇用されているベテランでも契約上は短期の契約の更新であり雇用が不安定で賃金が低く抑えられている。これを改善するため2013年に労働契約法が改正され，大企業を中心に**無期雇用に転換**する企業が増えた。しかし，無期雇用は長期的なコストが大きいため5年未満の短期契約を繰り返している企業も多く，これらの法律の改正のみで全体の改善が進むとはいえない。今後も，正社員以外の社員に対する処遇を改善し，正社員との差を一層小さくする制度が求められる。

2　ダイバーシティ

1）ダイバーシティの考え方

　これまでの多くの日本企業では正社員の大半が男性だったが，近年は女性社員や高齢の社員だけでなく国籍の異なる人も少しずつ増え（図8-2），企業や職場での**ダイバーシティ**（ジェンダー・人種・民族・年齢などの多様性）が進むことで，属性の異なった人と一緒に仕事をする機会が増えている。これは，社員属性といった外からわかる多様化である**表層的ダイバーシティ**だけではない。日本生産性本部・日本経済青年協議会（2019）の調査によれば，新卒の人はここ5年ほどの間に，働き方は人並みで十分とする人が63.5％に急増し，人並み以上に働きたい人（29.0％）の2倍になった。また，若くても好んで苦労することはないとする人も37.3％と増え続けており，価値観や考え方などの**深層レベルのダイバーシティ**も進んでいる。その中で企業として成果を上げるには，また社員として職務満足を高め仕事の動機づけを高めるには何が

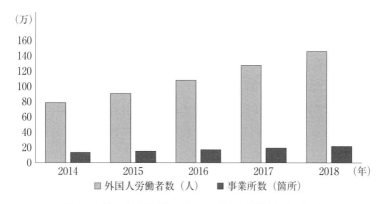

図 8-2　外国人雇用事業所数および外国人労働者数の推移
（厚生労働省，2019 より著者作成）

課題となるのだろうか。

　日本の人的資源管理における**ダイバーシティ・マネジメント**（ダイバーシティへの対応施策）は社会からの要求に応える形が多く，現時点では男女共同参画に代表されるような女性の雇用問題に集中する傾向にある。しかし，ダイバーシティ・マネジメントの課題は女性に限らず外国人，高齢者，障害者を含めた広範囲の人材の活用であり，その目的は多様な人材を属性にかかわらず公正に扱うことで企業の業績や組織のまとまり，社員の職務満足や動機づけを向上させること，および，企業が雇用と育成における社会的責任を果たすことにある。

2）ダイバーシティ・マネジメントの効果

　多様な人材を雇用し，コストをかけて管理することは企業や社員にメリットがあるのだろうか。尾崎（2017：142）によるとダイバーシティ・マネジメントには 3 つの側面があり，これはトーマスとイーリー（2002：138）のダイバーシティの 3 つのパラダイムの違いに対応する。

（1）差別・公正パラダイム

　ダイバーシティについての第 1 の考え方は，多様な人材に対する採用，雇用，処遇において機会均等，公正な処遇を目指す**差別・公正パラダイム**であ

る。これは，人種差別の撤廃と人権の尊重の歴史から生まれたもので，多様な社員を差別なく同じように扱うことの価値を重視している。女性，障害者などを積極的に雇用することを推進する**ポジティブアクション**や，企業が雇用において社会的責任を果たすべきという主張に対応するものである。

　多様な人材を差別することなく公正に扱うことの効果は，職場での差別の解消による成果と満足の向上であり，性別や国籍などに対する偏見に基づく雇用，賃金，昇進での差別や人権の侵害をなくすことにより不満を解消し，成果を上げてもらうことを目指す。社会の要請により多様な人材が増えるにつれ，差別の解消は経営にとって重要な課題となるが，そのためには特定の属性の人が不公正な扱いを受けないように制度を整えて維持する努力が必要である。それだけではなく，職場での社員同士の理解と偏見の解消も不可欠である。互いに権利を尊重することができなければ，差別的処遇の解消制度がかえって逆差別をもたらしているという見方を生み出すことになり，チームワークや職場の雰囲気を低下させ，企業の成果，社員の満足や仕事の動機づけにも影響することになる。

(2)　**アクセス・正当性パラダイム**

　第2の考え方である**アクセス・正当性パラダイム**では，社員それぞれを属性に基づく強みのある領域で活用することの価値を強調し，それにより各領域で成果が上がり，社員も各領域で能力発揮の機会が得られて仕事の動機づけや満足が高まると考える。これは階級社会と同様に社員を属性で差別化する考え方であるが，適材適所と表現されることもある。

　企業の活動対象が多様な場合，例えば様々に異なる属性を持つ消費者を対象とする場合にこれは有効と考えられる。ある国との取引は現地の社員に任せる，女性向け商品は女性社員に担当させるなどがその例である。

　一方で問題点もある。差別・公正パラダイムであれば全ての属性の人が全ての領域で活躍できる可能性があるが，アクセス・正当性パラダイムでは各属性の人は属性に関連する特定の能力を利用する領域の業務に閉じ込められ，他の能力は評価されず他の領域の業務で活躍もできないため，成長や挑戦の機会が奪われることになる。外国出身の社員を通訳にのみ使う，女性は管理

職には滅多に昇進させない，はその例である。また，ある領域でのノウハウが閉じ込められ企業全体で活かすことができなくなる。海外部署との社員の交流がないので海外での成功例から学習できず，成功を現地の国民性のせいにしてノウハウを無駄にするのがその例である。

(3)　学習・効果パラダイム

　第3は**学習・効果パラダイム**で，多様性のある社員間での相互の学習により成果が向上すると考える。グラノベッター（1998：55）は，同じ情報しか持たない緊密な関係（**強い紐帯**）の人からの情報よりも，異なる環境の中で異なる価値観を持ち，新しい異質な情報を持つ社会的に緩やかな関係（**弱い紐帯**）の人からの情報の方が有益であることを示した。多様な人材の持つ異なった能力や知識，情報はその活かし方によっては成果につながる新たなイノベーションをもたらすことができる。同時に社員も，相互のコミュニケーションにより自らの偏見を知り多様な価値に対する理解を深めることで，自分の文化や考え方の持つ固有の価値を再認識し，それを活かした挑戦に気づいたり人間としての成長の機会を得ることになる。

　ただしこの効果は，属性の異なる社員同士が組織目標のもとにまとまっており，組織コミットメントが高いこと，業務において地位の上下にかかわらず多数を占める属性の社員と少数派の社員との間で，オープンな意見交換ができることが前提である。単に多様な社員を雇用するだけではこの効果は得られない。管理職は大卒男性が向いているといった異なる属性間の能力や適性の偏見，各属性の社員間の文化や考え方の偏見などが解消されるような仕組みと制度づくりが必要である。また，企業が社員の能力や技術などを属性にかかわらず把握してそれを活かせる仕組みづくりをしていることも必要とされる。

3）ダイバーシティの課題

　多様な人材を雇用すると，当然きめ細かな評価や処遇が必要となるのでコストがかかる。ダイバーシティ実現のため多様な社員を採用する際は，人材の評価方法や配置の計画もそれに対応できることが求められる。制度や環境

整備が不十分であれば，採用した社員がダイバーシティ・マネジメントの不備によりリアリティ・ショックを受けて失望し組織への適合も阻害される。準備の整わない多様化は企業や社員に悪影響を与える。集団・組織におけるダイバーシティの影響については，2章3も参照されたい。

ダイバーシティでは偏見が課題となる。属性の違う社員が混在した場合，互いの対人認知は属性に基づくステレオタイプによる認知から始まる。多様化に伴い女性差別や外国人差別といった集団間差別や偏見が必ず生じる。また，自分の集団の評価を維持するため**内集団びいき**になり，他の属性の集団を低く評価し対立する傾向も生じる。何の手立てもしなければ，単なるダイバーシティは組織に悪影響を与える。

多様化して能力や経験に差がある集団を効率的に管理するため，**性別役割分業**のように属性による業務の割り当てを行うと，部署間の対立が属性間の差異に重なり，Lau & Murninghan (1998：325) が概念化した**組織の断層**が生じて偏見や差別が拡大し，企業にも社員に悪影響を及ぼす。

同じく管理するため，男女間や国籍の違いで実際に能力や知識に統計的に差があることから企業全体の効率を考えて，キャリア開発や昇進・昇格において集団間に差をつける**統計的差別**を行うことがある。これは一見，正当にみえるが社会的には不公正であり集団間関係に悪影響をもたらす。これらを解消するには，コミュニケーションを促進したり業務の割り当てや処遇を能力や実績に基づくように見直したりするだけではなく，同じ業務をする人，同時期に昇進対象となる人に各属性の人が含まれる状態を意図的に作り断層を小さくする必要がある。これは，機会の平等を保障するためのポジティブアクションの考え方の心理学的背景になっている。

社員の多様化傾向が続く中，企業の発展と社員の成長のためにはダイバーシティ・マネジメント，すなわち集団の違いや文化の違いを企業と社員が学習して活用することが強く求められる。

9　章

キャリア

　「人生は選択の連続である」といわれるように，職業生活において，そして人生全体において，人は何度も選択を行い，そこで決定された進路を歩むことになる。この選択はいつ，どのようになされ，そしてどのような要因が影響するのであろうか。本章では，キャリアとは何か，キャリアの選択，発達および転機に関する主要な理論について紹介する。

1　キャリアとは

1）定　　義

　キャリアは，日常の中で様々な意味で使われる言葉である。Hall (1976) は，キャリアという言葉の使われ方を次の4つに分類している。①昇進：これは階層の上方への方向性としてのキャリアであり，この意味を表す言葉としては「キャリア・アップ」という表現が典型的である。②専門職：定型化された地位への経路としての意味であり，官公庁などにおいて用いられる「キャリア組」「ノンキャリア組」という表現がこれに当たるといえよう。③生涯を通じての職務の連続：職種や階層に関わりのない仕事生活の行程そのものを指す使い方であり，仕事をしている人のことを「キャリア・パーソン」と表現するのがこれに当たる。④生涯を通じた役割に関する経験の連続：自己イメージやアイデンティティなどの内的経験も含む，より広義のキャリアである。

　これらに共通する本来の意味は何であろうか。キャリアとは，「車のわだち」が語源とされており，過去からつながってきて，現在，そして未来に続くというイメージを連想させるものである。キャリアの日本語訳としては，

経歴，生涯，生き方などと訳されることもあるが，十分に意味合いを示しているわけではないので，カタカナのまま使われることの方が多い。文部科学省 (2004) が公表した報告書では，キャリアを「個々人が生涯にわたって遂行する様々な立場や役割の連鎖及びその過程における自己と働くこととの関係付けや価値付けの累積」としている。

2）キャリアの諸側面

　先ほども述べた通り，キャリアには職業のみに限定する狭義のキャリアと，人生全体を指す広義のキャリアがあり，広義のキャリアはライフキャリアとも呼ばれる。職業に限らず，生涯を通じてのあらゆる役割や地位を表すものである。すなわち，個人の人生，生き方そのものを指しており，キャリアを「一生の間にある人が携わる地位の系列」と捉える Super の理論などはその代表である。

　また，人がキャリアについて語るときに「こういう仕事をしてきた」と客観的な事実レベルについて言及することもあれば「この仕事は意味のあるものだった」というように，主観的な評価レベルで言及することもある。キャリアにはこのような二面性があり，それぞれを「外的キャリア」「内的キャリア」と表現する場合もある。外的キャリアは実際の職務歴であり「客観的キャリア」ともいわれる。一方で内的キャリアは仕事にどのような意味づけや価値を見出しているかであり，「主観的キャリア」ともいわれる。

　個人と組織それぞれのキャリアに対する関わり方を前提とした用語もある。個人は，仕事を通じて職業的な自己表現を充実させていく過程，すなわち，キャリアをデザインする立場としてキャリアに関わる。これを**キャリア・デザインやキャリア・プランニング**という。職業選択，異動，転勤，転職など，何らかの選択が迫られたり，自ら選択肢を作り出したりすることがあり，そのときに積極的に選択を行う視点である。それに対して，組織は，学生にとっての就職活動が，企業にとっては採用活動であることからもわかる通り，必要とする人材を採用・選別し，人材育成のための長期的で組織的な異動，昇進，教育のプログラムとしてキャリアに関わる。すなわち，キャリアは管

理するものであり，これを**キャリア・マネジメント**という。そして，この2つの相互作用のことを，**キャリア・ダイナミクス**と呼ぶ (Schein, 1978)。個人と企業はお互いによきパートナーとなり，成長と発展を促す関係であるべきであり，組織と個人それぞれのニーズにどう折り合いをつけていくか，というのが，キャリア・ダイナミクスの発想である。

3）キャリアの方向性

キャリア・アップという言葉がある通り，キャリアは上方向への移動をイメージさせやすいが，実際には様々な移動の方向がある。Schein (1971) は，組織図を2次元の平面図ではなく，3次元モデルである円錐型（その形状から**キャリア・コーン**とも呼ばれることもある）によって，組織内での移動を表現している（図9-1）。このそれぞれの方向性は，次のことを表している。①垂直方向：職位や職階を上がる（下がる）移動。一般職層から管理職層，さらには経営層への移動などがこれに当たる。②水平方向：職能（専門領域），部門・部署での移動。販売職からマーケティング職，そして研究開発職への移動など，職能の拡大を表す。③中心方向：部内者化，つまりメンバーシップの獲得過程である。長く職務に就くことによって，責任ある仕事を担うようになり，その職のエキスパートとなり，重要な情報にアクセスしやすい位置への移動を表す。

このモデルは，キャリアの移動が多様であることをよく表している。一般的には周辺から軸の中心へ，下から上へと移動しながら，組織人として成熟していくが，そのスピードは人によって違いがあ

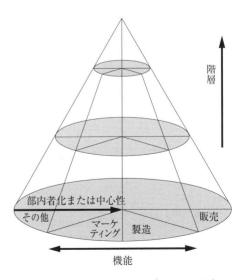

図9-1　キャリア・コーン (Schein, 1971)

り，逆の方向に進むこともある。また，垂直方向への移動が止まっても，水平，中心方向へ移動する人もいる。つまり，上に伸びていく（昇進）だけでなく，横に広げたり，中心に向かうことでキャリアを成長させていくことも可能である。

なお，それぞれの次元には境界線があり，キャリアの重要な転換はこの境界線の通過によって起こるとScheinは考えた。階層の境界線を越えて昇進や，職能の境界線を横断するローテーションもある。昇進も横断もせずに，組織の中心的な役割を担っていくこともある。ここでは組織がその個人を重要な人物として受け容れると同時に，個人も高度な責任や信頼を受け容れる，すなわち組織を受け容れるという，相互受容が生じているといえよう。

2　キャリアの選択

1）3つの問い

Scheinは自分のキャリアを考えるに当たって，能力・才能，動機・欲求，意味・価値の3つの質問が重要だと考えた（Schein, 1978）。能力・才能は，「自分は何が得意か」であり，動機・欲求は，「自分は何をやりたいのか」である。意味・価値は，「何をやっている自分なら社会に役立っていると実感できるのか」である。これらはそれぞれ，can（できること），will（やりたいこと），must（すべきこと）として表現される場合もある。そして，この3つの要素が統合された「自己概念」によって，次に述べるキャリア・アンカーと呼ばれるものが形成されると考えた。これら3つの要素を客観的に理解するというよりも，主観的にどう思っているかに答えることによって，自己概念が形成されるのである。

2）キャリア・アンカー

アンカーとは，船の「いかり」のことである。すなわち，**キャリア・アンカー**とは，人生という航海において，港に停泊するためのいかりのように，その人なりの，どのような難しい選択を迫られたときでも放棄することのな

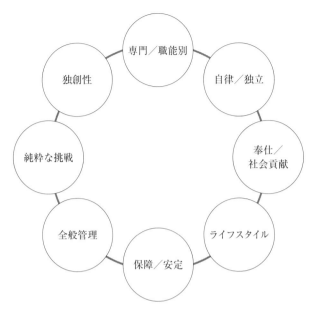

図 9-2　キャリア・アンカー（Schein, 1990）

い，職業選択の中で捨てきれないもの，こだわりたいもの，大事なもの，よりどころとなっているものを指す言葉である。上述の３つの問いにより自覚された，職業上の自己概念であり，個人が選択を迫られたときに，その人が最も放棄したがらない欲求，価値観，能力ともいえる。これは，経験を重ね，悩みながら発達・熟成していくものでもあり，個人のキャリアのあり方を導き，方向づけ，安定させる機能がある。自分のキャリア・アンカーをよく知っておくことで，選択や決断を迫られたときに，適切な意思決定ができる。Schein は，キャリア・アンカーのタイプとして，図 9-2 の８つを挙げている（Schein, 1990）。

3）Holland の六角形モデル

　Holland（1985）は，職業の選択はパーソナリティの表現の１つであり，個人は自分の持っている技能や能力が活かされ，価値観や態度を表明でき，納得できる役割や課題ができるような環境を求めると考えた。そして，自分の

性格と一致した社会的環境で仕事をすることで，安定した職業生活，職業満足が得られると考えた。そこで，性格および職業を6つのタイプに分類して，両者をマッチングさせようとするものとしてキャリア形成を位置づけた。

　ここでの6つのパーソナリティタイプは，現実的，研究的，芸術的，社会的，企業的，慣習的，である。職業の特徴についても，この6つの要素で説明することが可能であり，各タイプを正六角形の頂点に配置して捉えることから**六角形モデル**ともいわれる。隣り合っているタイプほど類似性が高く，離れているほど，異なるタイプである（図9-3）。

　この理論をもとにした診断テストとして，**VPI**（Vocational Preference Inventory）**職業興味検査**があり，これから職業選択を行おうとしている個人が，自らの興味や関心を体系的に捉え，職業や働く環境と結びつける上で活用することができる。

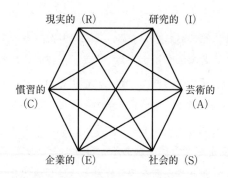

タイプ			職業	特徴
R	Realistic	現実的	技術	人に係わらない傾向
I	Investigative	研究的	サイエンス	好奇心　数学物理科学に向く
A	Artistic	芸術的	芸術	小説家　時間に縛られるのを嫌う
S	Social	社会的	ソーシャル・サービス	カウンセリングなど相手を重視
E	Enterprising	企業的	管理的ビジネス	リーダーシップ　説得力がある
C	Conventional	慣習的	ルーティン的ビジネス	経理などに向く

図9-3　六角形モデル（Holland, 1985）

3　キャリアの発達

1）スーパーのライフキャリア・レインボー

　キャリアを職業選択の一時点のみではなく，生涯の各階に分けて，それぞれの段階での課題や危機について説明する理論がいくつかある。Super (1957) は，キャリアを職業のみとは考えず，人生全体にわたるキャリア発達を解明しようとした。まず彼は，5つのライフ・ステージ論を提唱し，成長期，探索期，確立期，維持期，下降期または解放期に分け，各段階に達成すべき発達課題を設定している。

　この生涯全体の全生活段階のサイクルをマキシサイクルといい，それに対して各生活段階間での転職・移動，定年などの変化のたびに新たな移行期として，ミニサイクルである「新成長-新探索-新確立」がらせん状に繰り返される (図9-4)。また，Super は人間には人生に9つの役割があると考えた (Super, 1980)。9つの役割とは，1. 娘，息子，2. 学生，3. 職業人，4. 配偶者，5. 家族人，6. 親，7. 余暇人，8. 市民，9. 年金生活者，である。人生を虹に例えた**ライフキャリア・レインボー** (Super, 1990) はそれを視覚的に表したものである (図9-5)。これはキャリア発達を，時間の視点から捉えた「ライフスパン」と，役割の視点から捉えた「ライフスペース」の2つの次元で表現したものである。人生の役割を演じる舞台としては，「家庭，地域，学校，職場」などがあり，人はそれぞれの役割を同時にいくつかの舞台で演じる。また，子どもの誕生から自立までの間は親としての役割が急激に増大し，そして縮小していくように，それぞれに費やす時間も人生の段階で変化していく。Super にとってのキャリアは，人生役割の統合と連鎖であり，仕事と私生活のバランスにもつながる考え方である。仕事を人生・生活全般の中に位置づけ相対化した点は，ワーク・ライフ・バランス (WLB) とも関連が深い。

　さらに Super は，ライフキャリア・レインボーを発展させた**アーチモデル**も提唱している (Super, 1990)。ここでは，自己を支える要因として，個人的要因と社会的要因が表現されている (図9-6)。

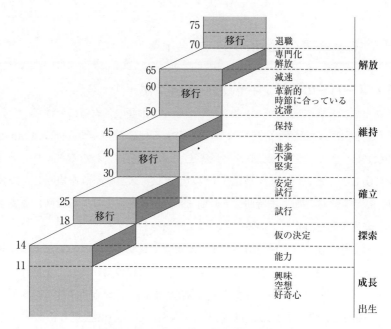

図 9-4　ライフ・ステージ論（Super, 1957）

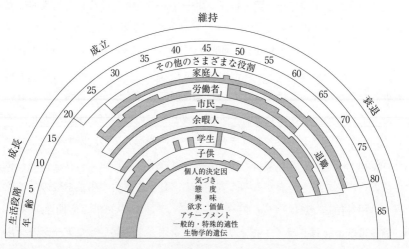

図 9-5　ライフキャリア・レインボー（Super, 1990）

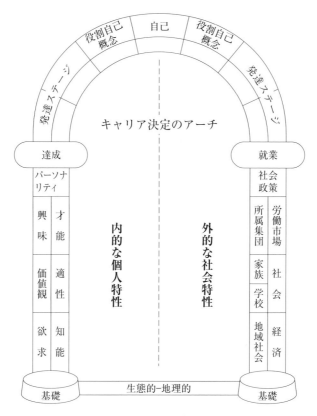

図9-6　アーチモデル（Super, 1990）

2）Hansen の統合的人生設計（パッチワーク）

　Hansen（1997）は，人生の役割について，4つの要素が統合されなければならないと考えた。それは，「仕事・学習・余暇・愛」の4つであり，これがうまく組み合わさってこそ「意味ある全体」になるとした（図9-7）。個人にとっては「どのような生

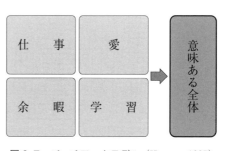

図9-7　パッチワークモデル（Hansen, 1997）

き方をしたいのか」が最も重要な課題であり，これをキャリアの根底に据えている。また，「生き方としてのキャリアがその人の人生に持つ意味とは何か」そして「キャリアが社会に対して持つ意味とは何か」といった，キャリア開発を個人レベルだけではなく，社会発展とも統合させる視点を展開している。Super が人生の役割の組み合わせを「虹」に例えたのに対して，Hansen はキルト（パッチワーク）に例え，それぞれの人生役割が縫い合わされ組み合わされることで，「意味のある全体」になると考えた。4つの要素のうちの，どれかのみをしていても充実した人生は送れず，人生全体を統合的な視点から考える必要があるとした。

3）シャインのキャリア発達段階説

　Schein (1978) は，組織内キャリアに焦点を当て，一人前の組織人へと変化していく過程を，組織的社会化と呼んだ。これは，環境の変化と，それに対する個人の適応のプロセスにより特徴づけられる。シャインはキャリアを9つの段階に分け，それぞれの発達段階に特有の発達課題と心理・社会的危機を設定した（表9-1）。この危機とは，うまく対処すれば新しい自分に出会えるチャンスでもあるが，対処できないと不適応に陥る可能性もあるものである。「1. 成長・空想・探索期（21歳ぐらいまで）」は，職業人への準備段階であり，その後必要となる教育訓練に備える段階といえる。「2. 仕事世界へのエントリー期（16歳から25歳ぐらいまで）」は就職活動といってもよいだろう。「3. 基礎訓練期（16歳から25歳ぐらいまで）」は仕事やルールを覚える，リアリティ・ショックに対処する段階である。「4. キャリア初期（17歳から30歳ぐらいまで）」では主体的に職務を遂行，有能な部下となり，より明確な職業上の自己概念を開発する段階である。「5. キャリア中期（25歳以後）」では，専門性の発揮，責任を担い，「6. キャリア中期の危機（35歳から45歳）」は夢と現実とのギャップを受け容れ，ギャップを調整する必要がある。キャリア後期には2種類あり，「7. a：非指導者役にあるキャリア後期（40歳から引退まで）」は，組織の将来に責任を持ち，「b：指導者役にあるキャリア後期（40歳から引退まで）」は，部下指導に責任を持つ必要がある。そして，「8. 衰えおよび離

122

表 9-1 組織内キャリア発達段階 (Schein, 1978)

発達ステージ	直面する問題	具体的課題
成　長 空　想 探　索 (21歳頃まで)	・職業選択基盤の形成 ・現実的職業吟味 ・教育や訓練を受ける ・勤労習慣の形成	・職業興味の形成 ・自己の職業的能力の自覚 ・職業モデル，職業情報の獲得 ・目標，動機づけの獲得 ・必要教育の達成 ・試行的職業経験（バイトなど）
仕事世界へのエントリー (16〜25歳)	・初職につく ・自己と組織の要求との調整 ・組織メンバーとなる	・求職活動，応募，面接の通過 ・仕事と会社の評価 ・現実的選択
基礎訓練 (16〜25歳)	・リアリティ・ショックの克服 ・日常業務への適応 ・仕事のメンバーとして受け入れられる	・不安，幻滅感の克服 ・職場の文化や規範の受け入れ ・上役や同僚とうまくやっていく ・組織的社会化への適応 ・服務規程の受け入れ
キャリア初期 (30歳頃まで)	・初職での成功 ・昇進のもととなる能力形成 ・組織にとどまるか有利な仕事に移るかの検討	・有能な部下となること ・主体性の回復 ・メンターとの出会い ・転職可能性の吟味 ・成功，失敗に伴う感情の処理
キャリア中期 (25〜45歳)	・専門性の確立 ・管理職への展望 ・アイデンティティの確立 ・高い責任を引き受ける ・生産的人間となる ・長期キャリア計画の形成	・独立感，有能感の確立 ・職務遂行基準の形成 ・適性再吟味，専門分野の再吟味 ・次段階での選択（転職）・検討 ・メンターとの関係強化，自分自身もメンターシップを発揮 ・家族，自己，職業とのバランス
キャリア中期の危機 (35〜45歳)	・当初の野心と比較した現状の評価 ・夢と現実の調整 ・将来の見通し拡大，頭打ち，転職 ・仕事の意味の再吟味	・自己のキャリア・アンカーの自覚 ・現状受容か変革かの選択 ・家庭との関係の再構築 ・メンターとしての役割受容
キャリア後期 (40歳から引退まで) 非指導者役として	・メンター役割 ・専門的能力の深化 ・自己の重要性の低下の受容 ・"死木化"の受容	・技術的有能性の確保 ・対人関係能力の獲得 ・若い意欲的管理者との対応 ・年長者としてのリーダー役割の獲得 ・"空の巣"問題への対応
指導者役として	・他者の努力の統合 ・長期的，中核的問題への関与 ・有能な部下の育成 ・広い視野と現実的思考	・自己中心から組織中心の見方へ ・高度な政治的状況への対応力 ・仕事と家庭のバランス ・高い責任と権力の享受
衰えおよび離脱 (引退まで)	・権限，責任の減少の受容 ・減退する能力との共在 ・仕事外の生きがいへ	・仕事以外での満足の発見 ・配偶者との関係再構築 ・退職準備
引　退	・新生活への適応 ・年長者役割の発見	・自我同一性と自己有用性の維持 ・社会参加の機会の維持 ・能力，経験の活用

脱（40歳から引退まで）」は，退職後の生活について考え，最後に「9．引退」
として，新生活に適応，アイデンティティの見直しを迎えることになる。

4　キャリアの転機

1）リアリティ・ショック

　インターネット，募集広告，説明会などから集められた公式の会社情報は，仕事に関する好ましくない情報をあまり知らせていないことが多い。もし書いてあったとしても，応募者の側が夢を求めるあまり，そうしたネガティブな情報にあまり注意を払わないこともある。こうした偏った情報に基づいてキャリアを選択すると，入社後の**リアリティ・ショック**が生じることになる (Schein, 1978)。リアリティ・ショックは，予想していた仕事や職場と実態との落差が大きいことに失望・幻滅し，仕事や働くことへの夢や期待がしぼんで意欲がなえてしまう経験である。仕事社会の外から仕事社会への境界線を越える，初職に就いた直後のエントリー期に生じやすい。「想像していた職業・会社のイメージとは違う」「ほかの会社ならこんな思いはしなくてもいいのか」「社会に出るとはこういうことなのか」といった感覚であり，これはいわば社会人への通過儀礼のようなものであり，程度の差はあるもののほとんどの人が体験するショックだといわれる。事前情報はある程度偏っていることを理解したり，インターンシップを積極的に活用したり，入社後は上司や先輩の経験を聞き，また同期同士でも情報交換するなどで対処する必要がある。

2）中年期の危機

　ユングは人生を日の出から日没までになぞらえ，40歳を「人生の正午」と表現した。これまで上昇してきた太陽が下降に向かう境目の時期として捉えた。これは身体機能，認知機能の衰えの開始といった人生全体においてだけでなく職業においても同様で，役割や人間関係の変化，自己の限界感や，先行きの不透明感などの変化が生じる。これが**キャリア危機**である。

　様々な喪失が，空虚感をもたらすこともある。中年期の危機とは，リアリティ・ショックを乗り越え，職場に適応し，組織の中でキャリアを培ってきた企業人が35〜45歳頃に経験する心理的危機をいう。中期から後期への移行期に位置している。これまでの人生を振り返り，このままのキャリアを続行するか，それとも別のキャリアに変更するかを決める時期でもある。「先の見通しがついてくる」あるいは「先がみえてくる」時期でもあり，自らのキャリアを再検討し，「自分の人生をこれで終えていいのか」と考える時期である。危機は，その字の通り，危険と同時に，機会でもあり，実際，転職が多い時期とも重なる。抑うつが生じる場合もあるが，人生80年と考えて残り約40年，今までとほぼ同じの人生を生きていくための重要な節目といえる。

3）Bridges のトランジション

　トランジションとは転機，節目のことである。Bridges (2004) によれば，トランジションは次の3つの段階を追って展開する。第1段階は「終焉」で，全てのトランジションは，何かが終わることによって，新しいものが始まる。もはや過ぎ去ったものを考えても意味がないとか，後悔しても意味がないと考えがちであるが，この点を認識することが重要である。通常，終わりは早めに済ませて，次のことに取りかかろうとしがちである。しかし，新しいものを手に入れるためには，古いものを手放さなければいけない。人は変わりたいと思うと同時に，変わりたくないという気持ちも持っている。本当の問題はこれから生じる変化にあるのではなく，これまでの自分を「終わり」にするところにある。この段階には5つの構成要素があり，離脱（これまで大切にしていた活動，人間関係，環境，役割からの離別。離別によって初めて，否応なく変化のプロセスが始まる），解体（これまでの自分の習慣や生き方，行動パターン，人間関係の解消），アイデンティティの喪失（自己を定義するための手段を失う。役割，名前，ラベル，自己イメージの喪失），覚醒（理想と現実とのギャップ，これまで信じていたものが現実ではなく，幻想であることに気づく，物事を表層的にではなく，より深い層から捉える），方向感覚の喪失（これまで持っていた，自分の立ち位置や方向を見失い，さ

125

まよい，混乱する。虚無の時間を過ごす），がある。離脱だけが外的な変化と関係しており，解体は内的・外的の両面があり，その他3つは内的な事柄である。この5つには順序性はない。そのために，「今，手放すべき自分は何か」をまず問う必要がある。

　第2段階は中立圏（ニュートラルゾーン）で，一時的な喪失に耐える混乱や苦悩の段階である。自分が何者でもなく，また何でもありの状態であり，無意味で空白な時間のようにも感じられる。生産的でないようにみえるが，自己の内面世界に向き合う段階でもあり，次の段階を迎えるのに必要なプロセスである。急いで抜け出そうとしてこの時期を壊してしまうのではなく，この段階でシグナルやキューを受け取り，時間をかけてゆっくりと変容していき，次の段階で自分が何になるのかを決める。ニュートラルゾーンにおける最初の活動あるいは機能は，降服（空虚感に屈服し，そこから逃れることをあきらめる）である。これは死と再生の間にある混沌（カオス）への回帰のようなものである。

　第3段階は開始である。これまでの段階を通して実現される，内的世界を捉え直し，確固たる動機と自律を持って，新しい自分と古い自分を再統合することにより始まる。以前の自分の状態に戻りたいという気持ちや，変化への抵抗が生じることもある。始まりは，確執や裏切りの感覚を引き起こすこともある。

　Bridges の理論はライフキャリアを前提としているが，職業キャリアのトランジション（就職，配置転換，転勤，昇進，転職など）にも適用できる。この理論では環境の変化そのものというよりも，自分自身の変化，心理的な経験を，トランジションと呼んでいる。そして，ネガティブな出来事だけでなく，ポジティブな出来事においても，このプロセスが生じる。

4）Schlossberg の 4S

　キャリアの発達は常に上向きに順調に進んでいくわけではなく，安定期の間には過渡期が存在する。職業上の異動，降格，左遷，転勤，転職，失業などもあれば，住宅の取得，子育て，介護といった家庭の問題がキャリアに影

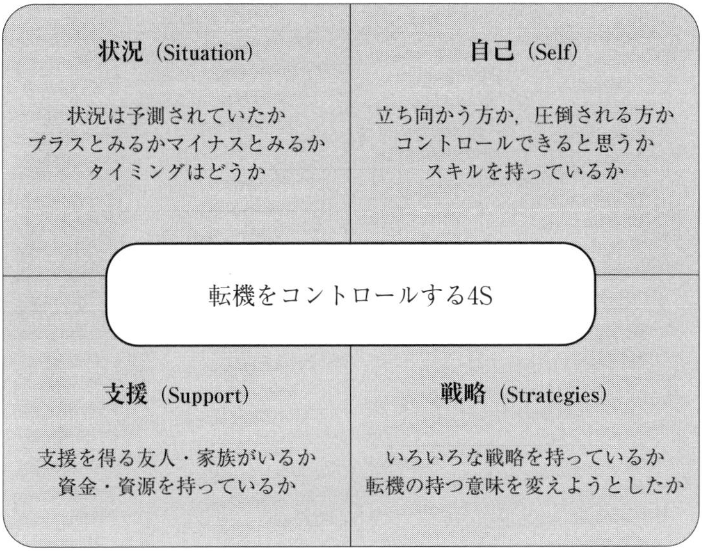

状況（Situation）

状況は予測されていたか
プラスとみるかマイナスとみるか
タイミングはどうか

自己（Self）

立ち向かう方か，圧倒される方か
コントロールできると思うか
スキルを持っているか

転機をコントロールする4S

支援（Support）

支援を得る友人・家族がいるか
資金・資源を持っているか

戦略（Strategies）

いろいろな戦略を持っているか
転機の持つ意味を変えようとしたか

図 9-8　4S モデル（Schlossberg, 1978）

響を及ぼすこともある。変化の転機，移り変わりの時期には，過渡期（トランジション）が存在する。この不安定な過渡期をどのように捉え，自己と深く対峙するかによって，自己のキャリアをさらに発展させていくことができる。

Schlossberg (1978) は，人生の転機を経験した人に面接調査を行い，転機を乗りきるための対処法を考案した。人生は転機の連続から成り立っており，それを乗り越える努力と工夫によってキャリアは形成され開発されると考えた。シュロスバーグは持てる力（資源）を十分に活用して，事態を打開し，転機を自ら積極的に取り込んで統制しようと考えた。

転機においては，自分の4つの資源 (4S) を点検した上で対処することが重要と考えた。これを **4S モデル**と呼ぶ。4S とは，状況，自己，支援，戦略，である（図9-8）。

第1ステップとして，これらを点検し，現状をどのくらい変えなければならないかを見定める。その上で，第2ステップでは，低い評価の項目を強化して，成功が期待できそうな，具体的な戦略を立てて対処していく。

10 章

キャリア：現代的課題

　前章で示した主要なキャリア理論は，現代の社会および組織においても十分に適用できる部分もある。しかしその一方で，時代的な流れの中で，従来とは全く異なる環境が立ち現れてきているのも事実である。そこで本章では，現在のキャリア環境の特徴を「流動化」「脱組織化」「長寿化」「多様化」というキーワードから考え，そうした中でのキャリア・カウンセリングの役割と意義を紹介し，最後にキャリアの今後の方向性について考えてみたい。

1　流　動　化

1）安定から流動へ

　私たちは子どもの頃から周囲の大人たちに「大きくなったら何になりたい？」とよく聞かれる。近年では大学でも，入学直後から就職活動を意識したキャリア教育が積極的に行われている。中には，職業適性検査などのキャリア・デザインのツールをもとに，自分はこの会社の，この職種に絶対に就きたい，と志望を明確に固めている学生もいる。就職面接では，自分のキャリアに対するイメージについて自信を持って具体的に答えることのできる学生の方が肯定的に評価されやすいかもしれない。しかし実際には，第1志望の会社に就職できないこともあり，また希望の会社に入れたとしても，最初から希望の職に就けることは少ない。Schein（1978, 1990）の「3つの問い」やキャリア・アンカーは，キャリア教育の中で紹介され，ツールとして使用されることもあるが，これらは本来，仕事を始めてから，節目ごとに自分に問うべきものである。キャリアの語源が車のわだちであることを前章で述べたが，自分の過去を振り返ってこそ，初めてわだちはみえるのであり，仕事を

始める前に自分の進路を「決めて」しまうことは，実は非常に危険なことともいえる。

　さらに，長期的なキャリア・デザイン，プランニングを難しくしているのが現在の激変する社会経済情勢である。かつてのキャリアは山登りのイメージであり，目標は不動で，安定したものであった。ところが現在のキャリアは，激流下りに近いといえよう（金井, 2002）。すなわち，変化が激しく速いため，組織や社会に合わせて，柔軟にキャリアを変えていく必要が出てきている。希望の職に就けないどころか，就職する頃には，目指していた会社や職業そのものがなくなっている，ということも十分にありうる時代である。現代は，前章で紹介した，トランジションが頻繁に生じるような社会である。何度も働き方や生き方そのものを選び直さないとならないような社会環境においては，予測不可能な外的要因によって，個人のキャリアが非常に不安定になる。

２）発達から適応へ

　こうした環境においては，いわば直線的な発想であるキャリア発達よりも，いかに環境に適応するかという考え方の方がよくなじむ。キャリアの発達段階を示した Schein 自身も，長期にわたる価値観を自覚することを重視しながらも，急速に仕事が変化するような環境においては，職務と役割を戦略的にプランニングすることの重要性も指摘し，これを**キャリア・サバイバル**と呼んでいる（Schein, 1995）。また，**キャリア・アダプタビリティ**という概念もある。これはもともと Super が提唱したものであり，彼は成人期のキャリア発達においては，キャリア成熟ではなく，キャリア適応が重要であると考えた（Super, et al., 1988）。キャリア適応とは，職業生活上の役割や環境の変化などに直面したとき，それを受け容れ，対応する能力である。別の言い方をすれば，自分の能力やスキルを見直し，課題への取り組みを再考し，将来に向けての方向性を修正・再設定していくことであるといえる。

　さらに，この考えを発展させたのが Savickas である。キャリア・アダプタビリティを，現在および今後のキャリア発達課題，職業上のトランジション，

図 10-1　キャリア・アダプタビリティ（Savickas, 2005）

そしてトラウマに対処するための準備状態や資源として捉えている。すなわち，予期できない状況への対処能力や態度のことといえよう。そのために，自己概念を実現することが重要であると考えた。Savickas は適応という言葉を通じて「みずから変わることで適切な状況を作る」「目的をもって変化する」「個人と環境の相互作用によって変わる」ということを強調している。そして，アダプタビリティの 4 次元として，関心，統制，好奇心，自信を挙げている（Savickas, 2005）。関心とは，未来志向，未来に備えることを意味し，アダプタビリティの最も重要な次元であり，計画的な態度によって促進される。統制は，キャリアを構築する責任が自分にあると自覚し確信することであり，意思決定能力に基づく。好奇心は，自分と職業を適合させるために，環境を探索することである。自信は，挑戦し障害を克服することによって得られる成功の予期である。これは自己受容や自尊心を高める（図 10-1）。キャリア環境が流動化する現代においては，こうした特性が今後ますます重要になってくるであろう。

2　脱組織化

　先ほども述べたように，大企業や一流企業とされていた会社が瞬く間に倒産を迎える時代である。経済情勢，社会環境の急激な変化により将来の予測がつかない中では，1 つの会社に定年まで留まろうとすることの方がリスク

のある選択になりうる。会社組織に頼ることなく，個人主体でキャリア形成が強く意識される時代になってきた。

　従来のキャリア理論は，組織の中で長期間働くことを前提とするものが多かった。Schein のキャリア発達理論は組織内でのことを前提としており，個人だけでなく組織もともに利益を得るにはどうするかという視点である。career development という用語を，最近はキャリア発達と訳すことが多いが，かつてはキャリア開発と訳すことが多かったのも，個人の心理的メカニズムに主眼を置くのではなく，「キャリア支援を行う側の，介入や方策」という視点，すなわち組織で個人を育てるという前提があったからともいえる。組織内でのキャリアであれば，その組織での仕事のやり方を覚え，組織の価値観や文化に順応していくことが，最も重要なキャリア発達の課題ともいえた。しかし今後は，組織を超えたキャリア発達が重要になってくる。

　実際に，これまでの日本企業，特に大企業においては，終身雇用や年功序列制度の中で，従業員のキャリアを社内で支援することが多かった。雇用と賃金が保証された労働者自身も，自分のキャリアに関心を持ち，積極的にキャリア形成するような姿勢はあまり持っていなかった。しかし，最近では従業員の自律的な能力開発・自己啓発を期待する企業が増えてきている。キャリアの自己責任化の時代である。組織を超えて自律的にキャリアを開発していく姿勢が求められており，これが労働者にとって今後もますます重要な課題となっていくであろう。

　こうした中で，伝統的な企業内キャリアに対して，組織などの境界に限定されないキャリアを意味する，**バウンダリーレス・キャリア**（Arthur & Rousseau, 1996）といった概念も注目されている。そして個人に求められる特性も，特定の組織において長期にわたって継続的に雇用されうる能力に加えて，労働移動を可能にする，労働市場で通用する能力である，**エンプロイアビリティ**を獲得することが求められるようになってきている。

3　長　寿　化

1）100 年人生

　キャリアの流動化，脱組織化の影響をさらに大きくするのが，長寿化，高齢化である。多くの人々が健康に長生きできるようになること自体は望ましいが，キャリアを考えるときにはある種の困難さが増すことになる。変化のスピードが速まっている社会環境の一方で，個人の寿命が延びてきているために，これまで以上に柔軟に，かつ長期的に，キャリアを生き延びなければならない。

　高齢化社会に対応するための法改正として，改正高年齢者雇用安定法では，事業主に定年の引き上げ，継続雇用制度の導入，定年の廃止，のいずれかの措置を講ずることが求められており，具体的には定年を65歳以上に引き上げ，70歳まで働けることを奨励している。高齢者も生きがいや老後資金などの理由から，雇用の継続を希望する者が多くなっている。ただしこれらは同じ組織に留まり続けることを前提としたものである。

　引退を先延ばしして，長く働く人が増加している中，将来的には，多くの人が寿命100歳時代を迎えるともいわれ，そのことによってキャリア発達の前提が根本的に書き換えられる可能性が指摘されている（Gratton & Scott, 2016）。すなわち，従来は「教育」「仕事」「老後」という3つのステージでキャリアを考えればよかったのが，働く期間が長くなると，若いうちに身につけた知識・スキルでは技術革新についていけなくなるため，学び直しの必要性が出てくる。結果として，仕事と教育のステージを何度も行き来するような，マルチステージ化が主流となっていく。自分を作り直すという意味での，「リ・クリエーション」が重要性を増していき，働き方としても，自分探しを続けるエクスプローラー，個人事業主としてのインディペンデント・プロデューサー，副業をいくつか持つようなポートフォリオ・ワーカーといった新たなタイプが増えていき，同じ個人でもステージによって働き方を変えていく可能性がある（図10-2）。

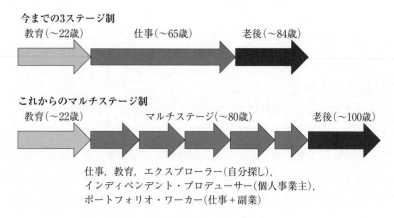

今までの3ステージ制

教育（～22歳）　　仕事（～65歳）　　　　老後（～84歳）

これからのマルチステージ制

教育（22歳）　　マルチステージ（～80歳）　　老後（～100歳）

仕事，教育，エクスプローラー（自分探し），
インディペンデント・プロデューサー（個人事業主），
ポートフォリオ・ワーカー（仕事＋副業）

図 10-2　寿命 100 歳時代のキャリア（Gratton & Scott, 2016）

2）介護の問題

　また，長寿化，高齢化を別の側面から考えた場合に，現在多くの企業が抱える課題となっているのが介護である。長寿化によって，働き盛りの時期に，長期にわたって親世代の介護を行う個人が増えてきている。一人っ子，共働き，離婚，生涯独身の世帯も増えている中で，家族の中の誰かが介護に専念することも難しくなっており，従来のような長時間労働では，仕事を持ちながらの介護ができない。そうした中，最近では，「ケアハラ」という言葉もある通り，介護を理由として職業上の不利益を受けることも指摘されている。この問題に対しては長時間労働が当然となっている従来の働き方では対応できず，介護休暇や短時間勤務が認められるような仕組みが必要である。

4　多　様　化

1）女性のキャリア

　従来のキャリア理論がよく批判されるものの１つに，男性，しかも正規社員のみにしか適用できないのではないか，という点が挙げられる。従来は男性の正規社員が会社組織内の人員構成としても大多数を占めていたため，こうした批判も認識されてはいたものの，さほど重視されてこなかったのかも

しれない。しかし近年では，企業の社会的責任（CSR）の観点からの**ダイバーシティ**が注目されており，多様な属性を持つ個人によって職場が構成される会社が増えてきている。

　こうした多様化の中でも，特に早くから男女雇用機会均等，男女共同参画などの名のもとに進められてきたのが女性の社会進出である。ただし，女性の労働力率は，M字曲線を描くことがよく知られている。すなわち，新卒採用された後数年で結婚・出産を機に退職し，その後再就職するという傾向である。しかも，再就職の際には，正規社員として雇用されることは少なく，非正規で雇用される割合が多い（図10-3）。このように，女性の場合は結婚や出産を機に仕事を離れることも多く，連続して働き続けることを前提としている組織内でのキャリア発達理論では，女性のキャリアをうまく説明することができない。さらには，最近では新卒の段階から，非正規での採用が増えており，M字曲線を描いていた多くの女性が通ってきたキャリア・パス自体も少なくなってきている。最初から正規雇用ということのほかにも，転職の機会の多さや，生涯独身，子どもを産まないという人生上の選択も増えてきており，さらには離婚や，夫の減収・リストラなどが女性にとってのキャリアの転機となることもある。

　日本は世界的にみると男女の平等度が低いことが様々な指標で示されている。大卒・男性・正社員のみに長期雇用を保証し優遇する一方で，女性を中心として，「そうではない人々」は冷遇され続けている。統計的差別という言葉もある通り，結果的に女性より男性の方が勤続年数が平均して長くなることで，ますます男性を優遇する制度を作ることなどが生じている。多様性を掲げる一方で，個人の多様性を判断するのには労力がかかるため，このような対応になりやすいのが現実である。女性が様々なキャリアを歩むためには，こうした格差も解消していく必要がある。

２）非正規のキャリア

　非正規労働者とは，派遣社員，契約社員，嘱託社員，パート・アルバイトなどを指す。かつては正社員として雇用されていたような職務・役割が，現

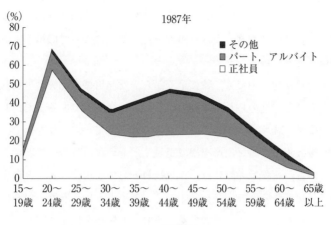

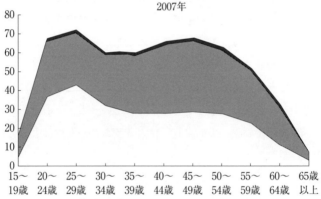

図10-3　女性の年齢階級別雇用形態の比率 （今田, 2009）

在ではアウトソーシングされ，非正規労働者が担っていることが多く，女性だけでなく，男性においても非正規労働者の比率が急激に上昇している。若者を中心に近年増加し，男性は 18 %，女性は 53 %となっている。なお，15～24 歳では，男女とも 1988 年は 20 %だったのが，2006 年は 40 %となっている。コア人材は縮小しつつある一方で，専門性の高い非正規労働者が増え，コア人材の担っていた仕事も行いつつある。こうした背景の中，かつては自由にできる時間の多さなどから，あえて正社員にはならずに，自発的に非正規労働を選ぶ人も一定数いたのに対して，現在は「不本意非正規」と呼ばれ

る，非自発的に非正規労働となっているケースが増えてきており，さらには雇い止めなどによって不安定な生活を余儀なくされており，本人が望むキャリアを描けなくなっている。フリーランス，独立，起業という非正規労働者のキャリアは，当然のことながら，組織内でのキャリア発達とは全く異なる。これらのキャリアにも対応した理論が必要になってくるであろう。

3）障害者のキャリア

　障害者雇用促進法やそれに基づく制度に沿って，障害者雇用は近年飛躍的に増大している。特に近年の急激な伸びは，企業の社会的責任への関心の高まりや障害者の就労意欲の上昇に加え，教育現場でのキャリア教育や福祉現場での就労支援の充実が背景にあるといわれる。

　障害者といっても，多様な障害の種類があり，特に精神障害や発達障害のある人の就職が増加している。雇用率の対象となる障害種が拡大され，就労支援機関も充実するようになり，近年大きく増加している。法定雇用率も，現在は1.8〜2.0％となっている。職域も拡大し単純作業だけでなく，事務，農業などにも広がっている。ただし，大企業では法定雇用率を上回る雇用率となっているが，中小企業ではまだまだ低いというのが実情である。

　ほかにも課題はいくつかある。短時間労働が0.5人分として法定雇用率の人数にカウントされるようになったことで，小売・販売や，飲食・厨房の職域では短時間労働の雇用条件が増えている。こうした動きそれ自体は多様な働き方を実現する上で望ましいことではあるが，十分に長時間働ける人にとっては，一定水準以上の所得が得られないことや，社会保障の加入ができないことから自立した生活を送れないこともある。

　また，障害者のキャリアにとっては，学齢期からの支援計画が非常に重要である。特別支援学校がセンター的機能を果たし，キャリア教育や働く力の育成を行っていく必要性があるほか，就業体験（インターンシップ）などを通じて，それぞれの特徴に応じた支援が求められる。

　また，地域での支援，企業の支援が不可欠である。第1次，第2次産業が衰退し，サービス業に求人が集中していることで，コミュニケーション能力

が乏しい，対人関係が苦手な人が就ける職業が減っていることは発達障害者の就業を困難にしている。農業や伝統工芸などへの就職も考えるべきであるし，障害者が職場でどのように溶け込んでいくかも重要な視点といえよう。

5　キャリア・カウンセラー，コンサルタントの役割

1）キャリア・カウンセリングの背景

　ここまで取り上げたような環境の変化の中で，主体的なキャリア形成や働き方についての知識や経験の乏しい人は，いわば地図や設計図がない状態で選択を行っているためアイデンティティが拡散しやすくなってしまう。こうした人に対しての専門的な援助として，**キャリア・カウンセリング**の意義が問われている。

　キャリア・カウンセリングの歴史は，職業指導の父といわれる Parsons (1909) にまでさかのぼることができる。彼は，20 世紀初頭に世界で最初の職業指導機関を開設した。当時のアメリカは産業構造の転換で都市に若者が集中していたが，仕事に適応できずに浮浪者となり町がスラム化し，不況の影響で失業者が増加した。そうした中，青少年に対する職業指導の重要性を彼は説いた。「丸いクギは丸い穴に」という彼の言葉の通り，個人差と職業差を，うまくマッチングさせることが重要であり，ひいてはそれが社会全体の改善にもつながると考えた。すなわち，個人が持つ特性（性格・適性・興味関心）と，職業が求める要件（職務内容，能力）をマッチングさせることに主眼を置いており，彼の考えはその後の職業適性検査にも結びついていく。雇用のミスマッチの解消は，現在においても，キャリア・カウンセリングの大きな目的である。現在ではカウンセリングの技法を取り入れながら，職業生活だけでなく，全人生すなわちライフキャリアを対象としたキャリア・カウンセリングも行われるようになってきている。

　キャリア・カウンセリングのニーズには，社会ニーズ，組織ニーズ，個人ニーズの3点があるといわれている。社会ニーズでは，失業者の再就職，若年者の就職，育児後の女性の社会復帰・再就職，定年後の再就職を支援する

ことなどが挙げられる。組織ニーズでは，組織の求める能力を備えた人材を育成するために個人のキャリア開発を支援するとともに，カウンセリングを通じて明らかとなる，組織運営上の問題を分析して提言する役割（コンサルテーション）もある。個人ニーズでは，自らの潜在能力を最大限発揮することを通じて自己実現し，働きがい・生きがいを獲得したり，特定の会社に留まるのではなく，いくつかの会社を渡り歩くことになるとしても，長期にわたり雇用されうる能力・労働市場で通用する能力（エンプロイアビリティ）を獲得するというニーズである。

　労働市場を有効に機能させるための 1 つとして，「キャリア形成の促進のための支援システムの整備」が指摘されるようになった。2015 年の職業能力開発促進法では，「キャリア・コンサルティング」「キャリア・コンサルタント」が規定された。キャリア・コンサルティングとは「労働者の職業の選択，職業生活設計又は職業能力の開発及び向上に関する相談に応じ，助言及び指導を行うことをいう」と定義されている。

2）計画された偶然性

　現在のような環境においてますます重要となってくるであろうキャリア・カウンセリングの理論として，ここでは Krumboltz の**計画された偶然性理論**を挙げておきたい（Mitchell, et al., 1999）。従来の理論では明確に目標を設定し計画を立て，それを実行することが重視されてきたが，現在の環境では予期せぬ出来事や偶然によってキャリアが左右されることが想像以上に多い。そこで，これらの影響を軽視せずに，偶然に出会う機会を増やし，むしろ積極的に取り込むことで，よりよいキャリア形成を目指すという理論が，この計画された偶然性理論である。つまり，キャリアを用意周到，綿密に計画できるものと思わず，むしろチャンスを見逃さないようにし，チャンスのために準備し，心を広く開いて待っておくべきだと考える。そして，こうした機会を自ら積極的に作り出していく。これは偶然を必然化する試みともいえる。偶然に頼るのは決してコントロールを失うことではなく，自らの意志で積極的に活用することにほかならない。

Krumboltz は学習理論の立場に基づき，人間は環境に受動的に反応するだけの存在ではなく，知的で問題解決能力を持ち，環境を自らの目標に合うように変えていける存在であるという前提に立つ。これまでのキャリア・カウンセリングでは，未決定を減らし，個人特性と職業特性の一致を増やすことが目標とされてきた。反対に進路決定ができない人は，優柔不断で決断力がないものとみなされた。しかし，変化が激しい現代においては，むしろ未決定であることは，新たな学習が促進される望ましいものであり，未決定というよりはオープンマインドと捉えるべきだろう。選択肢を常にオープンにしておくことが重要になってくる。また，個人と職業の特性の一致を強調し過ぎることは，個人の多様性や柔軟性，また職業の変化の激しさを見過ごすことにもつながってしまう。1つの場所や職業に自分を結びつけること自体が危険を高めているともいえる。そのため，計画された偶然性では，予期せぬ出来事を自身のキャリアに結びつけること，主体性や努力によって偶然を最大限に活かすことが必要なのである。学習し続けることの重要性を説いているともいえよう。逆説的ではあるが，偶然の出来事を意図的に作り出す，これが，計画された偶然性である。

　これは決して，偶然の機会を運命に任せるという受け身的なものではない。偶然を積極的に活かすためには，①好奇心，②持続性，③楽観性，④柔軟性，⑤リスクを恐れないことが大切である。結果がわからないときでも，行動を起こして新しいチャンスを切り開き，偶然を最大限に活用することこそが重要になってくる。仕事を変える際も，必要な知識やスキルを身につけてから，ではなく，働きながら身につけるという意識である。

　キャリア・カウンセリングを行う際にも，想定外の出来事を，学習の機会に変えるというところに重点を置くこともできる。不確実な時代の中でどのようにクライアントを援助していくかについて，キャリア・カウンセラーは心情を理解するだけではなく行動を起こすように勇気づける必要がある。

6　今後のキャリア

1）より個別化したキャリアの時代へ

　わが国の社会制度は徐々にキャリア環境の変化に対応してきてはいるものの，まだ十分ではないのが実情といえよう。現代はキャリアにおける選択肢がかつてないほど多岐にわたる。しかしそれ自体が，私たちを苦しめているともいえる。生きるためにやむをえず仕事をしているのではなく，選べるからこそ，自己実現を目指すからこそ，キャリアにおける選択が重くのしかかってくる。

　今後は性別や年齢などの属性に縛られることなく，同じ属性の中でも，キャリアはより多様化し，そして個別化していく可能性がある。フルタイムで働くのか，あるいは短時間勤務やワークシェアを求めるのか，組織での安定か，それとも独立してでも自己実現を求めるのか，社会的経済的地位の向上・安定を目指すか，それとも生きがいやつながりを求めるのか。これらの中にはもちろん両立できるものも含まれているが，トレード・オフ構造がある中で，何を取捨選択するかがますます重要になるであろうし，それを支えるキャリア・コンサルティングの役割も幅広くなっていくであろう。

2）従来の価値観とは異なる働き方

　先ほども述べた通り，働くということは，アイデンティティや自己実現にも関わる心理学的な問題である。単に働ければよい，仕事に就けるだけでありがたいではないかということではなかなか納得できず，そこに意味を求めるものである。そうした中で，従来とは異なる働き方を志向する人々も増えてきている。

　早くから注目され，制度施策的に実施されているものも多い**ワーク・ライフ・バランス**（WLB）の発想は，決して労働時間を短くしたいという問題だけではない。WLB が実現することで，地域社会や家庭での役割を果たすことができ，心身の健康や視野の広がりにつながるので，人生全体において仕

事の意味を位置づけやすくなるといえよう。労働に新たな価値観を求めるという動きはほかにもいくつかある。例えば，**ディーセント・ワーク**は国際労働機関（ILO）が提唱する概念で，直訳すれば「まともな仕事」，すなわち「働きがいのある仕事」「安心して働くことができる仕事」を指す。仕事，労働というのは，人間の尊厳，生きがいに関わる部分である。また，SHE ビジョン（ロバートソン, 1988）という考え方は，従来の男性中心主義的な HE (Hyper-Expansionist) ビジョン，すなわち過剰拡大主義ではなく，今後は女性的な視点を取り入れた SHE (Sane, Humane, Ecological) の価値観，すなわち健全で，人間的で，エコロジー的な仕事を目指そうという考え方もある。似たようなものとして，スロー・ワークは，スロー・ライフ，スロー・フードと同じように，市場の論理ではなく，暮らしの論理，社会の論理に基づく労働を指すもので，エコロジカルでサステナブルな社会を目指す。「簡単・便利・効率」重視から，「環境・快適・ゆとり」重視への変化を考えるものである（田中・杉村, 2004）。

　それ以外にも，自分の仕事をつくる（西村, 2003），ジョブ・クラフティング（Berg, et al., 2010）といった考え方も挙げられる。今後はこうした生きがいや働きがいも含めたキャリア形成とその支援が重要になってくるのかもしれない。

3）組織制度上の課題

　いくらやりがいのある仕事ができているとはいえ，特に非正規においては，安定した生活を維持することができなくてはキャリアとしては立ち行かなくなってしまう。では，これらの問題をどうすれば解決することができるだろうか。1つの参考になるのが**ダッチモデル**（オランダモデル）であろう。これはオランダに始まった非正規雇用を中心とした就労モデルで，非正規労働者が多い一方で，同一労働同一賃金が徹底されているため，正社員との時間給的な差異は起きない。そのため，例えば夫婦が週休3日で働いた方が単身労働の週休2日で働くよりも世帯収入は増え，それ以上に休みの合計日数も増える。世帯収入が増えるだけでなく，余暇も増え，結果的に余暇産業も発展し，夫婦どちらかが子育てができるため保育施設への投資が軽微で済む，といっ

たメリットが生まれる。ワークシェアでは，1つの仕事を複数人で分担することによって，短時間労働や，本人にとって都合のよい働き方が実現しやすくなる。

このような同一労働同一賃金などが実現されることによって，キャリアに対する考え方も，大きく変わっていく可能性がある。ただし，これは法制度上の問題や，正社員にとっては賃金低下につながるため，抵抗が生じることも考えられる。また，時間を減らすことだけが働き方改革とはいえない。

4）よりよいキャリアを目指して

すでに述べた通り，変化の激しい現代においては，目指している職業に就けないだけでなく，その職業自体がなくなってしまう可能性もある。その一方で，変化が激しいということは，今までになかった職業が突然現れることでもあり，場合によっては自分の仕事を自分で創ることもできることを意味する。

幼い頃の夢を実現していなくても充実したキャリアを歩んでいる人はおり，自分が望んだり計画したりしたものとは全く想定外のことが起こっても，それを積極的に活用している人もいる。計画された偶然性理論が示す通り，自分自身や環境が大きく変化する中で，自分自身の将来をすぐに決める必要はなく，積極的にチャンスを模索しながら，オープンマインドでいる方が有利な時代になる。つまり，自分に最も合う唯一の職業を探すよりも，自分の仕事の幅を精一杯広げることの方が大切といえる。

このような時代においては，これまで自己投資してきたものが全て無駄となってしまうかもしれないが，どんな経験も活かそうとする姿勢があれば，それは無駄ともいいきれない。失敗を恐れずに，そこから学ぶことも大切である。英語には，Becoming is better than being（意訳すれば，能力よりも努力の方が素晴らしい）ということわざがあるが，まさにこの精神で，現時点で知識やスキルを持っているかより，これから学ぶ意欲があるかの方がますます重要となってくるだろう。会社が従業員を守ってくれなくなった今，最大の雇用保障は，生涯学び続けるという自分自身の姿勢そのものではないだろうか。

11 章

ストレス

ストレスのメカニズムに関しては，心理学のみならず，医学・生理学など
の分野から，これまで様々な研究が積み重ねられてきた。そのような様々な
分野のストレスに関する研究は，「外的環境からの要請を個人が受け止め，
対処することによって，いかに要請に打ち負かされずに情緒的な安定性を保
つか」に関するものであるという点では共通している。しかし，実は大きく
2つの流れがある。

　第1の流れは，環境と，身体的ないし精神的疾患の発症や発症の基盤とな
る生体の生理的変化との関係に関する「医学的ストレス研究」である。第2
の流れは，環境を個人がどのように受け取るかという受け取り方（認知的評
価）と，受け取った環境への対処様式（コーピング）に注目し，それらによっ
て引き起こされる心理状態の変化に関する「心理学的ストレス研究」である。
歴史的にみれば，生理的・疫学的ストレス研究が先行して行われ，その後こ
うした研究の知見を受けて心理学的ストレス研究が発展してきた。

1　ストレスとは

　「ストレス」とは，もともと「圧力」や「圧迫」という意味で，主に金属工
学の分野で使用されていた言葉である。金属に圧力を加えると，その箇所に
歪みが生じる。圧力を加えるにつれ金属の歪みは大きくなるが，圧力を緩め
ると，もとの形状に戻る。これは，金属に歪みを矯正してもとの状態に戻ろ
うとする抗力が生じるからである。この一連のプロセスを総称して「ストレ
ス」と呼んでいた。したがって，このプロセスには，歪みを生じさせる外か
らの圧力（ストレッサー）と歪んだ状態（ストレス反応）の2つの概念が含まれ

ていることになる。

　この工学の概念を人間の生体反応に適用したのがSelyeである。彼は，「各種有害作用因子によって引き起こされる症候群（A Syndrome Produced by Diverse Nocuous Agents）」と題した小論文で，次のような内容を述べている。生体は，寒冷・高温・振動・外傷・過度の筋運動などの有害な作用をもたらすいかなる急性刺激に曝された場合にも，1）副腎皮質肥大，2）胸腺・リンパ節の萎縮，3）胃・十二指腸の出血性潰瘍の3つの共通した徴候が認められる。つまり，刺激の種類を問わず，その反応としてある典型的な症候群が現れるというのである。Selyeは，この「刺激を問わない」＝「非特異的な刺激による」症候群を，**汎適応症候群**と名づけて，いわゆる「ストレス学説」を提唱した。これにより工学用語が生物学用語となり，そして汎用性の高い医学用語となった。現在では，心理学をはじめとする様々な人間科学の分野で広く使用されている。とりわけ，昨今の長期にわたる経済不況にあえぐ産業組織には，「各種有害作用因子……」の考え方は適用しやすいと思われる。

　様々な有害環境刺激に対する不適応状態を「ストレス」という言葉で説明したSelye（1936）と平行するように，社会精神医学の分野でも，環境が人間に及ぼす影響を理解するために，Holms & Rahe（1967）に代表されるライフイベント研究が行われてきた。彼らが作成した**社会的再適応尺度**（Social Readjustment Rating Scale：SRRS）は，約5000人の患者の疾患発症に関連する生活上の出来事＝**ライフイベント**を整理し，43項目のライフイベントを抽出したものである。表11-1に示した43項目のライフイベントには，結婚後にそれまでの日常生活のパターンに戻るまでに要する労力を50点とした場合に，各ライフイベントがどの程度のストレス度（Life Change Unit Score：LCU得点）を持つかが示されている。Holms & Rahe（1967）は，過去1年間で，ストレス度の合計が200〜299点であれば約50％の人に，300点以上であれば約80％の人に，その後1年間に心身の健康障害が生じると報告している。

　表11-1の43項目は個人・職場・家族・社会生活に大別でき，喪失体験や離別等の精神病理学的に影響力の大きいライフイベントが多いものの（夏目，1999），「配偶者との口論回数の大きな変化」や「親戚とのトラブル」「上司と

表 11-1　社会的再適応尺度（Holms & Rahe, 1967）

順位	出来事	LCU得点	順位	出来事	LCU得点
1	配偶者の死	100	23	息子や娘が家を離れる	29
2	離婚	73	24	親戚とのトラブル	29
3	夫婦別居生活	65	25	個人的な輝かしい業績	28
4	拘留	63	26	妻の就職や離職	26
5	親族の死	63	27	就学・卒業	26
6	個人のけがや病気	53	28	生活状況の大きな変化	25
7	結婚	50	29	個人的習慣の修正	24
8	解雇・失業	47	30	上司とのトラブル	23
9	夫婦の和解・調停	45	31	労働状況の大きな変化	20
10	退職	45	32	住居の変更	20
11	家族の健康上の大きな変化	44	33	学校をかわる	20
12	妊娠	40	34	レクリエーションの大きな変化	19
13	性的障害	39	35	宗教活動の大きな変化	19
14	新たな家族構成員の増加	39	36	社会活動の大きな変化	18
15	仕事の再調整（合併，再編，倒産など）	39	37	低額の抵当や借金（車やテレビ等のため）	17
16	経済状態の大きな変化	38	38	睡眠習慣の大きな変化	16
17	親友の死	37	39	家族団らんの回数の大きな変化	15
18	転職	36	40	食習慣の大きな変化	15
19	配偶者との口論回数の大きな変化	35	41	休暇	13
20	高額の抵当や借金（家や仕事のため）	31	42	クリスマス	12
21	担保，貸付金の損失	30	43	些細な違法行為	11
22	仕事上の責任の大きな変化	29			

のトラブル」など様々な対人関係に関連するライフイベントも心身の健康状態に影響を与える看過しがたい出来事であることがわかる。Selye や Holms らの研究は，ストレスの概念を心理的社会的側面へ適用する上での布石として位置づけられる研究であり，その後の心理学的ストレス研究に大きな影響を与えている。

2　心理学的ストレスモデル

Selye や Holms らの研究に触発され，心理学の領域でもストレスに関する

注目が大きなものとなった。特に，Holms & Rahe (1967) の提唱したライフ
イベントの考え方は，心理学の領域に大きく影響している。彼らが示したラ
イフイベントは，日常生活で個人が体験する出来事のうち，新たな環境に適
応する行動や環境からの要請に対する対処行動を要求するような出来事であ
り，「ストレスフルなライフイベント」と呼ばれるものである。

　当然，人間の物事の認知の仕方や行動の様式の個人差を主として扱う心理
学の立場から，適応行動や対処行動の個人差によって，出来事の影響が違う
のではなかろうか，という考えが起こってきても不思議ではない。こうした
心理学的な視点からストレス過程の個人差について一定の見解を提案したの
が Richard S. Lazarus である。Lazarus & Folkman (1984) は，**心理学的スト
レスモデル**と呼ばれる，心理社会的ストレスの認知的評価・対処理論を提唱
し，今日の心理的ストレス研究の理論的基礎を構築した。

　Lazarus & Folkman (1984) によれば，ストレスは，日常生活で遭遇する外
的な環境からの要請 (stressor：**ストレッサー**) に対して，その要請がどの程度
ストレスフルで負担であるかという個人の判断過程 (1次評価)，および，そう
したストレスフルな場面に対して直接的な対応ができるかどうかという判断
過程 (2次評価) という2つの**認知的評価** (appraisal：アプレイザル) を経た結果
生じると考えられている。さらに，こうした判断過程を経た結果に基づき，
ストレッサーに対する何らかの対処行動 (coping：**コーピング**) が発動される。
コーピングを行った結果，ストレッサーが低減されれば不快な心理的反応
(psychological stress reaction：**心理的ストレス反応**) を生じさせることはないが，
コーピングがストレッサーの低減に相応しいものでなければ不快な心理的ス
トレス反応が生じてしまうことになる (田中, 2007) (図 11-1)。

　Selye や Holms らがともに，ストレスの原因 (ストレッサー) とそれらに起
因する症候群や疾患といったストレス状態の結果との直接的な関係に注目し
ているのに対して，Lazarus らが提唱した心理学的ストレスモデルの視点に
立脚すると，認知的評価やコーピングといった，ストレッサーとそれによっ
て引き起こされる反応の媒介要因を仮定している点に特徴がある。このモデ
ルでは，ストレスは，外部環境からの刺激に対して一様に生じるのではなく，

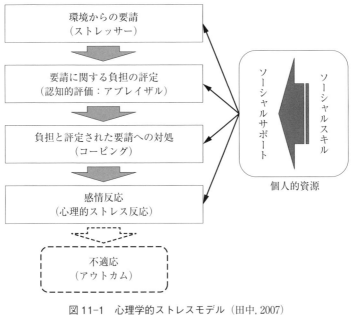

図11-1　心理学的ストレスモデル（田中, 2007）

環境からの要請をどのように認知するか，どのように対処するかという個人的要因によって，生起の仕方が異なることになるのである。

3　医学的視点に基づいた職業性ストレス理論

　職場ストレスに関する研究は，Selye や Holms らの研究を基盤にした医学的視点に基づいた原因論的な立場を端緒として進められてきた。この立場からは，就業状況における疾患の発生に寄与するリスクファクターを明らかにし，それに基づいた疾患の予防策を検討することが重視される。原因論的には，職場ストレスに起因する不適応の研究は，職場環境が個人に与える影響を重視し，特定の職場環境が疾患を引き起こすと考える直線的な因果関係を仮定してきた。こうした医学的視点による代表的な理論には，Karasek (1979) の**仕事の要求度-コントロールモデル**，Hurrell & McLaney (1988) の**NIOSH 職業性ストレスモデル**がある。ここでは，この2つの理論に加えて，

仕事の要求度-コントロールモデルと関連する Siegrist (1996) の**努力-報酬不均衡モデル**も合わせて３つの理論を紹介する。

1）仕事の要求度-コントロールモデル

Karasek (1979) は，従来の職業性ストレス研究で指摘されていた職場ストレッサーに関して，仕事の量的負荷を表す業務上の要求度 (job demand) による心理的緊張 (psychological strain) への影響が，工場の組み立てラインで就労する作業者では大きいのに対して，管理監督者の立場にある者では小さいことに注目して，業務上の裁量権や自己決定権などのコントロール (control) という視点を提唱し，要求度とコントロールの２要因によって，管理職・非管理職といった職位や役割の違いにかかわらず，心理的緊張すなわち種々の心理的ストレス反応を予測する仕事の要求度-コントロールモデルを理論化している。

仕事の要求度-コントロールモデル (job demand-control model) (図11-2) では，仕事の要求度の高低と仕事のコントロールとの高低の組み合わせによって，仕事の特徴を以下の４群に分類している。

1）要求度が高く，コントロールが低い「高ストレイン群 (high strain)」

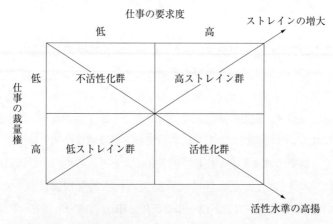

図 11-2　仕事の要求度-コントロールモデル（Karasek, 1979）

2）要求度が高く，コントロールも高い「活性化群（active）」

3）要求度が低く，コントロールも低い「不活性化群（passive）」

4）要求度が低く，コントロールが高い「低ストレイン群（low strain）」

このうち，心理的緊張が強く，種々のストレス反応が最も高く表出され，疾患のリスクが高い群は「高ストレイン群」であるとされる（Karasek, 1979）。外的な職場環境からの要請によって従業員の精神的健康が規定されるという考え方に沿ったものであり，医学的な視点に基づく代表的なストレス理論であるといえるだろう。

2）努力-報酬不均衡モデル

努力-報酬不均衡モデル（Effort / Reward Imbalance Model：ERI モデル）（図 11-3）は，社会学者 Siegrist らによって提唱された社会的交換の概念に基づいた理論モデルである。職業生活における「努力（effort）」と「報酬（reward）」の2 要因のバランスのあり方によって，慢性的なストレス状況を評価することに特徴がある（Siegrist, 1996）。ここでいう「努力」とは，個人が仕事において要請される仕事の要求度・責任・負担の大きさを指す状況特異的な要因であ

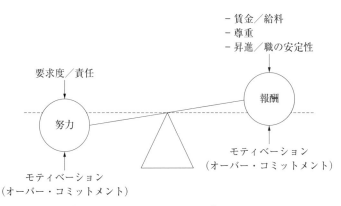

【努力と報酬の不均衡状態が維持されるのは以下の場合】
1）景況の悪化や個人のスキル不足などで，状況を変化させることができない場合。
2）キャリア形成の先行投資などの理由で，不均衡状態を戦略的に受け容れている場合。
3）仕事へのコミットメントが高過ぎる場合。

図 11-3　努力-報酬不均衡モデル（Siegrist, 2012 をもとに作成）

る。一方,「報酬」には経済的・金銭的報酬に加えて心理的報酬としての自尊心,キャリアに関する報酬も含まれている。

このモデルの視点では,仕事の遂行のために行われる努力に対して,その結果として得られる報酬が少ないと認知した場合に,より大きなストレス反応が発生すると考えられている。努力と報酬の不均衡状態は,1）景気の悪化や個人のスキル不足などで,状況を変化させることができない場合や,2）今後のキャリア形成のための先行投資として,努力が報われない不均衡状態を戦略的に受け容れている場合,さらに,3）仕事に対してコミットメントが高過ぎる場合に,持続してしまうことになる。

なお,このモデルは個人にとってのやりがいや達成感,職務遂行を周囲に認められているかといった心理的報酬やキャリア意識が,経済的な報酬と同等に影響力のある要因として評価されている点も特徴であるが,集団を対象とした疫学的の応用を念頭に置いた職業性ストレスを評価する理論モデルであることから,医学的な視点に基づくモデルに位置づけられる。

3）NIOSH 職業性ストレスモデル

アメリカ国立職業安全保健研究所（National Institute for Occupational Safety and Health：NIOSH）は,それまでの職業性ストレス研究を網羅的にレビューし,図11-4に示したNIOSH職業性ストレスモデルを作成した。このモデルはKarasek（1979）の仕事の要求度-コントロールモデルを含む多くの職業性ストレスモデルの理論をほとんど全て包括したモデルとされている（Hurrell & McLaney, 1988）。NIOSH職業性ストレスモデルでは,職場ストレッサー（job stressor）が急性反応（acute reactions）を発生させ,この急性反応が持続し慢性化した場合に,疾患（illness）へと進展する過程が示されている。この一連のプロセスでは,職場ストレッサーと急性反応との結びつきを調整・緩衝する要因として,個人的要因（individual factors）,仕事外要因（non-work factors）,緩衝要因（buffer factors）が想定されている。このモデルも,職場ストレッサーがストレス反応を生起させ,その結果として疾患を発症させるという過程を示す医学的な視点に立脚した代表的な職業性ストレス理論であるが,個

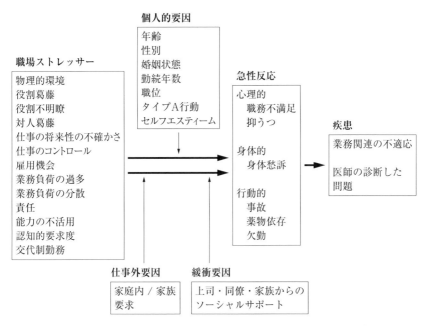

図 11-4　NIOSH 職業性ストレスモデル（Hurrell & McLaney, 1988）

人的要因や仕事外要因，緩衝要因を過程とは明確に区別していること，および
ストレス反応を心理面・身体面・行動面に分けて，心理学的な発想も取り
入れている点に特徴がある。

4　心理学的視点に基づいた職業性ストレス理論

　医学的な視点に基づいた職業性ストレス理論が構築される一方で，職場に
おけるメンタルヘルスのような心理社会的な問題は，医学的な観点に基づく
原因論的な立場よりも，むしろ心理学的な観点に基づく維持論的な立場で考
えることが必要であるという指摘もなされてきた。Dohrenwend（1978）は，
精神医学で扱う「精神症状」と「心理的ストレス反応」とを明確に区別して
いる。また，心理的ストレス反応は，ストレッサーに遭遇した際の正常な感
情反応であり，疾患を構成する精神症状とは異質なものであると指摘してい

る。ストレス反応は精神症状としてあるのではなく，個人の正常な1つの過程としてあるべきであるというのである（Dohrenwend, 1978）。

　原因論的な立場では，精神症状は，それを引き起こす特定の原因があるので，現在の精神症状を引き起こす原因となっているストレッサーを特定し，その除去によって症状の軽快を図ろうとすることがメンタルヘルス対策の目的となる。一方，維持論的な立場では，必ずしもストレッサーそのものの除去を問題としない。ストレッサーは，いわば周囲の環境から突然要請されるものであって，ときとして不可避な場合もある。心的外傷や喪失体験といった個人の力量ではその発生をコントロールすることができないストレッサーも多く存在する。こうした不可避なストレッサーに遭遇した場合に，ストレッサーからストレス反応が生じるまでのプロセスにおいて，媒介過程として想定される認知的評価やコーピングといった様々な心理的要因によって，結果的に心理的ストレス反応に個人差が認められることはよく知られている（例えば，Harvey, 2001）。

　維持論的な立場では，ストレス反応の持続を解消するには，こうした心理的要因の不具合を解決することが重要となる。ストレッサー・心理的ストレス反応の関係を早期に解消すれば，否定的な感情反応が精神症状へと悪化しないことが指摘されている（Dohrenwend, 1978）。早くからこうした指摘があったにもかかわらず，職場ストレス研究の大勢は，医学的な精神疾患の発症や症状を説明するための研究が主流であり，近年まで心理学的ストレス研究の実践はあまりなされてこなかったのが現状である。しかし，このところ職場ストレス研究が進むにつれ，ストレスに起因する疾患を有する従業員のケアや予防を目的とした研究よりも，疾患レベルには至らない段階での心理的レベルの問題を抱えた従業員の生産性の向上を目的とする研究へと関心が移行しつつある。したがって，個人の疾患を説明することに主眼を置いた職場ストレス研究から，疾患レベルには至っていない従業員集団を対象とした心理的レベルでの精神的健康状態を説明することを目的とした職場ストレス研究が，社会的要請として持ち上がってきたと考えられる。こうした社会的要請を受けて，心理学的立場での職場ストレス研究の必要性が改めて指摘さ

れている。

5　職場不適応の心理学的視点による理解

　職場不適応は，心理的レベル・疾患レベルの2つに分けることができ，心理的レベルの職場不適応は，疾患レベルの職場不適応の前段階に位置する（小杉, 2002）。前者は，心理学的ストレスモデル（Lazarus & Folkman, 1984）における心理的ストレス反応として表現されるものであり，後者は **DSM-5**（Diagnostic and Statistical Manual of Mental Disorders, 5th Edition：アメリカ精神医学会による精神疾患の診断と統計の手引き第5版, American Psychiatric Association, 2013）に記述されている適応障害の症状に該当すると考えられる。この両者の違いは，アウトカムに「疾患」を置くか否かということである。企業組織内で経営管理や組織成員の健康管理に携わる人材（人事労務スタッフや事業場内メンタルヘルス活動推進担当者等，ならびに心理職）にとっては，疾患にまでは至らない水準での心理的レベルで，職場適応ないし不適応を評価し，適応援助を行うことが職務領域であるから，経営学や心理学を専攻する者の立場からは，前者の「心理的ストレス反応」が職場不適応に関する主な研究対象であると考えられるはずであろう。

　こうした心理的レベルでの職場不適応に関する注目は近年増加しており，企業や産業保健スタッフの従事する職場メンタルヘルス活動の多くが，疾患レベルの職場不適応への対策よりも，心理的レベルの職場不適応への対策に重点が置かれ始めている。その理由として，この30年近くの構造不況を反映して，企業のメンタルヘルス活動の基軸が，疾患レベルの職場不適応や精神障害に関する予防→発見→治療→職場復帰という従来型のメンタルヘルス活動から，従業員集団の精神的健康状態を積極的に高めることによって企業の生産性の向上を図ろうとする積極的メンタルヘルス活動へと移行したことが挙げられる（小杉, 2000）。企業は構造不況の根幹を成す旧来の価値構造からの転換を迫られ，現有従業員がどれだけ生産性に結びつく仕事をできるかが問われるようになってきたのである。したがって，疾患レベルには至っていな

い従業員集団を対象とした心理的レベルでの精神的健康増進を目的とした積極的メンタルヘルス活動は，きわめて社会的要請に沿った取り組みであるといえる。

6　心理学的職場ストレスモデル

心理学的ストレスモデルにおいて表現される心理的プロセスは，個人と環境との相互関係（person-environment encounter, person-environment fit, person-environment interaction）によって生起するネガティブな感情反応の発生プロセスである（Folkman & Lazarus, 1988）。このプロセスにおいて職場ストレスは，個人と職場環境との相互関係のありようから生じる要請を職場ストレッサーの発生源とし，要請に関する認知的評価と認知的評価によって負担と判断された要請（ストレッサー）に対するコーピングとの個人差によって，ネガティブな感情反応の程度が規定されることを示している。したがって，心理的レベルの職場不適応は，心理的ストレス反応，すなわち，ネガティブな感情反

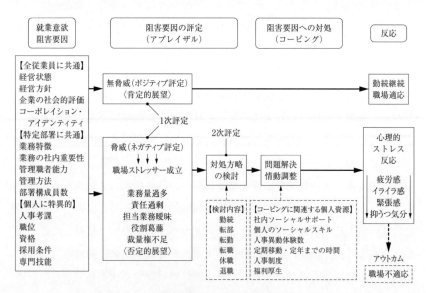

図11-5　心理学的職場ストレスモデル（小杉ら, 2004）

応の最も深化した状態として理解することができる（小杉,2002）。心理的レベルの職場不適応は，以下に述べる**心理学的職場ストレスモデル**によって理解することができる（小杉ら,2004）。図11-5に示した心理学的職場ストレスモデルは，"心理的レベルの職場不適応者に対する心理的援助を目的とした心理臨床的ストレスモデル"である。先述の心理学的ストレスモデル（Lazarus & Folkman, 1984）の構成要因を従業員が有する企業内資源と対応させ，従業員への心理的援助の指針とするところに特徴があり，次の諸点を満たしているものである。すなわち，1）心理的レベルの要因によって構成されること，2）心理的レベルの要因は，就業関連事項によって規定可能なこと，3）心理的レベルの要因は，心理的働きかけによって変化可能なこと，4）モデルのアウトカム（最終経路）として，職場不適応を位置づけられること，である。

12　章

ストレス：現代的課題

　職場ストレスに起因する不適応に悩む労働者は増加傾向にあり，労働者個人の健康面のみならず，企業の生産性の観点からも深刻な社会的問題と考えられている。労働者が快適に働ける職場環境を形成することは企業・組織の重要課題であると認識されているものの，その実践には厳しい現状がある。本章では，本邦の職場ストレスの現況や法制度，取り組み等について紹介する。

1　職場ストレス

1）職場ストレスの現況

　現在の仕事や職業生活に関することで，強いストレスを感じる事柄がある労働者の割合は多い。厚生労働省が実施している労働者健康状況調査および労働安全衛生調査によれば，概ね6割程度の労働者がストレスを感じる事柄があると回答しており（厚生労働省政策統括官, 2020）（図12-1），ここ20年は軒並み6割程度の高い水準を維持している（厚生労働省大臣官房統計情報部, 2013；厚生労働省政策統括官, 2020）。こうした職業生活における心理的ストレス反応の原因は，「仕事の質・量」，対人関係（パワーハラスメント・セクシュアルハラスメントを含む），「仕事の失敗，責任の発生等」の3つが多いことが報告されている。特に，人間関係に起因する事柄にストレスを感じる者の増加は，看過できない問題となっている。日本産業カウンセラー協会が実施している「働く人の電話相談室」の結果報告によれば，労働者の相談案件のうち，「人間関係」が34％，「**パワーハラスメント**」が20％，「**セクシュアルハラスメント**」が3％，「その他のハラスメント」が4％であり，人間関係に起因する問題の相談件数が，全体の約60％にのぼっている（日本産業カウンセラー協会, 2019）。また，各

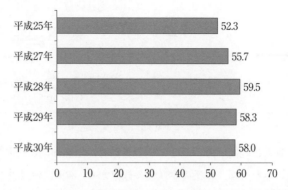

図 12-1 強いストレスとなっていると感じる事柄がある労働者の割合
（厚生労働省政策統括官, 2020）
（注）平成 26 年は当該項目を調査していない。

都道府県の労働局が実施している民事上の個別労働紛争解決制度による相談件数の内訳をみても，平成 24 年を境に，「労働条件の引下げ」や「解雇」に関する相談の件数を，職場における「いじめ・嫌がらせ」，すなわちパワーハラスメントに相当する事柄に関する相談件数が上回って第 1 位となっており，今では 25 ％を超える割合にまで増加している（厚生労働省, 2020a）（6 章図 6-1 を参照のこと）。ストレス反応が高い状態で推移することは，職場不適応の発生や種々の精神疾患発症のリスクにつながることから，仕事内容や業務分掌，職場環境で発生する様々なストレス要因を考慮した組織管理，およびメンタルヘルス対策の取り組みは，事業者・管理監督者から組織の一成員に至るまで，広く理解する必要のある大きな課題である。

２）過労自殺と労災認定

　警察庁の自殺統計資料によれば，わが国の自殺者数は，年間約 2 万人にのぼる。10 年連続して 3 万人を超えていた時期から比べると減少してはいるものの，まだ深刻な状況であることに変わりはなく，国や自治体によるインターネット交流サイト（SNS）での相談や，自殺未遂者への支援事業などの対策が引き続き行われている。勤労者の自殺のうち，原因・動機が明らかなものについては，「健康問題」が最多だが（9861 名），「経済・生活問題」（3395

名）および「勤務問題」（1949 名）もそれに次いで多く，就業環境のストレスが，自殺に影響していることが示唆される（厚生労働省自殺対策推進室・警察庁生活安全局生活安全企画課, 2020）。こうした就業環境に起因する自殺は，**過労自殺**と呼ばれている。

　「過労自殺」は法律用語や医学・心理学用語ではなく，一般用語として，業務負荷によって心労が蓄積され，自殺に追い込まれる状態を指している。専門的には，「業務による心理的負荷によってうつ病や重度ストレス反応等の精神障害が発病したと認められる自殺，すなわち精神障害によって正常の認識，行為選択能力が著しく阻害され，又は自殺を思いとどまる精神的な抑制力が著しく阻害されている状態で自殺したと推定され，業務起因性が認められるもの」と定義できる（日本労働研究機構, 2001）。こうした「過労自殺」は，単に業務と自殺との関連が認められるだけではなく，その精神障害および自殺が業務上の要請によって生じた**労働災害**（労災）と認定されることが前提条件である。労災申請件数および労災認定件数は，2000 年以降急増しており，特に自殺者での認定率が高い（図 12-2）。

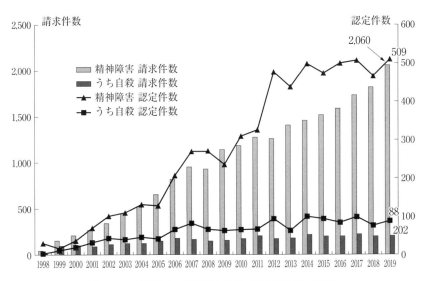

図 12-2　精神障害の労災認定件数（厚生労働省, 2020b）

2 労働者の心の健康

1）労働者の心の健康の保持増進と企業の安全配慮義務

過重労働による精神障害の発症が原因と考えられる自殺に対して，会社側の過失責任を認め，多額の損害賠償が遺族側に支払われることになったいわゆる「電通事件」では，最高裁は次のような判決を言い渡している。「使用者は，その雇用する労働者に従事させる業務を定めてこれを管理するに際し，業務の遂行に伴う疲労や心理的負荷等が過度に蓄積して労働者の心身の健康を損なうことがないよう注意する義務を負うと解するのが相当であり，使用者に代わって労働者に対し業務上の指揮監督を行う権限を有する者は，使用者の右注意義務の内容に従って，その権限を行使すべきである」(最二判決平成 12.3.24 労判 779-13)。つまり，企業が従業員に対して負うべき**安全配慮義務**(健康配慮義務) は，労働契約に基づく使用者の付随的義務として解釈されていることになる。

企業は，労働者の健康問題や労働災害を防止するための措置を講じ，さらに快適な職場環境を形成したり，労働条件の改善や安全衛生教育を実施したりすることで，労働者の安全と健康を守らなければならない義務と責任を負っている (労働安全衛生法第 1 章総則)。

また，労働契約法第5条では，使用者の安全配慮義務について，「使用者は，労働契約に伴い，労働者がその生命，身体等の安全を確保しつつ労働することができるよう，必要な配慮をするものとする」と明文化されている。これには，危険な作業や有害物質への対策といった物理的危険のみならず，職場におけるメンタルヘルス対策のような心理的危険も含まれると解釈されている。

安全配慮義務違反が問われるのは，従業員の心身の健康を害することを企業が予測できた可能性 (予見可能性)，およびそれを企業として回避する義務を果たしたかどうか (結果回避可能性) の点からである (勝亦, 2011)。これらに対して手段を講じておらず，かつ因果関係が認められる場合に，安全配慮義務違反が成立することになる。労働契約法には罰則規定はないが，上記に示

した安全配慮義務を怠った場合には，民法第 709 条（不法行為責任），第 715 条（使用者責任），第 415 条（債務不履行）等を根拠に，使用者側に損害賠償を命じる判例が多数みられる。また，刑事上の責任や社会的な責任が生じる可能性も否定できないことから，企業は，リスク・マネジメントの観点からも安全配慮義務を考える必要があろう。

2）事業場における労働者の心の健康づくりのための指針

　業務起因性のメンタル不調による問題への対応としては，労働安全衛生法第 70 条の 2 に基づき，事業場において事業者が講ずるように努めるべき労働者の心の健康の保持増進のための措置が適切かつ有効に実施されるよう**労働者の心の健康の保持増進のための指針**が厚生労働大臣によって定められている。

　この指針は，事業場におけるメンタルヘルスケアが適切かつ有効に実施されるために，その原則的な実施方法について総合的に示したものであり，各事業場の実態に即した形で実施可能な部分から取り組んでいくことが重要であるとされている（厚生労働省, 2006）。また，国が職場のメンタルヘルス対策について示した初めての指針として，きわめて重要な位置づけにある。

　指針では，メンタルヘルスケアの基本的考え方として，職場には労働者の力だけでは取り除くことができないストレス要因が存在しているため，事業者の行うメンタルヘルスケアの積極的推進が重要であり，事業場におけるメンタルヘルスケアは，労働者の健康の保持増進を図る上で重要な活動であることが指摘されている。

　事業者は，メンタルヘルスケアが，中長期的視点に立って，継続的かつ計画的に行われるようにすることが重要である。このため，事業者には，衛生委員会等において調査審議し，事業場の心の健康づくりに関する職場の実態とその問題点を明確にするとともに，その問題点を解決する具体的な方法等についての基本的な計画（「心の健康づくり計画」）を策定することが求められている。なお，個人情報保護に関する労働者のプライバシーへの配慮等，計画に取り上げるべき事項なども詳細に付記されている。

3）職場のメンタルヘルス活動における 4 つのケア

　労働者の心の健康の保持増進のための指針では，労働者のメンタルヘルスについて，以下の 4 つのケアを効果的に実施するよう事業者に求めている。それぞれの内容と事業者および関係者に求められる対応は以下の通りである。

　①　セルフケア（労働者自身がストレスや心の健康について理解し，自らのストレスを予防，軽減あるいはこれに対処すること）：このため事業者には，1）労働者に対してセルフケアに関する教育研修，情報提供等を行うこと，2）労働者が自ら相談を受けられるよう必要な環境整備を行うことが求められることになる。

　②　ラインによるケア（労働者と日常的に接する管理監督者〔＝ライン〕が，心の健康に関して職場環境の改善や労働者に対する相談対応を行うこと）：このため，管理監督者は，1）作業環境，作業方法，労働時間等の職場環境等の具体的問題点を把握し，改善を図ること，2）個々の労働者に過度な長時間労働，過重な疲労，心理的負荷，責任等が生じないようにする等の配慮を行うこと，3）日常的に，労働者からの自主的な相談に対応するよう努めることが求められる。また，事業者には，4）管理監督者に対する心の健康に関する教育研修等を行うことが求められることになる。

　③　事業場内産業保健スタッフ等によるケア（事業場内の健康管理の担当者が，事業場の心の健康づくり対策の提言を行うとともに，その推進を担い，また，労働者および管理監督者を支援すること）：事業場内産業保健スタッフ等は，1）職場環境等について評価し，管理監督者と協力してその改善を図るよう努めること，2）労働者のストレスや心の健康問題を把握し，保健指導，健康相談等を行うこと。また，3）専門的な治療を要する労働者への適切な事業場外資源を紹介し，また，心の健康問題を有する労働者の職場復帰および職場適応を指導および支援することが求められる。さらに事業者には，4）事業場内産業保健スタッフ等に対して，教育研修，知識修得等の機会の提供を図ることが求められる。

　④　事業場外資源によるケア（事業場外の機関および専門家を活用し，その支援を受けること）：事業者は，必要に応じ，それぞれの役割に応じた事業場外資源を活用することが望ましい。

4）ストレスチェック制度

　労働安全衛生法改正による「心理的な負担の程度を把握するための検査」，すなわち**ストレスチェック制度**が 2015 年 12 月 1 日より運用されている。前述の労働者の心の健康の保持増進のための指針の公表以降，企業組織では各種のメンタルヘルス対策が講じられており，その流れを受けて，新たに創設された制度である。この制度は，定期的に労働者のストレスの状況について検査を行い，本人にその結果を通知して自らのストレスの状況について気づきを促し，個人のメンタルヘルス不調のリスクを低減させるとともに，検査結果を集団的に分析し，職場環境の改善につなげる取り組みである。制度の特徴は，次の通りである。a）事業者に従業員のストレスチェックを義務づけたこと（ただし，従業員 50 人未満の事業場については，当分の間努力義務）。b）医師・保健師ならびに厚生労働省の定める研修を受けた看護師・精神保健福祉士・歯科医師・公認心理師が行うストレスチェックを従業員全員が受け，「高

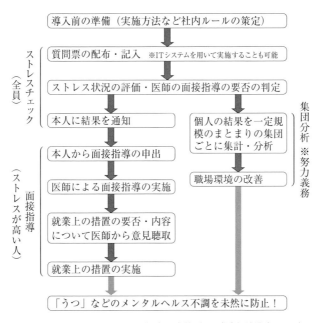

図 12-3　ストレスチェック制度の実施手順（厚生労働省, 2015）

ストレス者」と判断された場合は（本人の同意のもとで結果が事業者に伝えられ），医師との面談が実施されること。c）その結果，医師の意見を聞いた上で，必要な場合には，作業の転換，労働時間の短縮その他の適切な就業上の措置を講じなければならないこと。具体的な実施手順は図12-3の通りである（厚生労働省, 2015）。

　ストレスチェックに使用する調査票（図12-4）には，次の3つの領域の項目が含まれていることが必要とされる。すなわち，①労働者の心理的な負担の原因に関する項目（**職場ストレッサー**），②労働者の心身の自覚症状に関する項目（**ストレス反応**），③職場における他の労働者による支援に関する項目（**ソーシャルサポート**），の3領域である。3領域に関する項目が含まれているものであれば，実施者の意見や衛生委員会等での調査審議を踏まえて，事業者の判断により選択することができる。なお，行政からは**職業性ストレス簡易調査票**が推奨されている。

　この3領域が必要な理由は，ストレスチェック制度が職業性ストレス理論に基づいた制度だからである。職業性ストレス理論に立脚すれば，ハラスメントを受けたり，業務負担が増加したりするといった「仕事のストレス要因」（職場ストレッサー）の自覚が強ければ強いほど，ストレス反応が強まると考えられる。このストレス反応が持続し慢性化した場合には，様々な職場不適応症候に進展する可能性があることは，先述の通りである。ただし，仕事

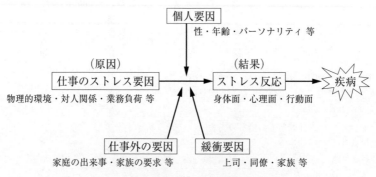

図12-4　ストレスチェック調査票の考え方

の要因がストレス反応に結びつく程度は，「緩衝要因」と呼ばれる上司・同僚らからの**ソーシャルサポート**のあり方や，仕事以外の出来事，さらには個人的な背景にも影響を受けることになる。この考え方に沿って，ストレスチェック制度では，最重要な3要因（仕事のストレス要因・ストレス反応・サポート）を必要条件としている。

したがって，ストレスチェックの結果，面接指導の対象となるのは，次の①または②のいずれかの要件を満たす者になる。①「ストレス反応」の評価点数の合計が高い者，②「ストレス反応」の評価点数の合計が一定以上の者であって，かつ，「仕事のストレス要因」および「サポート」の評価点数の合計が著しく高い者である（図12-5）。

この制度の狙いは，労働者が自分のストレス状態を知って早めに対処し，ストレス反応を予防することにある。実際のストレスチェックでもエビデンスが蓄積され始めており，労働者を対象とした後ろ向きコホート研究によって，ストレスチェックとともに心理社会的な職場環境改善を経験した職場の労働者では心理的ストレス反応が有意に改善していたことなどが報告されており（Imamura, et al., 2018），ストレスチェックの有用性が裏づけられている。

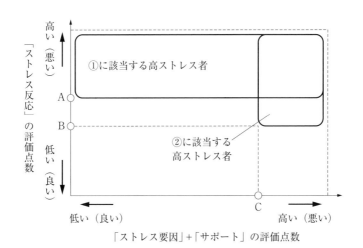

図12-5　面接指導の対象となる高ストレス者

3 職場ストレスに対する心理的支援と産業カウンセリング

　心理学的視座に立って職場ストレスに起因する不適応の問題を理解すると，その理由は概ね次の3点であると考えることができる。1) 職場ストレッサーの影響力あるいは認知的評価が強い，2) 職場ストレッサーへのコーピング方略（対処法略）が適切でない，3) コーピング方略の幅を広げるソーシャルサポートやソーシャルサポートを得るための**ソーシャルスキル**が不足している。

　こうした理解方針に沿って，職場環境改善，認知療法・認知行動療法，ストレス教育，職員研修，ソーシャルスキルトレーニングなどの心理的支援を提供し，職場不適応の問題を解決する「職場適応援助」方策を総称したものが，産業カウンセリングと呼ばれるものである（田中, 2009）。近年は，職場組織におけるメンタルヘルス対策の取り組みが進み，組織の内外に専門の担当者を置く企業も増えている。

1）職場メンタルヘルス活動における産業カウンセリングの位置づけ

　職場におけるメンタルヘルス活動の実施に当たってはストレスチェック制度の活用や職場環境等の改善を通じて，メンタルヘルス不調を未然に防止する**1次予防**，メンタルヘルス不調を早期に発見し，適切な措置を行う**2次予防**，およびメンタルヘルス不調となった労働者の職場復帰の支援等を行う**3次予防**が円滑に行われるようにする必要がある（厚生労働省, 2006）。

　なお，3つの段階はそれぞれ重要なメンタルヘルスに関する対応であるが，中でも1次予防が特に重要であるとされている。これは，労働者自身がストレスに気づいて対処するセルフケアに該当するものである。セルフケアを推進するには，1) ストレッサーへの気づきの援助，および2) ストレッサーへのコーピング方略の検討と変容，の2つの取り組みが有効であるといえる。前者は，ストレスチェック制度などを利用し，個人が自覚する職場ストレッサーの質・量を把握し，ストレッサーに対して自身が日常的に実行している

コーピング方略と，その結果であるストレス反応について理解することで，より効果的なストレスマネジメントの方法を心理職者やカウンセラーから教示を受ける心理教育的支援であるストレス教育によって実施することができる。後者は，主に職場ストレッサーに対するコーピングの変容を目的としたカウンセリングによって，カウンセラーと労働者が，今現在直面しているストレッサーをリストアップした上で序列化し，それらのストレッサーに対する現在実行中のコーピングの内容を検討し，変容を目指す2次予防的アプローチにつながるものである（小杉, 1998）。

2）1次予防的アプローチ：ストレス教育

　ストレス教育は，調査票を用いたストレスチェックを前提に実施される1次予防の取り組みに位置づけられるメンタルヘルス活動である。ストレス教育を受ける労働者は，通知されたストレスチェックの結果，すなわち調査票によって量的に表現された数値データをカウンセラーと共有しながら，1）現在の心理的ストレス反応の程度，2）心理的ストレス反応の原因である職場ストレッサーの特徴と程度，3）職場ストレッサーに対して自分が現在行っているコーピングの特徴，4）コーピング方略の選択に影響する個人的資源となるソーシャルサポートの程度などについて説明を受ける。また，この説明によって，ストレス諸要因の関連や心理的ストレス反応および職場不適応の発生起序についての一定の知識を得ると同時に，一般的により効果的とされるストレスマネジメント技法についての教示も受けることになる。このような内容のストレス教育は，心理学的ストレスモデル（Lazarus & Folkman, 1984）を理解し，自分の心理的ストレス反応が引き起こされる原因を理解する効果があり，「ストレスへの気づき」を促進することから，現在ストレス状態にある労働者にとっては，心理的ストレス反応を低減させるきっかけを得る一種の治療的効果をもたらすことが期待できる。また，現在はストレスの問題を抱えていない労働者にとっても，心理的問題が発生する前にこうした知識を得ることで，今後職場ストレッサーに遭遇した際に自身が適切なコーピングを実行する準備状態が形成されるため，ストレス予防的

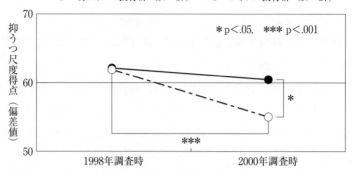

図12-6　ストレス教育が心理的ストレス反応に及ぼす効果（高田ら, 2002）

効果が期待できる。

　川崎ら（2007）は，医局職員を対象にコーピングについての教示を中心としたストレス教育に関する研修プログラムを実施し，事後に問題解決コーピングおよびソーシャルサポートの利用意識がともに高まることを明らかにしている。また，企業従業員を対象に上記のようなストレス教育を実施した2年間の縦断調査を行った先行研究によれば，ストレス教育を受けた従業員と受けていない従業員では，その後の心理的ストレス反応の程度が大きく異なることが実証されている（高田ら, 2002）（図12-6）。

　図12-6では，ストレス教育を受けた従業員の心理的ストレス反応が，2年後の調査時点では有意に減少しているのに対して，受けなかった従業員ではほとんど変化のないことが示されている。このことは，ストレス教育が心理的ストレス反応低減に比較的長期にわたって効果を及ぼすこと示唆している（小杉・齋藤, 2005）。

3）2次予防的アプローチ：ストレスカウンセリング

　心理的ストレス反応が高く，職場不適応をはじめとする様々な心理社会的問題に至る可能性が高いと思われる労働者には，**ストレスカウンセリング**と呼ばれる産業カウンセリング手法が有効である（小杉, 2001）。すでにメンタルヘルス不調である可能性が高いハイリスク者へのアプローチであることから，

2次予防に位置づけられるメンタルヘルス活動である。このストレスカウンセリングは，心理的ストレス反応の個人差を左右するコーピング方略に焦点を当てた手法である。高い心理的ストレス反応を表出し，メンタルヘルス不調を自覚している従業員のコーピング方略をより適切な方向へ変化させることで，不調感の改善が認められたとする事例も報告されている（佐藤ら，2003）。こうしたストレスカウンセリングは以下に示す手順によって実施される（小杉・齋藤，2005）。

(1)　職場ストレッサーリストの作成

職場で「ストレスだ」「辛い」「負担だ」と思っていることを具体的にリストアップする。つまり，職場で体験する種々のストレッサーを細分化し，リスト化する。

(2)　職場ストレッサー序列の設定

リスト化した職場ストレッサーに序列をつけ，取り組む順番を決める。取り組む順番は，各ストレッサーの「深刻度」と「対処可能性の程度」を基準として決定する。深刻度の高いストレッサーや対処可能性の低いストレッサーは取り組みが失敗する可能性が高いため，順位を下げて後回しにする。

(3)　取り組む職場ストレッサーに対するコーピングリストの作成

次に，各ストレッサーについて，どのようなコーピングが可能か，複数のコーピングリストを作成する。コーピングの種類は大きく**問題焦点型コーピング**と**情動焦点型コーピング**の2つに分類される（Lazarus, 1999）。前者はストレッサーに直接取り組むことを通して，心理的ストレス反応の軽減を目指そうとする対処方略であり，後者はストレッサーの低減につながる問題解決は行わず，喚起された不快な情動状態を鎮め，調節することを目指す対処方略である。一般的には，「問題焦点型コーピング」（例えば，優先順位をつけて1つずつ問題を片づけるような具体的・実際的な手段による対処）は心理的ストレス反応を軽減し，「情動焦点型コーピング」（例えば，気晴らしをするなど，問題解決から努めて遠ざかったり問題解決をあきらめたりすることによる対処）は心理的ストレス反応を悪化させるといわれている（島津，1998）。ただし，職場ストレッサーの種類や性質によっては，問題焦点型コーピングを継続することによってスト

レス状況の改善に成功し，その状況がもたらす直接的な悪影響が少なくなったと思われる場合であっても，その対処努力に伴う**コーピングのコスト**が，心身のエネルギー消耗につながり，結果的に心理的ストレス反応を上昇させる可能性も指摘されていることから (Cohen, et al., 1986)，消極的な情動焦点型コーピングも交えてコーピングをリスト化する必要がある。

⑷ コーピングの実行と評価

リスト化したコーピングに優先順位を設ける。理想方略・最善方略・次善方略の3段階の順位を想定し，最も順位の低いストレッサーに対して自信のあるコーピングを実施する。コーピングの成功・失敗に関係なく，漸次的に困難度の上位のストレッサーに移行する。コーピングに失敗したストレッサーに執着すると，心身のエネルギーを消耗し，ストレッサーへのコーピングを継続するモティベーションが低下してしまう。コーピングとは，「個人の資源に負荷を与え，その資源を超えると評定された外的ないし内的要請を処理するために行う認知的・行動的努力であり，その努力は常に変化するものである」(Lazarus & Folkman, 1984：141)。したがって，職場ストレッサーの解決に成功したかどうかという結果よりも，ストレッサーに対処しようとする姿勢を維持し続けることが重要であると考えられる (小杉・齋藤, 2005)。

以上に示したように，ストレスカウンセリングとは，カウンセラーと労働者が，職場ストレッサーへのコーピングに焦点を当て，心理的ストレス反応を低減させるのに有効なコーピング方略を模索する一連のプロセスである。

4）3次予防的アプローチ：職場復帰支援（復職支援，リワーク）

メンタルヘルス不調となった労働者の**職場復帰**の支援等を行う3次予防も産業カウンセリングにおいては重要視される。メンタルヘルス不調により連続1ヶ月以上休業した労働者は，全国の企業で毎年一定の割合で発生しており (厚生労働省政策統括官, 2020)，こうした労働者の円滑な職場復帰を支援することは，企業経営にとっては，労働力を確保して生産性を維持する上で重要な課題となっている。

しかしながら，現状では企業組織内で労働者の職場復帰に向けた制度や仕

【第1ステップ】病気休業の開始および休業中のケア
　⇩労働者から管理監督者に，主治医による診断書（病気休業診断書）を提出。
　⇩休業開始。

【第2ステップ】主治医ならびに産業医による職場復帰の可否判断
　⇩休業中の労働者から事業者に対し職場復帰の意思を伝達。
　⇩労働者は主治医による職場復帰可の判断が記された診断書を提出。
　⇩主治医の判断と要求される業務遂行能力の内容等について，産業医等の精査
　　を経て対応を検討。

【第3ステップ】職場復帰の可否判断および職場復帰支援プランの作成
　⇩必要な情報の収集と評価を行った上で職場復帰可否を判断する。
　⇩職場復帰支援プランを作成する。

【第4ステップ】最終的な職場復帰の決定
　⇩上記内容を踏まえ，事業者が職場復帰の最終的な決定を行い，具体的な支援
　　を実行する。

　職場復帰（復職）

【第5ステップ】職場復帰後のフォローアップ
　管理監督者による観察と支援に加え，事業内産業保健スタッフ等によるフォ
　ローアップを実施。
　適宜職場復帰支援プランの評価や見直しの実施。

図 12-7　職場復帰支援の流れ（厚生労働省, 2012 をもとに作成）

組みづくりが整備されていないことなどが理由で，復職後に再適応できずに再休職したり，退職したりする労働者も少なくないのが実情である。

　職場復帰の支援については，事業場内の産業保健スタッフ等を中心に，労働者と管理監督者の相互理解と協力のもとに，主治医との連携を図りつつ取り組むことが求められ，図 12-7 に示した5つのステップで進められる。

　近年は，少子高齢化に伴う労働市場の縮小や人材不足から，人材の獲得・定着とワーク・モティベーションの向上が企業組織の課題となっており，多様な雇用形態の労働者が活躍できる環境を整えることが急務といわれている（木村, 2016）。このため**ワーク・ライフ・バランス**（WLB）を考慮した働き方が志向されるようになっている。「仕事と生活の調和（ワーク・ライフ・バランス）憲章」（内閣府, 2007）では，人生の各段階における個人のニーズに合わせた，多様な働き方・生き方を選べる社会の実現を目指すことが謳われている。そ

こでは，目指すべき社会として以下の3つが挙げられている。

　1）就労による経済的自立が可能な社会，2）健康で豊かな生活のための時間が確保できる社会，3）多様な働き方・生き方が選択できる社会である。

　今後の職場ストレスに対する考え方も，こうした目指すべき社会のあり方を踏まえて，多様な働き方・生き方をする中で，労働者個人が健康に生き生きと職業生活を送りながら，生産性の向上を両立し，将来的な業績および企業イメージの向上を模索していくような，よりポジティブな側面への注目が求められることになると考えられる。**ワーク・エンゲイジメント**に関する注目や，動機づけプロセスを取り上げた**仕事の要求度-資源モデル**（Job Demands-Resources Model：JD-R モデル, Schaufeli & Bakker, 2004）への注目などポジティブな視点でメンタルヘルス対策を推進する動きもみられている（島津, 2015；廣, 2016）。したがって企業組織には従業員の心の健康の保持増進の取り組みに係る支出を，コストではなく経営的な投資として前向きに捉えることが要求される。

13　章

消費者行動

　消費は，私たちが日常生活を送る上で，必要不可欠な行動である。衣食住
や余暇活動など，生活を維持したり楽しんだりする中で，人々は様々なモノ
やサービスを消費している。

　これら消費者行動は，ライフスタイルやパーソナリティ等の消費者の個人
内の要因はもちろん，広告等のマーケティング活動や，他者からのくちコミ
等の外的な要因も含め，多様な影響を受けており，きわめて複雑である。こ
の章では，消費者の購買意思決定過程や情報処理，価格判断など，従来から
研究が蓄積されてきたトピックを中心に取り上げ，消費者行動研究の基礎を
概観していく。

1　消費者行動とは

1）消費者行動の定義

　消費者行動とは，「製品やサービスの情報探索，購買，使用・維持，廃棄に
至る消費者の行動」を指す。かつての消費者行動研究は，"なぜ" "どのよう
に"，人は購買するのかという購買意思決定に関する検討が中心であった。
しかしながら，学問としての消費者行動の研究範囲は，さらに広範にわたる。

　例えば，新しいコートを購入する場面を考えてみよう。購買前に，様々な
メディアで今年の流行を調べたり，友人からのくちコミを受けて欲求が喚起
されたりすることもあるだろう。購買時点でも，価格による制約が生じたり，
デザインや着心地から最終的にどれを選ぶか悩むかもしれない。購買後にも，
そのコートに満足すると，よく着るようになり，逆に満足しなければクロー
ゼットの奥で眠るかもしれない。最終的には，汚れてしまった，サイズが合

わなくなってしまった，流行遅れになってしまった等の理由で廃棄する。このときも，ゴミとして処分する，他者に譲渡する，リサイクルに出す等のいくつかの選択肢から決定する。

上記は，モノに限った例ではあるが，消費者行動とはこうした一連のプロセスを含むものである。ただし，前述のように，これまでの消費者行動研究は，購買行動や購買意思決定過程に関する研究が中心であったため，本章でもこの点を中心に展開していく。

２）消費者行動は何の役に立つか

では，消費者行動を理解することは，どのような意義があるのだろうか。ここでは，次の３つの点について触れておく。

１つは，生産者や売り手の**マーケティング戦略**を立案する素地として貢献していよう。マーケティングには様々な活動があるが，McCarthy (1960) は，「製品 (product)」「価格 (price)」「流通 (place)」「販売促進 (promotion)」の４つに分類しており，これらは一般に，それぞれの頭文字をとって「4P 戦略」といわれている。

この中で，まず**製品戦略**とは，機能やデザイン等，どのようなコンセプトの製品（サービス）を展開するかということである。消費者のニーズに合わせて製品開発をすることや，他社製品との差別化を図ってブランドを構築していくこと等がイメージしやすいであろう。**価格戦略**とは，その名の通り，販売価格に関する戦略を指す。高過ぎる価格設定は，買い控えが生じることは容易に想像できる。ただし，高い価格は，高級・高品質といった価値を伝える目印としても機能する。そのため，貴金属や高級ブランドの服飾品などでは，いわゆる**威光価格** (prestige pricing) のように，あえて高い価格設定を行い，ブランドとしての価値を高める戦略もみられる。**流通戦略**とは，どのような経路や手段で消費者に供給するのかということである。製品の特徴等によって，スーパーマーケットやコンビニのような小売での販売に力を入れるべきか，高級デパートがよいのか，あるいはインターネット販売がよいのかも変わってくる。心理学の観点では，同じ商品でもどこで売られているかに

176

よって，評価が異なることが知られている。例えば，小嶋 (1986) では，同じ「1000 円の化粧クリーム」であったとしても，デパートで売られていた場合は，スーパーマーケットで売られていた場合よりも安く感じられやすいことを示している。最後の**販売促進戦略**とは，広告や広報，あるいは人的販売等によって，消費者に製品（ブランド）の理解を促進したり，イメージを喚起させることを指す。これら 4 つの要因を最適に組み合わせ，マーケティングの目標である「売れ続ける仕組み」を構築するためには，消費者行動を深く理解しておく必要があろう。

　消費者行動理解の意義の 2 つ目として，**消費者保護**が挙げられる。上記のマーケティング戦略は，ややもすると悪用されることもある。近年，社会問題になっている特殊詐欺も，その一例といえよう。“なぜ騙されるのか”の原因究明は，購買行動のプロセスや，消費者の心理的メカニズムとも密接に絡み合う。これらを解き明かし，諸研究を社会に還元することは，消費者教育の一環でもあり，悪質なメッセージから被害を未然に防ぐことにつながろう。

　最後に，消費者行動の意義として，研究領域の垣根を超えた科学としての発展に貢献してきたことも挙げられる。消費者行動の研究は，情報処理モデルや意思決定研究など，多様な切り口が可能であるため，消費を題材とした研究が，社会心理学，産業・組織心理学，認知心理学，感情心理学などの心理学領域のみならず，経済学，社会学など，多様な領域と関わりを持ちながら発展してきた。特に，経済学で仮定されてきた「合理的経済人」に疑問を持ち，実際の人間の（不合理な）行動を記述する**行動経済学**という分野はその代表であろう。

3）消費者行動の全体像

　消費者行動の全体像は，様々な要因が複雑に絡み合っている。例えば，コンビニで朝食を買うという単純な購買行動でも，“今何が食べたいか”という欲求認識や，店内での広告情報や陳列のありよう，現在いくらお金を持っているかなど，いくつかの要因や条件を考慮しながら，最終的な購買意思決

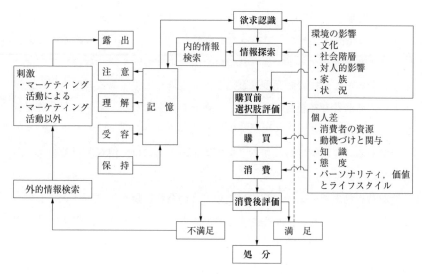

図13-1　消費者行動の全体像（Blackwell, et al., 2006）

定を行っている。Blackwell, et al., (2006) は，こうした複雑な影響過程を，できるだけ単純化してモデルを提案している（図13-1）。このモデルは，「欲求認識」→「情報探索」→「購買前選択肢評価」→「購買」→「消費」→「消費後評価」→「処分」というフローを中核に置いている。その上で，様々な個人差や社会的状況によって変動することや，「記憶」を中心とした情報処理プロセスも想定されている。

　Blackwell, et al., (2006) のモデルは，あくまでも仮説モデルである。しかしながら，こうした仮説モデルによって，例えば店内での広告は何に影響を及ぼすのか，ライフスタイルのような個人差はどこの要因を左右するのか等の具体的な課題に対しても，共通の枠組みで議論することが可能になる。それらの知見を蓄積し，種々の課題を解き明かすことが，前述の「マーケティング戦略への応用」のような実践へとつながっている。

2　消費者の購買意思決定

購買意思決定過程に関する研究は，マーケティング戦略との関わりも大きいため，数多くの研究が蓄積されている。ここでは特に，図 13-1 に従い，欲求認識から情報探索，選択肢評価に至るプロセスを中心に検討していく。

1）欲 求 認 識

購買意思決定の最初の段階は，**欲求認識**である。「水を飲みたい」「おしゃれをしたい」「スペックのよいパソコンがほしい」など，充足していない欲求を知覚すると，それを解決しようと動機づけられる。

Blackwell, et al., (2006) は，図 13-2 のように，「現実の状態」と「理想の状態」の乖離（ズレ）が閾値以上になった（許容範囲を超えた）場合に，欲求認識に至るとしている。図 13-2 からも，まず，「現実の状態」が低下したときには欲求認識に至りやすいことがわかる。例えば，パソコンが故障したときや，洋服のサイズが合わなくなったときのように，所有しているものに不満を感じている状況で，新しく買い替えたいという気持ちが芽生えることは，これに該当する。その反面，理想の状態が高まった場合も，現実の状態との乖離が大きくなり，欲求認識に至りやすくなる。これは，例えば広告やくちコミに接触することによって新しい商品がほしくなる等が代表的である。

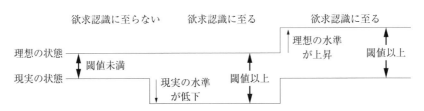

図 13-2　欲求認識の生起過程（Blackwell, et al., 2006 をもとに作成）

2）情 報 探 索

　次の段階では，認識された「水を飲みたい」「おしゃれをしたい」等の欲求を解決すべく，意思決定に必要な情報の探索が行われる。消費者の情報探索は，**内的情報探索**と**外的情報探索**に大別される。内的情報探索とは，消費者の過去の購買・消費経験に基づく記憶を，意思決定の情報として利用しようとすることである。「おいしかったからまた買ってみよう」というのは，内的情報探索の一例である。一方，外的情報探索とは，外部の情報源から情報を取得することであり，例えば広告や情報誌，あるいは，くちコミに頼ることが挙げられる。

　消費者が何らかの問題に直面した場合，まず内的情報探索を行い，それで十分に意思決定できない場合に外的情報探索を行うことが知られている（図13-3）。これは，外的情報を探索して処理するには，認知的努力が多大であり，その負荷をできるだけ低減しようとするためである。一般に，缶コーヒーや洗濯用洗剤など，**関与**（関心や重要度の程度）の低い製品は，内的情報探索のみで十分意思決定が可能であるが，初めて車やパソコンを買う場面や，住宅のような高関与の対象では，外的情報探索も必要となる。

3）選択肢評価（ブランド選択）

　消費者の購買意思決定は，情報探索された価格やデザインや諸機能などの複数の属性情報をもとに，複数の選択肢から選択する過程といえる。こうした意思決定を，**多属性意思決定**という。では消費者は，いくつかの探索され

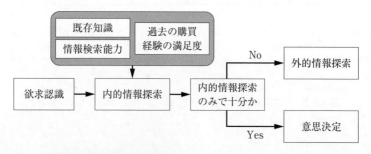

図 13-3　内的情報探索と外的情報探索のフロー（Blackwell, et al., 2006 をもとに作成）

た情報をもとに，どのように**選択肢評価**を行い，**ブランド選択**をするのであ
ろうか。ブランド選択の研究は，これまでにも様々なモデルが提唱されてい
るが，その代表的なものに Fishbein（1963）の多属性態度モデルが挙げられ
る。

　そもそも**多属性態度モデル**とは，いくつかの重要な属性全てを消費者は探
索し，最も総合評価（購買態度）の高い選択肢を選ぶということを前提とした，
きわめて合理的なモデルである。フィシュバイン型では，"①属性の「良い-
悪い」の評価"と，"②各属性の重要度"の積和を購買態度得点としたもので
ある。例えば，旅館の選択を題材とした表13-1 の例において，X さんの旅館
A の態度得点は，脚注にある計算式によって 55 点となる。この要領で，全
ての旅館の態度得点を求めると，旅館 D が最も高く，X さんはこの旅館を選
択すると想定される。

表 13-1　多属性態度モデルの例

	属性評価					重要度	
	旅館 A	旅館 B	旅館 C	旅館 D	旅館 E	X さん	Y さん
食事の質	× 2 点	◎ 5 点	△ 3 点	◎ 5 点	○ 4 点	非常に重要 5 点	あまり重要で ない 2 点
価格の安さ	¥8,000 4 点	¥8,000 4 点	¥15,000 2 点	¥15,000 2 点	¥8,000 4 点	あまり重要で ない 2 点	非常に重要 5 点
温泉の評価	◎ 5 点	× 2 点	○ 4 点	○ 4 点	無 1 点	やや重要 4 点	あまり重要で ない 2 点
周辺の観光地 へのアクセス	○ 4 点	△ 3 点	× 2 点	× 2 点	◎ 5 点	あまり重要で ない 2 点	非常に重要 5 点
清潔さ	△ 3 点	○ 4 点	× 2 点	◎ 5 点	○ 4 点	どちらでも ない 3 点	あまり重要で ない 2 点
X さんの態度得点	55 点	59 点	45 点	64 点	54 点		
Y さんの態度得点	60 点	57 点	38 点	48 点	63 点		

例えば，X さんの旅館 A の態度得点は，（食事 2 点×重要度 5 点）＋（価格 4 点×重要度 2 点）＋（温
泉 5 点×重要度 4 点）＋（アクセス 4 点×重要度 2 点）＋（清潔さ 3 点×重要度 3 点）＝55 点と計算さ
れる。

ただし，同じ選択肢の中から選ぶ場合でも，Yさんの場合は旅館Eが選ばれるといえる。この例では，Xさんは食事や温泉を重視しているのに対し，Yさんは安くて近隣へのアクセスを重視しているため，最終的に選択する選択肢が異なっている。このように，消費者の購買態度を数量化することで，意思決定を予測することができるため，マーケティングの実務家の関心も集め，盛んに研究が行われた。

4）選択ヒューリスティック

上述の多属性態度モデルは，きわめて合理的な意思決定である。ただし，表13-1で挙げた旅館の例でも，実際の選択場面では，より多くの選択肢があり，より多くの属性情報があろう。このように大量の情報のもとでは，消費者は全ての情報を探索せず，認知的努力を可能な限り要さない意思決定を行う場合も多い。Bettman (1979) は，最終的に選択するブランドを絞り込む意思決定方略を，**選択ヒューリスティック**と呼び，いくつかのパターンを提示している。

選択ヒューリスティックは，多属性態度モデルのように，ある属性で顕著に低い（もしくは高い）評価があったとしても，他の属性の評価が高ければ（もしくは低ければ）総合的な評価は補われる**相補型**と，ある特定の属性情報のみで意思決定がなされる**非相補型**に大別される。ここでは，非相補型の方略についていくつか挙げる。

①**連結型**：各属性について必要条件を設け，1つでもその条件に満たない場合はその選択肢を選ばないという方略を指す。表13-1において，"1人1万円以下"という条件があれば，食事や温泉がよくても旅館C・Dは選ばないというものである。

②**分離型**：各属性の情報を十分探索せず，1つでも十分条件が満たされる場合にその選択肢が採択される方略である。"観光地へのアクセスが近ければそれでいい"と考え，その他の情報は探索せずに旅館Eを選ぶというのは分離型の一例である。

③**辞書編纂型**：最も重視する属性に最も高い評価値をつけた選択肢を採択

する方略である。仮に同程度の選択肢が残れば，2番目に重視する属性の評価で判断していく。表13-1を例に，「食事の質」を第1に重視し，次に「温泉」を重視する消費者の場合を考えてみよう。まず，食事の評価が同程度に高い旅館B・Dが選ばれ，それ以外のA・C・Eはこの時点で排除される。次に，2番目に重視する温泉の評価から，旅館Dが選ばれるというものである。

　④**感情参照型**：過去の購買経験から，最も好意的なものを選ぶという方略である。

　なお，実際の意思決定では，どれか1つのみではなく，複数の決定方略を組み合わせて最終的なブランド選択を行うことも十分に起こりうる。

3　消費者の価格判断

1）消費者の価格に対する意識

　価格とは，「商品・サービスを入手するためにいくら払えばよいかという条件」と定義される。この定義に従うと，価格とは2つの役割を有していると考えられる。1つは，当該商品・サービスの支払い能力に関する経済的情報である。もう1つは，品質判断の手がかりとしての役割である。一般に，5万円のデジカメは2万円のものより性能がよいと想定されるように，品質と価格は比例関係にあると考えられている。

　価格と品質の対応について，Dodds（2003）は表13-2のようにまとめている。消費者は，よい品質のものをより安く入手したいと動機づけられているため，当該商品・サービスの品質が価格に見合うかどうかを考慮し，両者が均衡する「適正」や，ともすれば品質に対して価格の安い選択肢を探索して

表13-2　価格と品質の対応関係（Dodds, 2003）

		相対的知覚品質		
		低	中	高
相対的 知覚価格	高	詐欺	高すぎ	適正
	中	お買い損	適正	お買い得
	低	適正	バーゲン	超お買い得

購買意思決定に至ると考えられる。

　ただし，ある価格を“安いと感じるか高いと感じるか”は，あくまでも主観的なものであり，個人差や状況要因の影響を受ける。こうした事柄を包括する概念として，次の心理的財布が挙げられる。

２）心理的財布

　例えば，同じ3000円の出費であっても，友人との食事代では痛みを感じないが，授業の教科書なら痛みを感じることもある。野球観戦に行く5000円を高く感じる人もいれば安く感じる人もいる。また，カレーが800円で売られていた場合，大学の食堂であれば高く感じるが，スキー場では受容できるかもしれない。一般的に，出費に伴う心理的な痛みは，金額に応じて規定されるため，同じ金額でも痛みが異なる上記の例は，一見不可解に感じよう。

　心理的財布とは，物理的な財布とは異なる，心の中にあたかも所有しているように感じる財布を指す。小嶋（1959, 1986）によれば，消費者は，購入商品やサービスの種類，あるいはそれらを買うときの状況に応じて，別々の心理的な財布から支払うことが想定されている。すなわち，消費者個々人が異なった次元の価値尺度を持っているため，同じ商品に同じ金額を支払った場合でも，その金額を支払う心理的財布が異なれば，それによって得られる満足感や，出費に伴う心理的痛みも異なる。一般に，拡大した（お金が分配された）心理的財布からの支払いは，痛みが伴いにくいと考えられている。

　上記の，同じ金額でも食事代と教科書で痛みが異なる例は，対象によって支払う心理的財布が異なるためといえる。つまり，「教養・勉学」に関わる心理的財布にはお金をあまり分配していなかったため，「友人とのつきあい用」財布と比べて心理的痛みを感じたと説明できる。また，野球観戦の例は，同じ対象でも，関与の高い人（この例では野球好きな人）は低い人より，心理的財布（この例では「スポーツ観戦用」財布）が拡大しやすいためである。カレー800円の例では，同じ対象であっても，大学の食堂の場合は「日常生活用」の心理的財布から支払うが，スキー場では「旅行用」の異なる心理的財布から支払うというように，状況によって支払う心理的財布が異なるために，支払い

に対する心理的痛みに差異が生じると考えられる。

4　購買後の消費者心理

　以上の節では，消費者の購買意思決定やそれに付随する研究を扱ってきた。この節では，入手後の感情や心理的変化について取り上げていく。

1）消費者満足とは

　消費者満足あるいは不満足とは，「購買後に該当製品に対して抱く全体的態度」を指す（Solomon, 2013）。顧客満足と表記されることも多いが，本章では同義とみなして用いることとする。

　では，どのようにして消費者満足は形成されるのであろうか。Oliver（1980）の**期待・不一致モデル**によれば，消費者満足あるいは不満足は，購買前の期待と購買後のパフォーマンスの対比によって決定すると考えられている。具体的には，事前の期待よりもパフォーマンスが低い負の不一致の場合に，消費者は失望や不満を感じる。その一方，事前の期待以上のパフォーマンスであった場合に満足を感じるというものである（図13-4）。

　この消費者満足は，かねてより，マーケティングの中で重視されてきた概念である。その理由として，1つ目に，高い消費者満足は，**ブランドロイヤルティ**を形成させることが挙げられる。ブランドロイヤルティとは，消費者があるブランドを継続的に購買することを指す。2つ目に，消費者満足は他者への**くちコミ**の発信とも密接に関わる。新規顧客を拡大するために，くちコミは強い影響力を持っている。これらの要素は，当該ブランドが安定して

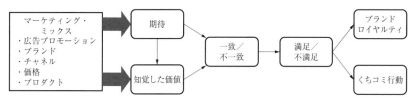

図 13-4　**消費者満足の全体モデル**（小野, 2006 をもとに一部変更）

売れ続ける上できわめて重要なため，その規定因である消費者満足の管理が重視されてきた。

2）保有効果

　保有効果とは，自分が所有するものに高い価値を感じ，手放したくないと感じる現象を指す。Kahneman, et al., (1990) は，その検証として，オークションを題材とした実験を行っている。この実験ではまず，実験参加者をランダムに2群に分け，片方の群のみに，大学のロゴマークの入ったマグカップをプレゼントした。次に，マグカップを渡された群は「売り手」となり，「いくらもらえるなら売っていいか」を尋ねられた。逆に，渡されていない群は「買い手」になり，「手に入れるならいくらまで払うことができるか」を尋ねられた。こうした手続きの結果，売り手側の平均売値は＄5.25に対し，買い手側の平均買値は＄2.75であり，オークションによる取引はほとんど成立しなかった。売り手側のみ，実験実施前から，大学のロゴマークの入ったマグカップに対して，価値を高く感じていたとは考えにくい。つまりこの結果は，売り手側は，「自分のマグカップ」となったことにより，価値が高まったことを示唆している。

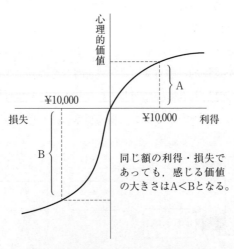

図 13-5　プロスペクト理論と損失回避

　では，なぜ保有効果は生じるのだろうか。Kahneman (2011) はその理由に
損失回避を挙げている。前提として，Tversky & Kahneman (1981) のプロ
スペクト理論（プロスペクト理論の詳細は紙面の都合上省略する）によれば，損失
は同等の利得よりも価値を高く感じる（図 13-5）。そのため，私たちは利得よ
りも損失を避けようとする意思決定を行いやすい (Tversky & Kahneman, 1991)。
上述のオークション実験のように，取引を行うことは，手に入れる喜びもあ
るが，同時に手放す苦痛も生じる。つまり，一度手に入れたものを手放すこ
とを「損失」と捉え，それを避けるために保有効果が生じると考えられる。

　日常生活では，おそらくもう着ないであろう服がクローゼットの中で眠っ
ているなど，不要だと認識しているものであったとしても，なかなか捨てる
ことができない現象は，この保有効果からも説明できよう。

14 章

消費者行動：現代的課題

　前章では，これまで明らかとされている消費者行動研究の基礎的な研究を中心に紹介してきた。本章では，それらをより発展させた研究に触れていく。特に，私たち消費者は，常に合理的な意思決定を行っているわけではないことを仮定する行動経済学の視点も交えることで，消費者行動にまつわる現代的課題について検討していく。

1　購買意思決定過程に影響を及ぼす今日的問題

　前章では，消費者は何らかの問題に直面した場合，まず内的情報探索を行うと述べた。この内的情報は，消費者個人が，何らかの商品・サービスを経験した記憶に基づくものである。こうした経験の記憶は，些細な事柄によって大きく変容することが知られている。ここでは，「ピークエンドの法則」と「予測の効果」の2つを取り上げ，説明していく。

1）ピークエンドの法則

　ピークエンドの法則とは，経験の記憶は，ピーク（絶頂）時とエンド（終了）時の2つのタイミングの感情に大きく依存するというものである。

　ピーク時の感情が影響力を持つことはイメージしやすいであろうが，エンド時に関しては，Schreiber & Kahneman（2000）の実験によっても検証されている。この実験では，ヘッドフォンで不快な2種類のノイズを聞いてもらい，再度聞くならどちらの方がましかを質問している。このうち，1つは，大音量（78db）8秒間のノイズ（A音源）であり，もう1つは，A音源と同じ8秒のノイズに加え，小音量（66db）4秒を加えた計12秒間のノイズ（B音源）

である。合理的に考えると，不快音が4秒加えられたB音源の方が好ましくない選択といえよう。しかしながら，実際にはB音源の方を選好する割合が高かった。これは，ピーク時の不快度は両者とも同程度であるが，B音源はエンド時の不快度が幾分軽減されたため，経験全体の不快度も軽減されたと考えられる。

　こうした知見は，マーケティングにも応用可能であり，顧客のピーク時のポジティブ感情を高めることも当然必要であろうが，同時に，エンド時の満足度を高めることも重要であることを示している。例えばレストランやショッピングにおける丁寧な見送りや，ホテルにおける朝食の満足度やチェックアウトの対応等が，そこでの経験全体の印象をポジティブに作用させうることを示唆していよう。

2）予測の効果

　予測の効果とは，同じ経験をした場合であっても，事前の予測によって経験後の評価が左右されるという現象を指す。

　Lee, et al., (2006) は，一般的なビールとバルサミコ酢入りのビールを飲み比べさせる際，中身の成分の情報提示を操作した実験を行うことで，これを検証している。まず，「事前情報条件」では，片方にはバルサミコ酢が入っていることを伝えた上で，試飲をしてもらった。「事後情報条件」では，試飲を行った後に片方にはバルサミコ酢が入っていることを伝えた。「統制条件」ではビールの中身に関する情報を伝達しなかった。

　2種類のビールの選好を問うこと自体は，いずれの条件でも共通である。しかし，図14-1のように，事前情報条件のみバルサミコ酢入りビールの選好率が低くなった。単に"バルサミコ酢が入っている"ことを伝えたことが選好を下げるのであれば，事後情報条件も同様の結果を示すであろう。つまりこれは，経験（この場合，ビールを飲む）前に，"不味そうな気がする"といった予測によって，経験の捉え方が変容したことを示唆している。

　実際のマーケティング戦略の中では，予測を生じさせる要因には様々なものがあり，その1つにブランドが挙げられる。Maeda (2010) では，水の味覚

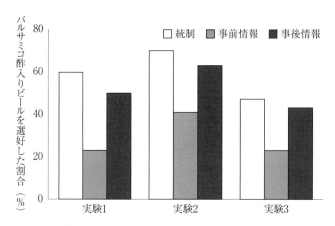

図 14-1　情報提示による「予測」がビールの味覚評価に及ぼす影響
　　　　（Lee, et al., 2006）
単純に選好を質問した場合（実験1），大きいグラスで飲むときの選好
を質問した場合（実験2），大きいグラスで飲むときに，バルサミコ酢
を別に渡した場合（実験3）を示す。

評価をさせる際に，ミネラル・ウォーターの有名ブランドのパッケージをそ
のまま使用するか，ラベルを剝がして水道水と表記するかで差があるのかを
検討している。実際に試飲してもらう水は，ミネラル・ウォーターもしくは
水道水のいずれかである。試飲実験の結果，ブランドパッケージの場合には
試飲した水によって味覚評価に差異がみられるものの，それ以上に，パッ
ケージの違いによる効果が示された（図14-2）。つまり，水道水は不味い，あ
るいは有名ブランドのミネラル・ウォーターはおいしいという予測が，実際
に何を飲んだかということ以上に，味覚評価を規定しているといえる。
　このほかには，製品やパッケージの「色」も予測を引き起こす。例えば，
白ワインに無味無臭の赤い着色料を混ぜただけで，チェリーやカシス等の香
りが想起されやすいといった知見が得られている（Morrot, et al., 2001）。また，
「値段の高い薬は効いたと思われやすい」（Waber, et al., 2008）の知見のように，
「価格」も予測を引き起こす一因である。
　以上からも，私たちは客観的に品質判断を行っているようでいて，ブラン
ドや色，価格などの要因からもたらされる予測によって，経験の記憶が形成

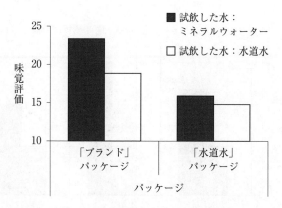

図14-2 ブランドが味覚評価に及ぼす影響（Maeda, 2010）

され，それが購買意思決定過程における内的情報として機能している可能性がある。

2 価格とお金にまつわる今日的問題

　消費者の価格判断については前章でも触れたが，本章では，さらに深掘りして検討していく。これまでに蓄積されている研究においても，消費者の価格判断は，必ずしも合理的ではないことが示されてきた。一例としては，**端数価格**や**セール表示**が挙げられる。¥500ではなく¥498と提示されるように，キリのよい数字から少しだけ安く設定された価格を端数価格という。端数価格やセール表示は，消費者に「安くみせる」ためのマーケティング戦略（Anderson & Simester, 2001, 2003；小嶋, 1986）として，古くから活用されてきた。本章では，それら以外の不合理な価格判断を引き起こす要因について，いくつか紹介する。

1）アンカリング
　アンカリングとは，まるでアンカー（いかり）を下ろした船がロープの範囲しか動けなくなるように，はじめに提示された情報（アンカー）に影響を受け，

その後の意思決定が左右される現象を指す。初期の実験として，Tversky & Kahneman (1974) は，実験参加者に「アフリカ諸国の中で国連に加盟している割合」を推定するように求め，その際，直前にルーレットで提示された偶然の値によって回答結果が変動するかを検討している。その結果，ルーレットの値が「10」だった実験参加者は，回答の中央値が25％であったのに対し，ルーレットの値が「65」だった場合では，45％であった。すなわち，正解とは無関係の数値であるルーレットの値がアンカーとなり，その後の推定に影響が及ぼされたといえる。

　こうしたアンカリングは，消費者の価格判断にも起こることが知られている。Ariely, et al., (2003) は，学生を対象に，以下のようなオークション実験を行っている。はじめに，提示されたワインやキーボード等の6種の製品に対して，自身の社会保障番号の下2桁の額で購入するかどうか回答を求めた（例えば下2桁が25なら，$25で買ってもよいかどうか）。この操作が，アンカーを形成させる手続きである。その後，それぞれの製品について支払ってもよい最大金額（オークションの入札金額）の回答を求めた。当然のことながら，社会保障番号と支払い可能金額には，通常，関連性が見出せないため，何らかの影響を受けることは合理的とはいえない。しかしながら，表14-1のように，社会保障番号の下2桁の数値が大きくなるにつれ，支払い可能金額も大きくなることが示された。すなわち，本来，価格判断とは無関係である数値（社会保障番号）が最終的な意思決定変数の判断基準となり，支払い可能金額に差異が生じたといえよう。

表14-1　アンカリングによる価格判断（Ariely, et al., 2003 をもとに作成）

	社会保障番号の下2桁の数値				
	00〜19	20〜39	40〜59	60〜79	80〜99
コードレスのトラックボール	$ 8.64	$11.82	$13.45	$21.18	$26.18
コードレスのキーボード	$16.09	$26.82	$29.27	$34.55	$55.64
デザイン関係の本	$12.82	$16.18	$15.82	$19.27	$30.00
ノイハウスのチョコレート	$ 9.55	$10.64	$12.45	$13.27	$20.64
1998 年のコート・デュ・ローヌ	$ 8.64	$14.45	$12.55	$15.45	$27.91
1996 年のエルミタージュ	$11.73	$22.45	$18.09	$24.55	$37.55

この実験では，社会保障番号をアンカーとして機能させているが，現実場面では，アンカーとなりうるものはその他様々であり，マーケティング戦略としても応用可能である。例えば，販売員が価格の高い商品から勧めることや，通販番組ではじめに高い価格を伝達した後に，「今だけ」の限定価格を提示することは，アンカリングの応用例といえる。これらは，はじめに提示された価格がアンカーとなり，その次に提示されるより安い価格に対して，一層安く感じられやすくなることを意味している。

2）「無料」の効果

「無料（タダ）より高いものはない」といわれるように，無料というウマイ話の裏には何かあり，警戒すべきと考えられている一方で，抗いがたい魅力に引き寄せられた人も多いのではないだろうか。無料は，単なる割引とは違い，選好に誘う力がきわめて強いことが明らかにされている。

無料の効果の検証に当たり，Shampanier, et al., (2007) は，大学の一角でチョコレートを実際に販売するという実験を行っている。ここで，販売するチョコレートは，高価な「リンツのトリュフチョコ」と，ごく庶民的な「ハーシーのキスチョコ」である。チョコレートは，1 人につき，いずれか 1 粒しか購入できない。すなわち，購入者の選択は，選好度を表していると考えられる。この実験では，チョコレートの販売価格を，次のように操作した際に，選好度がどのように変容したかを比較検討している。条件 A では「リンツ」を 15 セント，「キスチョコ」を 1 セントで販売した。また，条件 B では，両方とも 1 セントずつ値下げ，つまり，「リンツ」を 14 セント，「キスチョコ」を 0 セント（無料）で販売した。仮に「無料」が特別な影響をもたらさないのであれば，同じ選択肢が同じ価格差（14 セント差）で売られているため，条件 A・B 間で選好度に差がないことが想定される。

実験の結果（図 14-3），"いずれも選ばなかった人"（選択なし）を除くと，条件 A では「リンツ」の選択が 73 ％に対して「キスチョコ」は 27 ％であった。これは，普段はなかなか手を出せない高級チョコレートが手軽な価格で売られているため，「リンツ」を魅力的に感じたためと考えられる。ところが，条

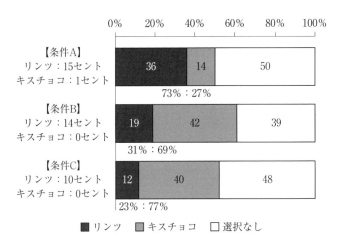

図14-3　無料の効果（Shampanier, et al., 2007 を一部改訂）
参加者全体の割合と，「選択なし」を除いた選択割合を示す。

件Bでは，「リンツ」が31％に対し「キスチョコ」が69％であり，選好度
に逆転現象が生じた。これは，無料という価格が強い誘因を持っていること
を表している。Shampanier, et al., (2007) は，これ以外にもいくつかの異な
る設定で実験を行っているが，いずれも無料のときのみ選好度が高まること
を明らかにしている。

　無料が私たちを強く引きつける背景には，前章でも挙げた「損失回避」が
挙げられる。何かを購買することは，手に入れた商品と手放した（失った）金
額が釣り合っているかというリスクが常にある。しかし，無料の場合では，
その失うリスクがゼロである。損を避けようとする意思決定を好む私たちに
とって，このゼロリスクの状況は非常に魅力的に映ると考えられる。

　以上のように，無料はきわめて強い力があるからこそ，近年では様々な
マーケティング戦略に用いられている。例えば，5000円以上で送料無料とい
う条件や，3つ買うと1つ「おまけ」がついてくるという手法は，「無料」を
手に入れるために不要な購買をしてしまいやすくなる。

3 「選択」と「満足」における今日的問題

　前章の「消費者満足」で紹介した期待・不一致モデルは，期待と価値の不一致から満足度を予測するシステマティックなものである。しかしながら，購買後の満足度も，種々の，しかも些細な要因によって大きく変動する。この節では，そのいくつかを取り上げ，検討していく。

1）「選ぶ」ことが満足を高める

　Ariely & Levav (2000) は，ショットバーに来たグループの客を対象に，4種類の中からどれか1杯だけ無料でビールを選択させ，その後の味覚評価を行っている。ここで，あるグループには，誰が何を注文するかわからないように，各々が伏せて注文させた（A条件）。その一方，別のグループには1人ずつ口頭で選択してもらった（B条件）。この操作は，選択の自由を表している。つまり，A条件では各自が飲みたいと思うビールを選択しているのに対し，B条件は，他者が選んだ選択肢と重複することを避け，自身の"一番選びたかった選択肢"と異なるものを選ぶ可能性がある。

　実験の結果，B条件はA条件より，異なるビールを注文する割合が高かったことに加え，総じて試飲後の満足度が低かった。このことは，他者の選択に影響を受け，選択が制限されたことで満足度が低下したことを示唆している。言い換えれば，私たちにとって"選ぶこと"はきわめて重要であり，自らの意志で選択するというだけで満足度は高まるといえよう。

2）選択のオーバーロード現象

　上記では，"選ぶこと"の重要性について指摘した。一般には，何かを選ぶに当たり，消費者は選択肢が多い状況を好むと考えられている。その背景には，選択肢が多いほど，自分にとって最も好ましい選択ができるということや，いわゆる「選ぶ楽しみ」が高まるという信念があろう。しかしながら，近年の研究によれば，選択肢が多過ぎると，かえって購買行動や選択後の満

足度が低下する可能性が示されている。この現象は，**選択のオーバーロード現象**と呼ばれている。

　選択のオーバーロード現象において最も有名な研究は，Iyengar & Lepper (2000) のジャム売り場での実験であろう。この実験は，実際に高級ジャムを販売する際，試食できる数が 6 種類であるか，24 種類であるかによって，その後の消費者の行動にどのような違いが生じるかを比較検討したものである。その結果，まず，試食をした人の割合は，6 種類群よりも 24 種類群の方が高くなった。これはおそらく，試食できる数が多いほど “選ぶ楽しみ” があるためと考えられる。しかしながら，試食後に実際に購買した人の割合は，6 種類群は 30 ％に対し，24 種類群ではわずか 3 ％であった。この購買行動は，試食に対する満足度と位置づけられる。つまり，選択肢が多い 24 種類群ほど，試食の満足度が低くなった。直感では，選択肢が多いほど，“本当に好きな味” に出会う可能性も高くなり，満足度が高まりそうではあるが，なぜ，このような直観と反する結果になったのだろうか。

　選択のオーバーロード現象が生起する背景の 1 つは，**認知的過負荷**が挙げられる。つまり，あまりにもたくさんの選択肢を提示されることで，選択に伴う労力が増し，選択への動機づけが低下し，結果的に選択結果への満足度が低下するということである。もう 1 つの理由として，**機会コスト**の高まりが挙げられる。機会コストとは，別のオプションを選んでいれば手に入ったはずの機会を失うというコストを指す。例えば旅行先を北海道か沖縄で悩み，北海道に意思決定するということは，沖縄での楽しさを捨てるというコストの発生を意味する。この機会コストは，「選ばなかった選択肢の方がよかったかもしれない」という後悔と密接な関係にある。選択肢数が増加するということは，選ばなかった選択肢の増加につながるため，選択結果に後悔しやすく，満足度が低下すると考えられる。

　以上について，私たちは，選択が制限された状況でも不満を感じやすいが，逆に選択肢が多過ぎても望ましい状態に至るとは限らない。ただし，この選択のオーバーロード現象は，再現性が安定しておらず，メタ分析の結果でも疑問視されている (Scheibehenne, et al., 2010)。今後，さらなる研究の蓄積が求

められよう。

3) 消費者満足における個人差

　選択に当たり，どのような目標設定をするのかにはタイプがあり，そのタイプによっては，選択後の満足度に差が生じやすいことが近年の研究で明らかとされている。

　Schwartz, et al., (2002) は，最高の選択肢を追い求めるタイプを**マキシマイザー**，その一方，まずまずよい選択肢で十分であると考えるタイプを**サティスファイサー**と分類している。この両者を比較すると，全般的にマキシマイザーの方が買ったものに対する評価ばかりか，生活満足度や幸福感といった人生そのものに関する指標までもが低くなることを明らかにしている。

　マキシマイザーは，「最高の選択」をしているにもかかわらず，なぜその後の満足度が低いのであろうか？　その理由として，マキシマイザーは，購買後の後悔に陥りやすいことが挙げられる。つまり，最高の選択を求めようとするがあまり，多数の選択肢を検討して労力をかけ，それでもなお，「もっとほかによいものがあったのではないか」と考える傾向にあるからである。今日の，多数の選択肢に溢れている社会の中で，いかにして後悔しない，より望ましい選択をしていけるのかという点に関して，サティスファイサーという考え方は1つのヒントになるであろう。

4　身体化認知と感覚マーケティング

　近年，身体的な感覚が，意思決定や対人認知などの社会的判断に影響を及ぼすことが明らかにされている。こうした現象を**身体化認知**という。

　身体化認知に注目が集まった背景に，Williams & Bargh (2008) の実験が挙げられる。この実験では，実験参加者の半数にはホットコーヒーを，もう半数にはアイスコーヒーを持たせた後に，ある人物に対する印象評価を行わせた。その結果，ホットコーヒーを持たされた実験参加者は，刺激人物に対してやさしさや穏やかさ，親切といった，人物の温かさを高く評価した反面，

アイスコーヒーを持たされた参加者は，やさしくなく，怒りっぽくて利己的だと評価する傾向にあった。この実験結果は，一見すると関係のないと思われる「身体的な温かさ」と「心理的な温かさ」が結びついていたことを示すものであり，多くの研究者の関心を集めた。その後，同じ触覚だけでも，物理的な「重さ」が重要性判断を高めることや，イスの柔らかさが交渉事の柔軟さを高める（Ackerman, et al., 2010）等，多様な検討がなされた。加えて，例えば柑橘系の清潔な香りの部屋では浄化行動を行いやすい（Holland, et al., 2005）や，明るい部屋は暗い部屋より不正が抑制されやすい（Zhong, et al., 2010）等，他の感覚器官を材料にした検討も蓄積されている。

　こうした背景もあり，近年，消費者行動の文脈でも，消費者の五感への訴求の重要性が指摘され，そのマーケティング戦略についても議論されている。消費者の視覚，聴覚，嗅覚，触覚，味覚といった感覚に働きかけることで，意思決定に影響を及ぼすマーケティング手法を**感覚マーケティング**という。感覚マーケティングの中で，最も一般的なものは視覚であろうが，ここでは触覚（特に手の触覚）の影響について検討する。購買場面において，今日ではインターネットが活用され，モノに接触せずに意思決定する機会が増加している。従来の消費行動では，モノに"触れる"という行為が当然であったが，科学技術の進歩に伴い，当然ではなくなった現在だからこそ，"触れる"ことの意味を再検討することは，重要な研究課題といえよう。

　接触の重要性は，まず，モノによっても異なる。McCabe & Nowlis (2003) の実験では，バスタオルやカーペットのような触感が重要な製品は，接触不可能な状況よりも接触可能なときに，購買意欲や選択行動が高まりやすいことを明らかにしている。その反面，ビデオテープのように触感が重要でない製品の場合には，製品への接触が可能かどうかで差はみられない。

　購買意欲に留まらず，モノに対する意識も触覚は影響を及ぼすことが明らかにされている。Peck & Shu (2009) では，製品に触れることで「製品に対する所有意識」，つまり，「自分のものではないにもかかわらず，自分の所有物であるという意識」が高まることを明らかにしている。この所有意識は，所有物に価値を高く感じて，手放したくないと感じる保有効果（前章参照）を

生起させる。この手放したくない意識が，場合によれば「絶対に手に入れよう」として衝動的な非計画購買を促進するという指摘もある。実際に，Peck & Childers（2006）では，店舗内で商品への接触を促すPOP広告がある場合に，衝動買いが生じやすいことを明らかにしている。

　これらの研究は，実店舗とネットショッピングの差異について，触覚という切り口から問い直すものであり，今日における商品への接触の重要性を示唆するものといえよう。

　加えて，"直接的な接触"ではないものの，タブレット端末での指を使った商品探索は，少なくともノートパソコンと比べ，接触に近い行為であるといえる。こうした仮想的な接触はどのような影響があるのだろうか。Brasel & Gips（2014）は，タブレット（特に自分の所有する）を使用することで，保有効果が高まり，価値を高く見積もりやすくなることを明らかにしている。すなわち，仮想的な接触であったとしても，商品に"触れた感覚"は，実際の接触と同じように機能する可能性がある。

　五感を扱った研究は，近年増加傾向にあり，Krishna（2013）の『感覚マーケティング』など，体系立てられた著書も出版されている。しかしながら，いまだ解明されていないことも多く，十分とはいえない。さらなる研究の蓄積をもって，接触を含む様々な感覚の影響について精査していくことが求められる。

15 章

ヒューマンファクター

産業・組織心理学においては，企業を構成する作業員の仕事への動機づけ
や効果的な人事評価のあり方など，心理学的観点から企業利益を向上させる
ことを目的の1つとする。一方で，その作業員の業務上での安全・衛生につ
いて考えることもきわめて重要な研究課題である。後者がないがしろにされ
た場合，発生した産業事故によって作業員が怪我をしたり，最悪の場合，そ
の人命が失われたりするケースも想定される。さらには，それにより多大な
社会的・経済的損害が事故を起こした企業にもたらされるなど，社会全体に
対しても大きなインパクトを与える可能性もある。そこで本章では，事故に
関わる人間の要因についての諸研究を概説する。

1 事故とヒューマンファクター

過去に発生した巨大な産業事故の歴史を紐解くと，1977年にテネリフェ空
港で起きた2機のジャンボジェット機の衝突事故，1986年に起きたチェルノ
ブイリ原子力発電所の爆発事故，わが国では1999年に起きた株式会社JCO
による茨城県那珂郡東海村での臨界事故，2005年にはJR福知山線脱線事故
など，このほんの50年間でも枚挙に暇がない。もちろん，これらの事故の発
生プロセスはそれぞれ異なり，様々な原因が交絡して生じているものの，い
ずれの事故においても，人間が中心的な歯車となっていた点では共通する。
この視点は**ヒューマンファクター** (human factors) と呼ばれ，産業・組織心理
学のみならず，人間工学や認知心理学，安全工学，あるいはその関連領域に
おいて研究対象としての重要性が指摘されてきた。このようにヒューマン
ファクターは他領域と関連することから，複数の学問で構成される複合的学

術領域をヒューマンファクターズと呼ぶこともある（篠原・中村, 2013）。河野 (2006) は「人間に関する基礎科学から得られた知見を，人間や機械などからなるシステムに適用して，安全性，生産性，および人間の健康と充実した生活を向上させるための応用的科学技術」(p. 138) をヒューマンファクター工学と定義している。

　ヒューマンファクターはもともと航空業界に端を発しているが，次第に船舶や自動車交通，あるいは医療にその適用場面の広がりをみせている。現在では，高度な情報機器や電化製品が一般家庭でも利用されるようになったことから，産業場面のみでなく日常生活においても重要性が増していくとされる（篠原・中村, 2013）。

　ヒューマンファクターの概念を説明するモデルとして，m-SHEL モデル (河野, 1997) が著名である（図 15-1）。L は「人間 (Liveware)」であり，当事者としてモデルの中心に配置される。その下に配置されるのは「周囲の人」としての Liveware である。E は「環境 (Environment)」であり，自然現象，経済的，政治的，社会的背景を示す。S は「ソフトウェア (Software)」であり，組織内で決められた情報やルール，標準操作手順などを意味し，H は「ハードウェア (Hardware)」として，設備・道具を指している。なお，m は「マネジメント (Management)」を意味し，全ての基盤であり，モデルの外側に出す

ことでその重要性を強調している。このモデルでは，当事者となる人間を中心に配置していること，そしてそれぞれの要素を表す四角形が波線で表現されていることが重要なポイントである。河野 (2006) によれば，この波線はそれぞれの要素の特性や限界を表しており，当事者である人間と周りの各要素（特性）が噛み合っておらず隙間が生じていると，その要素間で不具合（例えばヒューマ

図 15-1　m-SHEL モデル（河野, 1997）

ンエラー）が引き起こされる可能性があることを意味している。したがって，この隙間をなくすように各要素の特性を加味する必要がある。

　m-SHEL モデルにおける各要素を噛み合わせるためには，中心に配置される人間側（L）から，周囲の機械（H）や手順（S）に歩み寄ることが挙げられる。例えば，訓練や教育によって当事者が機械やマニュアルを使いこなせるようなることを示す。また，機械やマニュアル側から人間に歩み寄ることも考えられる。例えば，人間の特性を考慮した上で設備や製品の設計を行うこと，またはマニュアルを改善することが挙げられる。そして，それらを司る要素として管理（m）の重要性が位置づけられる。

2　わが国における事故の実態

　業務上での事故，言い換えれば業務関連での怪我や病気は**労働災害**と呼ばれる。厚生労働省（2019a）によれば，2018 年にわが国において発生した労働災害による死者数は 909 人であり，過去最少の数値であった。その一方，死傷者数は 12 万 7329 人であり，2017 年（12 万 460 人）と比較すると増加する結果となった。ところで，統計値として換算・公表される労働災害は「休業 4 日以上」の場合，つまり労働災害によって仕事を 4 日以上休んだ人の数とするように労働安全衛生法で定められている。各産業・業種によって，仕事に従事する時間や発生しうる災害の規模は異なるため，単純に死傷者数という数値によって各産業・業種での労働災害の特徴を一概に比較することはできない。そこで，発生状況の分析の際には，労働災害の頻度や規模について業種間で統一の指標を用いた比較がなされる。労働災害の発生頻度については，100 万延べ実労働時間数当たりの労働災害の死傷者数である**度数率**を用いる。災害の重さについては，1000 延べ実労働時間数当たりの実労働損失日数（怪我や病気によって休業した日数。死亡災害の場合は 7500 日と定義）である**強度率**が用いられる。厚生労働省（2019b）によれば，2018 年に発生した労働災害について，その度数率は 1.83，強度率は 0.09，死傷者 1 人平均労働損失日数は 50.4 日であった。また，強度率が最も高い産業は「建設業（総合工事業を除く）」

(0.28) であるのに対して，度数率が最も高いのは「農業，林業」(6.28) である。そのため，各産業で労働災害の特徴が異なるため，それぞれの産業での問題を抽出した対策が必要になるであろう。

　労働災害に限らず，人は病気以外のケースでは「不慮の事故」(転倒・転落，窒息，交通事故など) によって命を落とすケースが多い。わが国における厚生労働省 (2019c) の人口動態調査によれば，特に 1～29 歳までという比較的若い年代において「不慮の事故」は死因の上位 3 位までに入る。

　事故が発生する背景にはヒューマンファクターが深く関連することは先述の通りであるが，事故はある単一の要因のみで起こるものではなく，様々な要因が絡んで生じる。事故の発生モデルを簡略的に示した著名なものにReason (1997) の**スイスチーズモデル**がある (図 15-2)。このモデルによれば，潜在する危険源が最終的に事故につながってしまうには，それを回避するために設置された防護壁 (安全対策や設備，安全のルールなど) に不備がある，あるいは人間が不安全な振る舞いをすることで防護壁が (一時的であっても) 無効化してしまうからであるとされる。このような不備や不安全な振る舞いを防

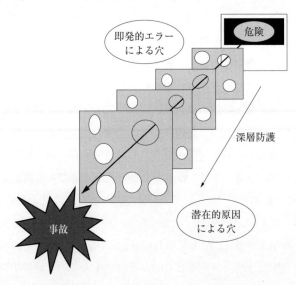

図 15-2　スイスチーズモデル (Reason, 1997)

護壁の「穴」に見立てたため，「スイスチーズ」とは穴の空いた防護壁の比喩
表現である。したがって，本来は事故にならないような危険事象であっても，
防護壁の穴をすり抜けることで，つまり様々な要因が重なり合うことで事故
が生じることを示している。

3　事故と不安全行動

　産業場面等で著名な**ハインリッヒの法則**（Heinrich, et al., 1980）によれば，1
件の重い傷害を伴う事故が起こるまでには軽傷害の事故が29件，傷害のな
い事故が300件あり，さらに全ての事故の下には，数千に達するだけの不安
全行動と不安全状態の放置が存在するといわれる。Heinrich, et al., は，傷害
は災害の結果生じるに過ぎないため，傷害が発生する前に，その背後にある
不安全な行動や不安全な状態の放置を改善する必要を指摘している。このハ
インリッヒの法則は，保険会社に勤務していたHeinrichが事故データの分析
から指摘したものであるが，**不安全行動**の傾向と事故惹起との関連を実証的
に検証した既往研究によって裏づけされている（e.g. Parker, et al., 1995；
Moriizumi, et al., 2012；Verschuur & Hurts, 2008）。したがって以下の項では，事故
と関連するヒューマンファクターについて，特に人間の不安全行動の発生メ
カニズムやその心理的関連要因について概説する。

1）意図しない不安全行動としてのヒューマンエラー

　Reason（1990）によれば，不安全行動（unsafe act）は行為者の意図が伴うか
否かによる区別がある（図15-3）。意図しない不安全行動として**スリップ**（slip），
ラプス（laps）を挙げて，これらを基本的なエラータイプとした。スリップは，
例えばパソコンで文字を打ち間違えたなど，意図した通りに行為を遂行でき
なかった，いわゆる「し損ない」に該当する。ラプスは，食後に飲むべき薬
を飲み忘れてしまうなど，計画した意図自体を忘れてしまった，いわゆる
「し忘れ」である。行為自体が意図的に遂行されても，その意図自体がそも
そも間違っていたという「思い込み」のエラーは**ミステイク**とされ，スリッ

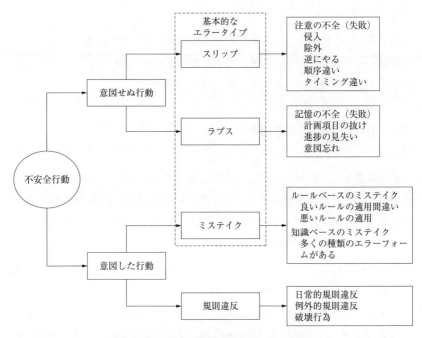

図 15-3　不安全行動の分類（Reason, 1990）

プ，ラプスと同様に基本的なエラータイプとして分類される。具体例として
は，友人と待ち合わせをした場所に定刻通りに来たものの，待ち合わせの日
にち自体がそもそも間違っていたなどが挙げられる。これらの3種のエラー
が**ヒューマンエラー**であり，その定義として Reason (1990) は，「計画した一
連の心理的活動または身体的活動が意図した結果を達成することができず，
かつこれらの失敗を何らかの偶然の作用の介入に帰することができない場合
を包含する総称的な用語」(p. 12) としている。

　意図しない行動であるスリップについては，過去経験や慣れにより自動化
した行動の発現に関わる心理的メカニズム（例えば，Norman, 1981；Reason,
1990）の観点から論じられることが多い。一方，記憶の失敗であるラプスに
ついては，これから行う将来の記憶である**展望的記憶**（prospective memory）
や過去に行った行為の記憶である**回想的記憶**（retrospective memory）の観点か
らそのメカニズムを論じることが有効である。ミステイクについては，例え

ば作業手順を誤って適用するといったルールベース，不完全または不正確な知識を原因とする知識ベースに分けられる。ミステイクに至る心理としては，人間の**確証バイアス**（自身の仮説や信念について，それを支持する情報のみを集める傾向）の影響が例として挙げられるだろう。

2）意図的な不安全行動

Reason（1990）の基本的エラータイプとは異なり，**規則違反**は明確にメカニズムや求められる対策が異なる。ヒューマンエラーの場合，行為者が意図しない行為であるため，その防止にはシステムの改善といった工学的な対策が中心となる。工学分野では，**フールプルーフ**（fool proof）と呼ばれる。例えば，電事レンジは扉を空けた状態ではそもそも使用ができないようになっているが，これは，そのような「愚かな（fool）」行為を機械が検知することで事故を未然に防ぐという設計である。一方で規則違反は，規則からの逸脱に明確な意図が伴う場合が多い。特に安全規則は，その主要な目的が安全担保であるため，仮に行為者の安全が確実に担保された状態ならば，その規則を守ることはときに不合理にさえなりうる。実際に，安全規則は単に「規則で決められている」という理由で守られることは少ないため（Lawton, 1998），規則違反のメカニズムを理解するためには，「規則を破ることで危険がどの程度伴うか」といった意図的な危険の受容行為である**リスクテイキング**（risk-taking）の観点から論じられることも多い（e.g. 森泉・臼井, 2012；芳賀, 2007）。

リスク（risk）という言葉は，対象となる研究分野によって異なるが，一般的には「ある有害な原因によって損失を伴う危険な状態が発生するとき，『損失』×『その損失の発生する確率』の総和」（末石, 2006）と定義される。すなわち，損失の程度とその確率（頻度）の2側面から客観的な数量化が可能である。一方で，リスクの専門家以外の人間においては，そのような客観指標に対して知識が必ずしもあるわけではないため，その認知は主観的に行われる（e.g. Slovic, 1987；中谷内, 2012）。したがって，この**リスク認知**（risk perception）を高めることがリスクテイキングの防止に役立つと考えられるが，現実的にはリスクが高く認知されても，リスクが回避されるとは限らない。例

えば，規則違反によって作業にかかる時間が短縮できるなど，リスクテイキングによってメリットがある場合 (e.g. Dhami & Mandel, 2012；Mckenna & Horswill, 2006) や，バンジージャンプやスカイダイビングのように，リスクを受容すること自体が目的となる場合もある (e.g. Zinn, 2019；芳賀, 2007)。その他，リスクテイキングに至る過程やその影響要因は複雑であるため，事故防止においては，問題となる規則違反（リスクテイキング）がどのような心理的過程，あるいは背景要因によって生じているのかを明確にする必要があるだろう。

3）適性と事故

　現在，多くの企業にて採用選考の際に適性検査が活用されるが，このような「適性」という考え方は，かつては安全の領域においても盛んに議論がなされていた。すなわち，「事故を起こしやすい人の特性」（**事故傾性**〔accident proneness〕という）を把握し，事前に事故の起こしやすい作業員やドライバーを弁別しようと試みられてきた。例えば Drake (1940) は，動作が認知を先行して突出する現象を動作本位反応とし，この傾向が強いほど事故多発傾向にあることを示した。しかし，前述の通り事故は様々な原因を背景として生じるものであり，このような個人差が事故発生率に寄与する程度は小さい (芳賀, 2019)。またそのような制限の中で，検査によって特定の人々を「事故を起こしやすい」と決めつけることに抵抗もある (尾入, 1999)。そのため，近年ではこの事故傾性という発想は主流ではなくなっている。一方で，前述のハインリッヒの法則でも触れた通り，繰り返し危険を受容する傾向にあれば，確率的な問題で事故とも関連しうる。ただしその場合であっても，事故を説明できる程度は小さいことに留意しなければならないし，また生起した事故における個人の過失の有無を考慮する必要もあるだろう (af Wåhlberg & Dorn, 2007)。

　現在，安全対策として適性検査が使われる職種は限定的である (芳賀, 2019)。例えば，単純な計算作業の成績から個人の能力や性格を評価する**内田クレペリン検査**は，鉄道運転士の適性検査として実施されている。また独立行政法人自動車事故対策機構（NASVA）は，バスやタクシー，トラックといった自

動車運送事業者の運転者を対象として運転者適性診断を開発し，年間で約46万人が利用している（NASVA の HP より抜粋）。この運転者適性診断では，性格や認知的な処理機能など様々な運転に対する側面について，模擬運転課題などを通じて診断を行い，カウンセリングや助言を行っている。

4　リスク・マネジメント

1）安全対策の代表例

リスク・マネジメントとは「将来発生しうる危機的状況を未然に防いだり，損失を低減したりするために，組織内に潜在するリスクを管理するプロセス」（細田, 2013：212）とされる。すなわち，組織内で実施される安全対策を包括的に捉えた用語であるといえる。リスク・マネジメントの具体的な方法としては様々あるが，以下に代表的な安全対策の例を紹介する。

指差呼称：指差し動作と，発声を組み合わせることで，操作や確認を確実にする工夫である（芳賀, 2019）。具体的には，対象となる計器等を目でみて，指で差し，その表示を声に出すという一連の所作によって，見落とし，見間違いといったヒューマンエラーを防ぐ。指差呼称の効果についてはこれまで多くの実証研究が行われ（e.g. 芳賀ら, 1996；篠原ら, 2009），現在ではルーツである鉄道分野のみでなく，医療や建設など様々な分野にて実践されている。

危険予知活動：作業中の写真やイラスト等を提示し，そこに潜む危険源を指摘させ，その対処法を考えさせるという小集団活動である（臼井, 2007）。ローマ字表記の頭文字から「KY 活動」とも称される。作業者の危険に関する知識を教育することと，危険への感受性を向上させることを目的としている。近年では，タブレット端末を用いた手法も提案されている（高橋ら, 2017）。

ヒヤリ・ハット活動：先述のハインリッヒの法則に従えば，1 件の重大事故を防ぐには障害の伴わない事故，ヒヤリ・ハットに対する対策も重要であることが窺える。ヒヤリ・ハットは，他領域では**インシデント**（incident）と称されることもあるが，「ヒヤッとした」「ハッとした」が，怪我をせずに済んだ体験を指す（申, 2017）。ヒヤリ・ハット活動では，発生する可能性のある

小事故・ヒヤリ・ハットを収集，分析し，その対策を講じることで，将来発生しうる事故を未然に防ぐこと目的としている（臼井, 2007）。

　リスクアセスメント：ある現場において，潜在する全ての事故リスクに対して対策を講じることは現実的には難しい。そこで，ヒヤリ・ハットの報告等の情報から潜在するリスクに優先度をつけ，その順位が高いものから順次対策する手法をリスクアセスメントという。この優先度の評価については，科学的というより直感的な場合が多い（芳賀, 2012）。

　体験型安全教育：労働災害や不慮の事故は，わが国全体で捉えると重要な社会問題である一方で，一個人に当てはめると，これらの現象の生起頻度は決して高いわけではない。極端な話，人生で一度も交通事故に遭わないという人もいるだろう。そこで近年，危険の疑似的な体験を目的とした安全教育が注目されている。例えば臼井（2008）は，ヒューマンエラーや規則違反，またその背景にある人間心理について，特定業種に依存せず PC ベースで体験・理解可能な「エラー体験プログラム」を開発し，その有効性を調査や実験を通じて検討している（森泉ら, 2014, 2018）。

２）安全対策の限界

　上述の安全対策については，ヒューマンファクターやそれに関連する学術的知見を踏まえて開発されたものであり，その効果には一定の裏づけがある。しかしながら，これらの安全対策は，関連する事故を 100 ％防ぐことを保証するわけではない。もっといえば，安全対策の狙い通りに人間心理や行動を変容できるわけでもない。例えば，過去にノルウェーでは，一部の地域において凍結した路面における運転の教習を法的義務とした結果，訓練によって技能が高まったものの，訓練後の事故リスクは増大してしまったことがあった。これは，技能の向上以上にドライバーの運転に対する自信を高めてしまったことが一因とされる（Wilde, 2001）。また，臼井（2007）は，先の危険予知活動では活動シートへの回答が画一化すること，指差呼称では指差の動作自体が自動化してしまうことで，安全活動がマンネリ化・形骸化してしまう可能性を指摘している。特に指差呼称については，指差し，呼称，確認の3

点が揃ったときに最も高いエラー防止効果が発揮されるが（芳賀ら, 1996），例えばタイムプレッシャーといった外的要因によってそれらの動作を制限するような環境に置かれた場合，通常と同じように指差呼称を適切にできるかどうかは疑問である。安全対策は生産に関わる活動とは異なり，実施したからといって目にみえて効果が上がるものではない（臼井, 2007）。したがって，そのような対策がなくても「安全」が達成されるとすれば，安全対策をしないメリット（例えば，作業時間の短縮）が優先されるとしても不思議はない。このような安全対策の形骸化を抑えるためには，形骸化に関わる心理的諸要因を明らかにし，安全対策の開発・実施段階であらかじめ考慮しておく必要があるだろう。

3）安全文化

　労働災害といった産業事故においては，個人レベルのみならず，組織レベルにて安全に対して真摯に向き合い，事故防止の対策を講じる必要がある。このような安全に対する考え方や取り組み方は**安全文化**（safety culture）と呼ばれ，「組織の安全の問題が，何ものにも勝る優先度を持ち，その重要度を組織および個人がしっかりと認識し，それを起点とした思考，行動を組織と個人が恒常的に，しかも自然にとることのできる行動様式の体系」（黒田, 2000：221）と定義される。もともとは 1986 年に発生したチェルノブイリ原子力発電所の爆発事故を契機に注目された概念であるが，現在では産業，交通，医療の安全にとって重要なものとされている（芳賀, 2019）。

　安全文化の構成要素について，Reason（1997）は以下の 4 要素に焦点を当てる必要性を指摘している。

　報告する文化（reporting culture）：潜在的な危険と直接触れ合う作業員の積極的な参加に頼ることで，事故防止のための安全情報システムは構築される。そこで，自らのエラーやニアミスを報告しようとする組織の雰囲気を作り上げることが必要である。

　正義の文化（just culture）：効果的な「報告する文化」は，組織が非難や処罰をどのように扱うかに依存する。人間の不安全行動の一部（サボタージュな

ど）は，ときには厳しい制裁が必要である。

柔軟な文化 (flexible culture)：危機に対する備えの整った組織では，ある種の危機に直面した際，従来の組織の階層構造（官僚制）から一時的に業務の専門家に支配権が移譲され，緊急事態が過ぎればもとの体制に戻る順応性を持っている。

学習する文化 (learning culture)：構築された安全情報システムから，必要に応じて正しい結論を導き出す意思と能力，大きな改革を実施する意思を持つ必要がある。4要素の中で，機能させるのが最も困難であるとされる。

上記4要素が作用し合うことで，情報に立脚した文化 (informed culture)，すなわち安全文化が形成される (Reason, 1997)。一方で，安全文化の概念の具体性の不足や測定の困難さ，結果表現のわかりにくさから，安全文化が産業組織に浸透しきれているとはいえない現状である (余村ら, 2015)。そのような背景を踏まえ，余村ら (2015) は，安全文化を総合的，具体的に評価するために「安全文化評価ツール」(Safety Culture Assessment Tool：SCAT) を開発し，実証研究を通じてその有効性を示唆している。

5　これからの安全研究の方向性

本章にて論じた通り，これまでの事故防止に関わるヒューマンファクター研究においては，発生した事故やエラーを教訓にその原因を解明し，予防安全につなげるという発想であった。一方で，事故は様々な要因が複雑に交絡して生じる現象であり，その生起頻度は決して高いものではない。そこで近年では，「事故なく」日常業務を遂行した事例（成功体験）は様々な状況変化に応じた結果であるとして，その状況の調整能力である**レジリエンス** (resilience) に目が向けられるようになった。このような安全方策を **Safety-Ⅱ** といい，従来の安全方策は **Safety-Ⅰ** とされる (Hollnagel, 2014)。Safety-Ⅱを実践する方法論を**レジリエンス・エンジニアリング**といい，多くの安全に関わる学会や学術雑誌にて取り扱われるなど，安全研究の新たな視点となりつつある。

16 章

ヒューマンファクター：現代的課題

　前章では，ヒューマンファクターに関する基礎的な知見を説明した。ただし，前章の基礎的な知見だけでは，実際に起こりうる事故を全て防ぎきることはきわめて難しい。同じようなヒューマンファクターが原因であっても，どのような場面で・どんなときに・どんな人がヒューマンエラーや違反を起こすか，事故の種類・被害の大きさ等によっても全て対処法は異なってくるからである。

　例えば，「緊張し過ぎて，いつもは簡単にできるようなことなのに，ミスが多くなる」というのは，よくみられるヒューマンエラーの事例である。この具体例として，「自己紹介で新入社員が人前で話すことに慣れておらず，緊張して自分の名前を言い間違った」というようなケースはどうだろうか。おそらく，周囲の人たちも新人らしい初々しさにむしろ笑みがこぼれるぐらいで，対処法などは考える必要さえないかもしれない。ただし，「人身事故等の緊急事態が起こった際，鉄道運転士が緊張してしまい，作業手順を間違えそうになった」というケースはどうだろうか。このような場面では，運転士1人のみならず，多くの乗客にも大きな影響が出る可能性がある。緊急事態だからこそ被害が甚大にならないように，様々な対処法を考え抜く必要があるだろう。

　この章では，上記のような対策をとるべき現代的課題を挙げ，その具体的な対処方法についての研究例を解説していく。これにより，心理学がヒューマンエラーを含む現代的な課題にも対処できることを例示していきたい。

1 遮断かんのない踏切で自動車ドライバーに 一旦停止してもらうには

1）問題と目的

　内閣府が発行している「平成30年版交通安全白書」によると，平成29年に発生した踏切傷害事故は235件であり，長期的には減少傾向にある。ただし，踏切傷害事故は運転事故全体のうち34.3％を占めており，踏切事故防止は鉄道の安全確保上，きわめて重要なものとなっている（内閣府, 2018）。

　また，図16-1は，踏切種別でその事故件数をみたものであるが，平成23〜27年度の5年間の合計では，第1種踏切において1190件，第3種踏切で39件となっている（第1種踏切とは，踏切遮断機により道路交通を遮断する設備がある踏切道のことであり，第3種踏切とは，列車または車両の通過を警告する警報機のみが設置され，遮断機は設置されていない踏切道のことである。鉄道総合技術研究所, 2006；国土交通省, 2016）。事故件数を一見すると，第1種踏切での事故率が高いようにみえる。ただし，踏切道100ヶ所当たりの踏切事故件数は，第1種が0.80件に対し，第3種は0.98件となっている。つまり，道路交通量や列車本数が少ない傾向にある第3種踏切の事故発生率がより高いのである。

　ここで，特に注目したいのは，第3種踏切の事故原因である。図16-1の円グラフを比較すると，第1種踏切の主な事故原因は，「停滞・落輪・エンスト」であるのに対し，第3種踏切は，「直前横断」が最も多くなっていることがわかる。これは，第1種踏切には遮断かんが設置されているため，自動車ドライバーは踏切前で一旦停止せざるをえないが，第3種踏切には遮断かんは設置されていないため，ドライバーは警報機が鳴っていてもそのまま横断しがちであることが原因だと考えられる。そこで，上田ら（2018）は，遮断かんが設置されていない第3種踏切であっても，ドライバーに踏切不停止の違反をさせず，自然に**一旦停止**を促すような踏切注意喚起標識を作成することを目指した。

214

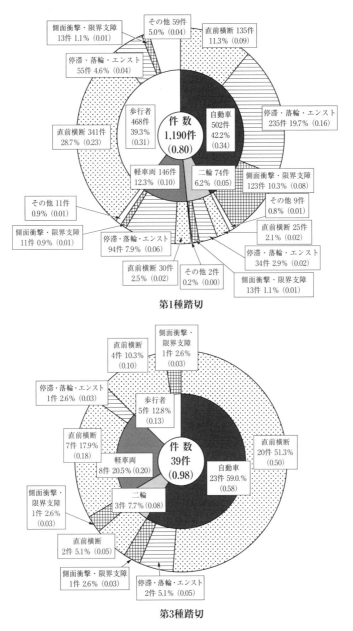

第1種踏切

第3種踏切

図 16-1　踏切種別ごとの衝撃物別・原因別の踏切事故件数
（平成 23-27 年度までの合計，国土交通省，2016 をもとに作成）

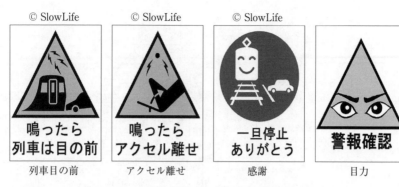

図16-2　シミュレータ上で掲示した踏切標識

2）実験内容

　最初に，踏切不停止の違反をするようなリスクテイキング傾向の高い実験協力者を，事前にリスクテイキング傾向質問紙（森泉・臼井, 2012）に回答させることにより選定した。そして，ドライビングシミュレータを用いて実験を実施した。シミュレータ上では，実験協力者は1試行につき1回は第3種踏切を横断する車道を繰り返し走行した。踏切前では，図16-2の踏切標識のいずれかが掲示される条件，あるいは標識が掲示されない条件（標識なし条件）がランダムに与えられた。

3）実験結果と考察

　シミュレータ実験の結果から，各踏切標識に対するドライバーの一旦停止率は，図16-3のようになった。統計的な分析結果から，「一旦停止ありがとう」というメッセージを表した「感謝」の標識は，その他の標識や標識を掲示しない条件よりも明らかに一旦停止率が高くなることがわかった。

　グラフ結果から，第3種踏切においてドライバーに踏切不停止の違反を起きにくくさせ，自然に一旦停止を促す標識は「感謝」の標識であることが明らかとなった。この「感謝」の標識が一旦停止に効果的である理由は，**互恵的規範**により説明できるようである。互恵的規範とは，「他者から受けた行為に対して，それと同程度のものを返すべきである」とする人間が持つ心理

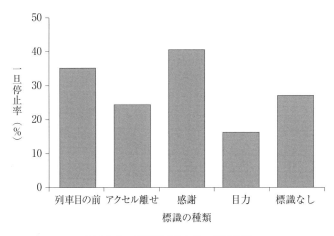

図16-3　各標識に対する一旦停止率

的な規範を指す（Gouldner, 1960）。

　例えば，油尾・吉田（2009）の研究では，質問紙によって「ゴミの分別にご協力いただきありがとうございます」という感謝のメッセージがゴミ箱の前に掲示されていると想定させた。その結果，感謝以外のメッセージが掲示されていると想定した場合よりも，ゴミの分別をしようとする意図が高くなった。筆者らはこの結果を，感謝のメッセージにより，好意に返報したい互恵性規範が喚起されたためだと説明した。この先行研究を今回の研究に当てはめれば，互恵性規範が喚起されたために，具体的な安全行動をとろうとする意図が高まったと考えられる。

　以上，この研究では，一時不停止の違反を行いがちなドライバーを減らしたいという現代的な課題に対して，心理的知見を含めた複数の踏切標識のデザインを提案することにより，具体的な対処方法を見出すことができたといえるだろう。

2　ホーム上の酔客による事故を減らすには

1）問題と目的

　多くの乗客が必ず利用している駅のホームでは，様々な事故が発生している。「平成30年版交通安全白書」によると，平成16年にはホーム上の事故件数は108件であったのに対し，平成25年には231件とおおよそ10年で2倍以上に事故件数が増加した。図16-4は，ホームからの転落（以下，軌道転落）原因についてグラフ化したものである。

　図16-4を一見すると理解できるように，軌道転落の主な要因は酔客である。これに対し各鉄道会社は，酔客への声かけや警備員の人数強化等の対策をとっているものの，直接的な予防につながっていない部分もある。それは，ホーム上から転落するような酔客が，どのような行動をとるかが不明であり，

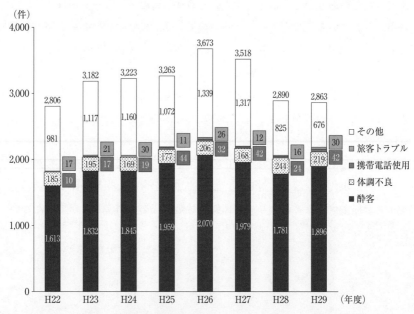

図16-4　ホームからの転落の要因別件数の推移（国土交通省，2016をもとに作成）

具体的な対策を立てられていないためである。そこで，武内ら（2017）は，ホーム上で酔客が転落する直前の前兆行動を調査した。

2）調査内容

　この調査では，複数の鉄道会社から収集したホーム上の防犯カメラの映像データを用いて分析を行った。調査対象となったのは，酔客による軌道転落や触車事故（進来してきた車両への接触）につながったものであった。具体的な調査項目は，「前兆行動の有無とその種類」と「軌道転落や触車の直接の契機となった行動（軌道転落パターン）」について抽出した。

3）調査結果と考察

　収集した映像データから，酔客の軌道転落パターンには，図16-5に示すような3類型があることが明らかとなった。

　Ⅰ類型は立位・座位から転落・触車するパターンであり，Ⅱ類型は短軸方向（ホーム中央部から軌道に向かって垂直方向）に歩行中に転落・触車するパターン，Ⅲ類型は長軸方向（ホーム端を軌道に沿って並行方向）に歩行中に転落・触車するパターンであった。この3類型のうち，最も発生件数が多かったのは，図16-5に示した通りⅡ類型であった。

　世間一般的に，ホーム上の酔客の行動とは，おおよそⅢ類型，つまり「酔客がホーム端を長軸方向に千鳥足で歩いているうちに，足を踏み外す」よう

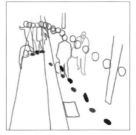

Ⅰ類型：発生確率28.0%　　Ⅱ類型：発生確率57.3%　　Ⅲ類型：発生確率14.6%

図16-5　酔客の転落パターン例（武内ら，2017をもとに改変）

取り組み前　　　　　　　　　　　　　　取り組み後

図 16-6　取り組み前後のホーム上のベンチ比較（JR 西日本 HP より抜粋）

なイメージに近い。ただし，この研究結果からは，そのイメージに沿わない
Ⅱ類型が軌道転落や触車の主な原因となっていることが明らかになったので
ある。

　この研究結果を受け，JR西日本では，線路に対して並行方向に設置してい
たホーム上のベンチを直角方向に設置し直した。これは，ベンチで寝ていた
酔客が，目を覚ました後に突然立ち上がり，まっすぐ線路に向かって軌道転
落する可能性を低減させるためにとった取り組みである（図 16-6）。

　以上，この研究では，駅ホーム上における酔客の事故を減らしたいという
現代的な課題に対し，酔客の行動そのものを観察することによって，ホーム
上のベンチの方向転換という具体的な対策を提案できたといえるだろう。

3　焦り慌てによるヒューマンエラーを防ぐには

1）問題と目的

　普段はミスもなく容易にできるような作業であっても，とても緊張する場
面や，滅多に起きない**緊急事態**に遭遇した際には，無駄に手間取ったり，手
順を間違ってしまったりした記憶は誰にでもあるだろう。冒頭に紹介したよ
うな，人前での自己紹介や人身事故等はその典型的な一例といえる。これは，
心理的に慌てたり焦ったりしたことによって，最適ではない行動をとってし
まったことが原因である。このように，「ある状況にストレスを感じた結果，

最善とはいえないパフォーマンスになる」ことを **choking under pressure**（直訳すると，「プレッシャーの下で硬くなる」）と定義されている（Baumeister, 1984）。

　この**焦り慌て**に関する研究は，その原因やメカニズムについては多数の研究があるが，対処方法についてはほとんど研究がなされていない。しかしながら，様々な労働現場や医療現場では，この焦り慌てによるヒューマンエラーが多発しており，どんな場所でもすぐできるような手軽な対処方法が求められている。

　そこで，上田ら（2015）では，ストレスを感じるような状況下でも，できる限り普段と同じ行動をとれるような，事前に対処できる方法について実験的に検討した。

２）呼吸再訓練法

　まず，事前に何らかの手法を実施していれば，緊急事態が生じた際でも比較的平常時と同様の行動がとれるようなものを，「緊急事態における対処法」として定義することとした。そこで，今回は，その対処法として，**呼吸再訓練法**（breathing retraining method）と呼ばれる，本来，パニック障害や不安障害を抱える患者に対して適用される呼吸法を選択した（Antony & McCabe, 2004；Taylor, 2001）。

　呼吸再訓練法が一般的な深呼吸と異なる点は，表16-1の通りである。深呼吸が，空気を吸う（吸気）時間の2倍以上の時間をかけて吐く（呼気）一方で，

表 16-1　呼吸再訓練法と深呼吸の違い

	呼吸再訓練法	深呼吸
対象	パニック症候群・不安障害患者等	全般（健常者・患者問わず）
主な目的	緊張や不安，呼吸困難により乱れた呼吸を整える（リフレッシュ）	ストレス解消／リラックス
やり方	吸気と呼気の時間が1：1息を止める／呼気から開始	吸気と呼気の時間が1：2
腹式 or 胸式	腹式呼吸	特に指定されないことが多い

表 16-2　各実験参加者の実施内容

群	パソコン課題前の実施内容
呼吸法群	呼吸再訓練法による呼吸法を 2 分間実施
挿入課題群	簡単な視覚課題を 2 分間実施
なし群	課題前に何も実施しない

呼吸再訓練法は，吸気と呼気の時間が同程度という部分が特徴的といえる。

3）実験参加者

　この研究では，事前に呼吸再訓練法を実施した後，次項に説明する水道管課題を行った参加者（呼吸法群）と，一切事前の対処法を行わなかった参加者（なし群），簡単な視覚課題だけを事前に行った参加者（挿入課題群）の 3 種類の実験参加者の行動特性をそれぞれ比較することとした。

　表 16-2 は，各参加者が水道管課題の前に行った実施内容をまとめたものである。

4）水道管課題

　実験参加者は，パソコン上で，図 16-7 のような水道管課題を実施した。この課題は，水流の方向を変えられる正方形の水道管（スイッチ）をマウスクリックで回すことにより，流れを変化・停止させ，黄電球にのみ水を通し，赤電球への水流はせき止めることを目指す課題であった。また，この課題には，最短で達成

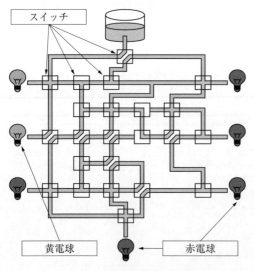

図 16-7　水道管課題の一例

表 16-3　実施環境の違い

実施環境	内容
高覚醒条件 （模擬的な緊急事態条件）	制限時間があり，制限時間が近づくにつれ警告光・警告音・風圧による警告が激しくなる。制限時間を超えると謝金が減額される教示がある。
タイムプレッシャー条件	制限時間はあるが，警告類は全てなし。
統制条件 （模擬的な平常時条件）	制限時間はなし。ゆっくり考えて，必要最低限のマウスクリックで目標達成することを教示。

できるクリック回数の違いによって3段階の難易度設定を行っていた（低：3回・中：9回・高：15回）。

　さらに，課題の実施環境には表16-3のような様々な違いがあった。この中で，特に高覚醒条件は，模擬的な緊急事態として設定した一方，統制条件は平常時として設定した。

5）実験結果と考察

　実験結果から，まずは水道管課題のクリア時間は図16-8の通りになった。統計的な分析結果から，難易度「高」条件では，呼吸法群が挿入課題群やな

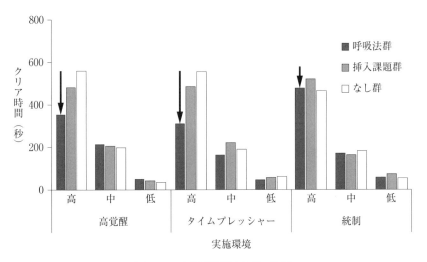

図16-8　実施環境別のクリア時間

し群よりもクリア時間が短いことが明らかとなった（図16-8では矢印にて示した）。

　この結果は，難しい課題であっても，呼吸再訓練法を事前に実施していれば，ある程度冷静な判断ができ，迅速に作業を終了できる可能性を示している。さらに，この傾向は，緊急事態とみなした高覚醒条件でもみられたため，緊急事態に直面しても，呼吸再訓練法の改善効果が期待できるといえる。

　一方，図16-9は課題をクリアするまでにスイッチをクリックした合計回数の結果である。同じく，統計的な分析を行った結果，難易度が「高」の場合，実施環境が統制条件から高覚醒条件へと厳しくなるにつれて，クリック回数が増加することが明らかとなった。これは，同一の作業であっても，周囲の環境が変化し，緊急事態に直面するだけで，無駄に手間取ったり，遠回りな行動をとったりする可能性があることを数値で示したことになる。

　さらに，難易度「高」条件では，呼吸法群は挿入課題群やなし群よりもクリック回数が少ないことも明らかとなった（図16-9では矢印にて示した）。この結果は，呼吸再訓練法を事前に実施すると，事前に何も実施しない場合よりも無駄に手間取ったり，遠回りな行動をとったりする可能性が減少すること

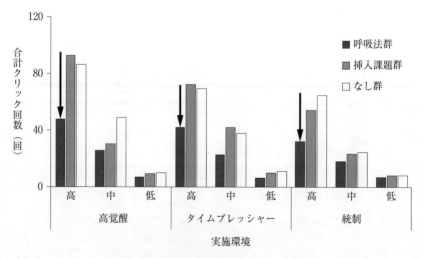

図16-9　実施環境別の合計クリック回数

を表している。

　以上，この研究では，焦り慌てに対するヒューマンエラーを防ぎたいという現代的な課題に対し，実験室上で緊急事態を模擬し，その行動特性を測定した上で，作業実施前に呼吸再訓練法を行うという対処法を提案した。

4　ヒューマンエラーと心理学的考え

　本章では，ヒューマンエラーに関する課題を挙げ，様々な観点から実験や調査を行うことにより，具体的な対処方法を考案できることを示してきた。踏切前で一時不停止の違反をするドライバーには「感謝」を示す標識，軌道転落する酔客にはベンチの方向転換，そして，焦り慌てによるヒューマンエラーには呼吸再訓練法……，これら全ての対処方法を考案する土台となったのは，心理学的な考え方と知識である。

　ときに，「心理学は役に立たない」といわれることもあるが，どれほど科学技術が発展してもその技術を使うのは心を持つ人間である。今後も科学の発展に伴い，今まで想定していなかったヒューマンエラーが生じることは想像にかたくない。そのヒューマンエラーに対処できるのは，間違いなく心理学である。

引用・参考文献

●はじめに

馬場昌雄 (2017). 産業・組織心理学—定義と歴史 馬場昌雄・馬場房子・岡村一成 (監修) 産業・組織心理学 (改訂版) 白桃書房, 1-20.

Zedeck, S. (2012). Introduction. In S. Zedeck (Ed.), *APA Handbook of Industrial and Organizational Psychology Volume 1: Building and Developing the Organization.* Washington, D.C.: American Psychological Association, xxi-xxxiv.

● 1 章

Allport, F. H. (1924). *Social Psychology.* Boston: Houghton Mifflin.

Aronson, E., & Mills, J. (1959). The Effect of Severity of Initiation on Liking for a Group. *Journal of Abnormal and Social Psychology,* **59**, 177-181.

Asch, S. E. (1951). Effects of Group Pressure upon the Modification and Distortion of Judgments. In H. Guetzkow (Ed.), *Groups, Leadership and Men.* Pittsburgh, PA: Carnegie Press.

Bocchiaro, P., Zimbardo, P. G., & Van Lange, P. A. M. (2012). To Defy or Not to Defy: An Experimental Study of the Dynamics of Disobedience and Whistle-Blowing. *Social Influence,* **7**, 35-50.

Bond, R., & Smith, P. B. (1996). Culture and Conformity: A Meta-Analysis of Studies Using Asch's (1952b, 1956) Line Judgment Task. *Psychological Bulletin,* **119**, 111-137.

Burger, J. M. (2009). Replicating Milgram: Would People Still Obey Today? *American Psychologist,* **64**, 1-11.

Deci, E. L., Koestner, R., & Ryan, R. M. (1999). A Meta-Analytic Review of Experiments Examining the Effects of Extrinsic Rewards on Intrinsic Motivation. *Psychological Bulletin,* **125**, 627-668.

Diehl, M., & Stroebe, W. (1987). Productivity Loss in Brainstorming Groups: Toward the Solution of a Riddle. *Journal of Personality and Social Psychology,* **53**, 497-509.

Doliński, D., Grzyb, T., Folwarczny, M., Grzybała, P., Krzyszycha, K., Martynowska, K., & Trojanowski, J. (2017). Would You Deliver an Electric Shock in 2015? Obedience in the Experimental Paradigm Developed by Stanley Milgram in the 50 Years Following the Original Studies. *Social Psychological and Personality Science,* 1948550617693060.

橋口捷久 (1974). 集団内の意思決定者数とリスク・テイキングの水準 実験社会心理学研究, **14**, 123-131.

橋口捷久 (2003). 集団意思決定 白樫三四郎・外山みどり (編著) 社会心理学 八千代出版, 151-178.

Hinsz, V. B., & Tindale, R. S. (1997). The Emerging Conceptualization of Groups as Information Processors. *Psychological Bulletin,* **121**, 43-66.

Janis, I. L. (1982). *Groupthink: Psychological Studies of Policy Decision and Fiascoes* (2nd ed.). Boston: Houghton Mifflin.

科学技術・学術政策研究所 (2012). 科学技術に対する国民意識の変化に関する調査—イン

ターネットによる月次意識調査および面接調査の結果から 調査資料, 211.

小森収（1982）. 権威に対する服従過程に関する実験社会心理学的研究 昭和 56 年度大阪大学人間科学部卒業論文.

Kravitz, D. A., & Martin, B. (1986). Ringelmann Rediscovered: The Original Article. *Journal of Personality and Social Psychology*, **50**, 936–941.

釘原直樹・寺口司・阿形亜子・内田遼介・井村修（2017）. 日本人を対象とした服従実験─Milgram（1974）や Burger（2009）の実験との比較 日本社会心理学会第 58 回大会発表論文集, 28.

釘原直樹・寺口司・内田遼介・阿形亜子（2014）. わが国における Asch 型同調実験の 30 年ぶりの追試 日本社会心理学会第 55 回大会発表論文集, 126.

Lamm, H. & Myers, D. G. (1978). Group–Induced Polarization of Attitudes and Behavior. In L. Berkowitz (Ed.), *Advances in Experimental Social Psychology*, **11**. New York: Academic Press.

Larsen, K. S. (1990). The Asch Conformity Experiment: Replication and Transhistorical Comparisons. *Social Behavior and Personality*, **5**, 163–168.

Milgram, S. (1963). Behavioral Study of Obedience. *Journal of Abnormal and Social Psychology*, **67**, 371–378.

Milgram, S. (1974). *Obedience to Authority: An Experimental View*. New York: Harper & Row.

Monin, B. (2007). Holier Than Me? Threatening Social Comparison in the Moral Domain. *Revue internationale de psychologie sociale*, 53–68.

Monin, B., & Miller, D. T. (2001). Moral Credentials and the Expression of Prejudice. *Journal of Personality and Social Psychology*, **81**, 33–43.

Monin, B., Sawyer, P., & Marquez, M. (2008). The Rejection of Moral Rebels: Resenting Those Who Do the Right Thing. *Journal of Personality and Social Psychology*, **95**(1), 76–93.

Myers, D. G., & Bishop, G. D. (1971). Enhancement of Dominant Attitudes in Group Discussion. *Journal of Personality and Social Psychology*, **20**, 386–391.

内閣府国民生活局（2003）. 平成 14 年度国民生活モニター調査（12 月実施）調査結果（新たな消費者政策の在り方に関する意識調査）.

Nisan, M. (1991). The Moral Balance Model: Theory and Research Extending Our Understanding of Moral Choice and Deviation. In W. M. Kurtines & J. L. Gewirtz (Eds.), *Handbook of Moral Behavior and Development*, Hillsdale, NJ: Erlbaum, 213–249.

王晋民・宮本聡介・今野裕之・岡本浩一（2003）. 社会心理学の観点から見た内部告発 社会技術研究論文集, **1**, 268–277.

Pruitt, D. G. (1971). Choice Shifts in Group Discussion: An Introductory Review. *Journal of Personality and Social Psychology*, **20**(3), 339–360.

白樫三四郎（1991）. 社会的手抜き 三隅二不二・木下冨雄（編）現代社会心理学の発展 II ナカニシヤ出版, 125–158.

総務省統計局労働力調査（基本集計）平成 30 年（2018 年）9 月分（2018 年 10 月 30 日公表）.

https://www.stat.go.jp/data/roudou/sokuhou/tsuki/index.html（2018 年 12 月 10 日閲

覧）

Stasser, G., & Birchmeier, Z. (2003). Group Creativity and Collective Choice. In P. B. Paulus & B. A. Nijstad (Eds.), *Group Creativity*. New York: Oxford University Press, 85–109.

Triandis, H. C., Bontempo, R., Villareal, M. J., Asai, M., & Lucca, N. (1988). Individualism and Collectivism: Cross-Cultural Perspectives on Self-Ingroup Relationships. *Journal of Personality and Social Psychology*, **54**, 323–338.

Triplett, N. (1898). The Dynamogenic Factors in Pacemaking and Competition. *American Journal of Psychology*, **9**, 507–533.

Tversky, A., & Kahneman, D. (1974). Judgment Under Uncertainty: Heuristics and Biases. *Science*, **185**, 1124–1130. doi: 10.1126/science.185.4157.1124.

上野徳美・横川和章（1982）．集団極化現象における社会的比較の役割 実験社会心理学研究, **21**, 167–173.

Wallach, M. A., Kogan, N., & Bem, D. J. (1962). Group Influence on Individual Risk Taking. *Journal of Abnormal and Social Psychology*, **65**, 75–86.

吉田翔・寺口司・釘原直樹（2017）．内部告発の抑制要因の検討—被害の深刻度と集団規範が内部告発に及ぼす影響 対人社会心理学研究, **17**, 61–68.

●2章

Amason, A. C. (1996). Distinguishing the Effects of Functional and Dysfunctional Conflict on Strategic Decision Making: Resolving a Paradox for Top Management Teams. *Academy of Management Journal*, **39**(1), 123–148.

Bandura, A., & Wessels, S. (1997). *Self-Efficacy*. W. H. Freeman & Company, 4–6.

Bell, S. T., Brown, S. G., Colaneri, A., & Outland, N. (2018). Team Composition and the ABCs of Teamwork. *American Psychologist*, **73**(4), 349–362.

Cannon-Bowers, J. A., Salas, E., & Converse, S. (1993). Shared Mental Models in Expert Team Decision Making. In N. J. Castellan, Jr. (Ed.), *Individual and Group Decision Making: Current Issues*. Hillsdale, NJ, US: Lawrence Erlbaum Associates, Inc., 221–246.

DeChurch, L. A., & Mesmer-Magnus, J. R. (2010). The Cognitive Underpinnings of Effective Teamwork: A Meta-Analysis. *Journal of Applied Psychology*, **95**(1), 32–53.

De Dreu, C. K., & Weingart, L. R. (2003). Task Versus Relationship Conflict, Team Performance, and Team Member Satisfaction: A Meta-Analysis. *Journal of Applied Psychology*, **88**(4), 741–749.

De Wit, F. R., Greer, L. L., & Jehn, K. A. (2012). The Paradox of Intragroup Conflict: A Meta-Analysis. *Journal of Applied Psychology*, **97**(2), 360–390.

Dickinson, T. L., & McIntyre, R. M. (1997). A Conceptual Framework for Teamwork Measurement. In M. T. Brannick, E. Salas, & C. Prince (Eds.), *Team Performance Assessment and Measurement*. Mahwah, NJ: Lawrence Erlbaum, 19–43.

藤森立男・藤森和美（1992）．人と争う 松井豊（編）対人心理学の最前線 サイエンス社, 141–151.

古川久敬（2014）．「壁」と「溝」を越えるコミュニケーション ナカニシヤ出版.

Gaertner, S. L., & Dovidio, J. F. (2000). *Reducing Intergroup Bias: The Common Ingroup*

Identity Model. Psychology Press.

Gully, S. M., Devine, D. J., & Whitney, D. J. (1995). A Meta-Analysis of Cohesion and Performance: Effects of Level of Analysis and Task Interdependence. *Small Group Research,* **26**(4), 497–520.

厚生労働省 (2013). 平成 25 年若年者雇用実態調査の概況.
https://www.mhlw.go.jp/toukei/list/4-21c-jyakunenkoyou-h25.html (2020 年 6 月 10 日閲覧)

Lewis, K., & Herndon, B. (2011). Transactive Memory Systems: Current Issues and Future Research Directions. *Organization Science,* **22**(5), 1254–1265.

三沢良 (2012).「チームワーク力」とは（特集 子どもの個を生かすチームワーク）教育と医学, **60**(8), 656–663.

Mullen, B., & Copper, C. (1994). The Relation Between Group Cohesiveness and Performance: An integration. *Psychological Bulletin,* **115**(2), 210–227.

縄田健悟・山口裕幸・波多野徹・青島未佳 (2015). 企業組織において高業績を導くチーム・プロセスの解明 心理学研究, **85**(6), 529–539.

O'Neill, T. A., Allen, N. J., & Hastings, S. E. (2013). Examining the "Pros" and "Cons" of Team Conflict: A Team-Level Meta-Analysis of Task, Relationship, and Process Conflict. *Human Performance,* **26**(3), 236–260.

Rahim, M. A. (1983). A Measure of Styles of Handling Interpersonal Conflict. *Academy of Management Journal,* **26**(2), 368–376.

Rico, R., Sánchez-Manzanares, M., Gil, F., & Gibson, C. (2008). Team Implicit Coordination Processes: A Team Knowledge-Based Approach. *Academy of Management Review,* **33**, 163–184.

Rousseau, V., Aubé, C., & Savoie, A. (2006). Teamwork Behaviors: A Review and an Integration of Frameworks. *Small Group Research,* **37**, 540–570.

Salas, E., Dickinson, T. L., Converse, S. A., & Tannenbaum, S. I. (1992). Toward an Understanding of Team Performance and Training. In R. W. Swezey & E. Salas (Eds.), *Teams: Their Training and Performance.* Norwood, NJ: Ablex Publishing Corporation, 3–29.

Stajkovic, A. D., Lee, D., & Nyberg, A. J. (2009). Collective Efficacy, Group Potency, and Group Performance: Meta-Analyses of Their Relationships, and Test of a Mediation Model. *Journal of Applied Psychology,* **94**, 814–828.

田原直美 (2017). 職場集団のダイナミックス 池田浩（編）産業と組織の心理学 サイエンス社.

van Dijk, H., van Engen, M. L., & van Knippenberg, D. (2012). Defying Conventional Wisdom: A Meta-Analytical Examination of the Differences Between Demographic and Job-Related Diversity Relationships with Performance. *Organizational Behavior and Human Decision Processes,* **119**(1), 38–53.

山口裕幸 (2008). チームワークの心理学—よりよい集団づくりをめざして サイエンス社.

山口裕幸 (2009). 個の能力を紡ぎ上げるチーム・マネジメント 山口裕幸（編）コンピテンシーとチーム・マネジメントの心理学 朝倉書店.

●3章

Adams, J. L. (1965). Inequity in Social Exchange. In L. Berkowitz (Ed.), *Advances in Experimental Social Psychology.* Academic Press. 267-299.

Alderfer, C. P. (1972) *Existence, Relatedness, and Growth: Human Needs in Organizational Settings.* Free press.

Amabile, T. M. (1998). How to Kill Creativity. *Harvard Business Review,* **76**(5), 76-87.

Atkinson, J. W. (1957). Motivational Determinants of Risk-Taking Behavior. *Psychological Review,* **64**(6), 359-372.

Deci, E. L. (1975). *Intrinsic Motivation.* New York: Plenum Press.（安藤延男・石田梅男 （訳）（1980）. 内発的動機づけ―実験社会心理学的アプローチ 誠信書房.）

Deci, E. L., & Ryan, R. M. (1985) *Intrinsic Motivation and Self-Determination.* New York: Plenum.

Deci, E. L., & Ryan, R. M. (2000). The "What" and "Why" of Goal Pursuits: Human Needs and the Self-Determination of Behavior. *Psychological Inquiry,* **11**, 227-268.

Deci, E. L., Ryan, R. M., Gagné, M., Leone, D. R., Usunov, J., & Kornazheva, B. P. (2001). Need Satisfaction, Motivation, and Well-Being in the Work Organizations of a Former Eastern Bloc Country: A Cross-Cultural Study of Self-Determination. *Personality and Social Psychology Bulletin,* **27**(8), 930-942.

Hackman, J. R., & Oldham, G. R. (1976). Motivation through the Design of Work: Test of a Theory. *Organizational Behavior and Human Performance,* **16**, 250-279.

Herzberg, F. (1966). *Work and the Nature of Man.* World Publishing.（北野利信（訳） （1968）仕事と人間性―動機づけ-衛生理論の新展開 東洋経済新報社.

今在慶一朗・大渕憲一・林洋一郎（2000）. アメリカ企業組織における日本人従業員の葛藤 解決と手続き的公正 産業・組織心理学研究, **13**(1), 3-10.

Locke, E. A., & Latham, G. P. (1984). *Goal Setting: A Motivational Technique That Work!* Prentice-Hall.（松井賚夫・角山剛（訳）（1984）目標が人を動かす―効果的な意 欲づけの技法 ダイヤモンド社.）

Locke, E. A., & Latham, G. P. (1990). *A Theory of Goal Setting & Task Performance.* Englewood Cliffs, NJ, USA: Prentice-Hall.

Maslow, A. H. (1954). *Motivation and Personality.* New York: Harper & Row.（小口忠彦 （監訳）（1987）人間性の心理学―モチベーションとパーソナリティ 産業能率大学出版 部.）

McClelland, D. C. (1961). *The Achieving Society.* Princeton, NJ: Van Nostrend.（林保（監 訳）（1971）. 達成動機 産業能率短期大学出版部.）

Mitchell, T. R. (1997). Matching Motivational Strategies with Organizational Contexts. *Research in Organizational Behavior,* **19**, 57-149.

森永雄太・鈴木竜太・三矢裕（2015）. 従業員によるジョブ・クラフティングがもたらす動 機づけ効果―職務自律性との関係に注目して 日本労務学会誌, **16**(2), 20-35,

Murray, E. J. (1964). *Motivation and Emotion.* New Jersey: Prentice-Hall.（八木冕（訳） （1966）動機と情緒 岩波書店.）

野中郁次郎・米倉誠一郎（1984）. グループ・ダイナミクスのイノベーション―組織学習と してのJK活動 一橋大学研究年報 商学研究, **25**, 3-37.

Pinder, C. C. (2008). *Work Motivation in Organizational Behavior.* New York:

Psychological Press.

Porter, L. W., & Lawler, E. E. (1968). *Manegerial Attitudes and Performance*. Richard. D. Irwin.

Ryan, R. M., & Deci, E. L. (2000). Self-Determination Theory and the Facilitation of Intrinsic Motivation, Social Development and Well-being. *American Psychologist,* **55** (1), 68-78.

田靡裕祐 (2017). 日本社会における仕事の価値の長期的な推移 日本労働研究雑誌, **684**, 49-58.

Vroom, V. H. (1964). *Work and Motivation*. John Wiley & Sons.（坂下昭宣・榊原清則・小松陽一・瀬戸康彰 (訳) (1982) 仕事とモティベーション 千倉書房.）

Wrzesniewski, A. & Dutton, J. E. (2001). Crafting a Job: Revisioning Employees as Active Crafters of Their Work. *Academy of Management Review,* **26**(2), 179-201.

●4章

安藤至大 (2017). 金銭的・非金銭的報酬とワークモチベーション 日本労働研究雑誌, **684**, 26-36.

Blustein, D. L. (2014). *The Oxford Handbook of the Psychology of Working*. Oxford University Press.（渡辺三枝子 (監訳) (2018) ワーキング心理学―働くことへの心理学的アプローチ 白桃書房.）

Calder, B. J., & Staw, B. M. (1975). Self-Perception of Intrinsic and Extrinsic Motivation. *Journal of Personality and Social Psychology,* **31**, 599-605.

Csikszentmihalyi, M. (1990). *Flow: The Psychology of Optimal Experience*. New York: Harper and Row.（今村浩明 (訳) (1996) フロー体験―喜びの現象学 世界思想社.）

Deci, E. L., Koestner, R. M. & Ryan, R. N. (1999). A Meta-Analytic Review of Experiments Examining the Effect of Extrinsic Rewards on Intrinsic Motivation. *Psychological Bulletin,* **125**(6), 627-668.

Deci, E. L., & Ryan, R. M. (1985). *Intrinsic Motivation and Self-Determination in Human Behavior*. New York: Plenum.

Deci, E. L., Ryan, R. M., Gagné, M., Leone, D. R., Usunov, J., Kornazheva, B. P. (2001). Need Satisfaction, Motivation, and Well-Being in the Work Organizations of a Former Eastern Bloc Country: A Cross-Cultural Study of Self-Determination. *Personality and Social Psychology Bulletin,* **27**(8), 930-942.

荻原祐二 (2017). 日本における成果主義制度導入状況の経時的変化―年功制の縮小と年俸制の拡大 (1991～2016) 科学・技術研究, **6**(2), 149-158.

本間正人・松瀬理保 (2015). コーチング入門 (第2版) 日本経済新聞出版社.

鹿毛雅治 (2012). 好きこそものの上手なれ―内発的動機づけ モティベーションをまなぶ12の理論 金剛出版.

鹿毛雅治 (2017). 成らぬは人の為さぬなりけり―モチベーション パフォーマンスがわかる12の理論 金剛出版.

川口章 (2011). 均等法とワーク・ライフ・バランス―両立支援政策は均等化に寄与しているか 日本労働研究雑誌, **615**, 25-37.

Kooij, D. T. A. M., De Lange, A. H., Jansen, P. G. W., Kanfer, R., & Dikkers, J. S. E. (2011). Age and Work-Related Motives: Results of a Meta-Analysis. *Journal of*

Organizational Behavior, **32**, 197-225.

厚生労働省（2004）．就労条件総合調査．

厚生労働省（2008）．平成 20 年版労働経済白書．

松繁寿和・武内真美子（2008）．企業内施策が女性従業員の就業に与える効果 国際公共政策研究，**13**(1), 257-271.

McLoyd, V. C. (1979). The Effects of Extrinsic Rewards of Differential Value on High and Low Intrinsic Interest. *Child Development,* **50**, 1010-1019.

守島基博（2004）．成果主義は企業を活性化するか 日本労働研究雑誌，**525**, 34-37.

森田陽子・金子能宏（1998）．育児休業制度の普及と女性雇用者の勤続年数 日本労働研究雑誌，**459**, 50-60.

内閣府（2013）．平成 25 年度高齢者の地域社会への参加に関する意識調査．

内閣府（2018）．平成 30 年度国民生活に関する世論調査．

日本経済団体連合会（2016）．「ホワイトカラー高齢社員の活躍をめぐる現状・課題と取組み」報告書．

日経ビジネス（2014）．やる気を引き出すオフィス新潮流，**1765**, 48-53.

大洞公平（2006）．成果主義賃金に関する行動経済学的分析 日本労働研究雑誌，**554**, 36-46.

太田肇（2011）．承認とモチベーション 同文舘出版．

太田肇（2013）．表彰制度—会社を変える最強のモチベーション戦略 東洋経済新報社．

奥西好夫（2001）．「成果主義」賃金導入の条件 組織科学，**34**(3), 6-17.

労働政策研究・研修機構（2016）．高年齢者の雇用に関する調査（企業調査）報告書．

Ryan, R. M., & Deci, E. L. (2000). Self-Determination Theory and the Facilitation of Intrinsic Motivation, Social Development and Well-being. *American Psychologist,* **55**(1), 68-78.

櫻井茂男（2009）．自ら学ぶ意欲の心理学—キャリア発達の視点を加えて 有斐閣．

櫻井茂男（2012）．夢や目標をもって生きよう！—自己決定理論 鹿毛雅治（編）モティベーションをまなぶ 12 の理論 金剛出版．

参鍋篤司（2008）．仕事満足度に対する最適な企業内賃金格差について 経営行動科学，**21**(1), 61-65.

Schaufeli, W. B., & Bakker, A. B. (2004). Job Demands, Job Resources and Their Relationship with Burnout and Engagement: A Multi-Sample Study. *Journal of Organizational Behavior,* **25**, 293-315.

Schaufeli, W. B., Shimazu, A., & Taris, T. W. (2009). Being Driven to Work Excessively Hard: The Evaluation of A Two-Factor Measure of Workaholism in the Netherlands and Japan. *Cross-Cultural Research,* **43**(4), 320-348.

島津明人（2014）．ワーク・エンゲイジメント—ポジティブメンタルヘルスで活力ある毎日を 労働調査会．

島津明人（2015）．ワーク・エンゲイジメントに注目した個人と組織の活性化 日本職業・災害医学会会誌，**63**, 205-209.

駿河輝和・張建華（2003）．育児休業制度が女性の出産と継続就業に与える影響について—パネルデータによる計量分析 季刊家計経済研究，**59**, 56-63.

高橋伸夫（2004）．虚妄の成果主義 日経 BP.

高崎文子（2010）．「ほめ」の構造とその効果 4—「ほめ」関連の態度測定尺度の作成の試み 日本教育心理学会第 52 回発表論文集，589.

武石恵美子（2014）．女性の昇進意欲を高める職場の要因 日本労働研究雑誌, **648**, 33-47.

立道信吾・守島基博（2006）．働く人からみた成果主義 日本労働研究雑誌, **554**, 69-83.

White, R. W.（1959）. Motivation Reconsidered: The Concept of Competence. *Psycholigical Review,* **66**(5), 297-333.（佐柳信男（訳）（2015）モチベーション再考―コンピテンス概念の提唱 新曜社.）

山口裕幸（2008）．チームワークの心理学―よりよい集団づくりをめざして サイエンス社.

山下京（1996）．働きがいの構造 働きがいにかかわる諸問題 ONION2：参加関与型組織としての労働組合の再生―社会心理学からの提言, 214-271.

安田宏樹（2013）．雇用主の性別役割意識が企業の女性割合に与える影響 日本労働研究雑誌, **636**, 89-107.

●5章

Antonakis, J.（2012）. Transformational and Charismatic Leadership. In D. V. Day & J. Antonakis（Eds.）, *The Nature of Leadership*（2nd ed.）. Thousand Oaks, California: Sage, 256-288.

Antonakis, J., Avolio, B. J., & Sivasubramaniam, N.（2003）. Context and Leadership: An Examination of the Nine-Factor Full-Range Leadership Theory Using the Multifactor Leadership Questionnaire. *Leadership Quarterly,* **14**, 261-295.

Ayman, R., & Adams, S.（2012）. Contingencies, Context, Situation, and Leadership. In D. V. Day & J. Antonakis（Eds.）, *The Nature of Leadership*（2nd ed.）. Thousand Oaks, California: Sage, 218-255.

Bales, R. F., & Slater, P. E.（1956）. Role Differentiation in Small Decision-Making Groups. In T. Parsons & R. F. Bales（Eds.）, *Family, Socialization and Interaction Process*. London: Routledge & Kegan Paul, 259-306.

Bass, B. M.（1985）. *Leadership and Performance beyond Expectations*. New York: Free Press.

Bass, B. M.（1990）. From Transactional to Transformational Leadership: Learning to Share the Vision. *Organizational Dynamics,* **18**, 19-31.

Bass, B. M., & Bass, R.（2008）. *The Bass Handbook of Leadership*（4th ed.）. New York: Free Press.

Bass, B. M., & Riggio, R. E.（2006）. *Transformational Leadership*（2nd ed.）. Mahwah, New Jersey: Lawrence Erlbaum Associates.

Blanchard, K. H.（2007）. *Leading at a Higher Level*. Upper Saddle River, New Jersey: Prentice-Hall.

Bruner, J. S., & Tagiuri, R.（1954）. The Perception of People. In G. Lindzey（Ed.）, *Handbook of Social Psychology,* **2**, Cambridge, Massachusetts: Addison Wesley, 634-654.

Chemers, M. M.（1997）. *An Integrative Theory of Leadership*. New Jersey: Lawrence Erlbaum Associates.

Dansereau, F. J., Graen, G., & Haga, W. J.（1975）. A Vertical Dyad Linkage Approach to Leadership within Formal Organizations: A Longitudinal Investigation of the Role Making Process. *Organizational Behavior and Human Performance,* **13**, 46-78.

Day, D. V., & Antonakis, J.（2012）. Leadership: Past, Present, and Future. In D. V. Day &

J. Antonakis (Eds.), *The Nature of Leadership* (2nd ed.). Thousand Oaks, California: Sage, 3–25.

De Neve, J. –E., Mikhaylov, S., Dawes, C. T., Christakis, N. A., & Fowler, J. H. (2013). Born to Lead? A Twin Design and Genetic Association Study of Leadership Role Occupancy. *Leadership Quarterly*, **24**, 45–60.

Derue, D. S., Nahrgang, J. D., Wellman, N., & Humphrey, S. E. (2011). Trait and Behavioral Theories of Leadership: An Intergration and Meta–Analytic Test of Their Relative Validity. *Pesonnel Psychology*, **64**, 7–52.

Eden, D., & Leviatan, U. (1975). Implicit Leadership Theory as a Determinant of the Factor Structure Underlying Supervisory Behavior Scales. *Journal of Applied Psychology*, **60**, 736–741.

Estrada, M., Brown, J., & Lee, F. (1995). Who Gets the Credit? *Small Group Research*, **26**, 56–76.

Fiedler, F. E. (1964). A Contingency Model of Leadership Effectiveness. In L. Berkowitz (Ed.), *Advances in Experimental Social Psychology*, **1**, New York: Academic Press, 149–190.

Fiedler, F. E. (1972). The Effects of Leadership Training and Experience: A Contingency Model Interpretation. *Administrative Science Quarterly*, **17**, 453–470.

Fiedler, F. E., & Garcia, J. E. (1987). *New Approaches to Effective Leadership: Cognitive Resources and Organizational Performance.* Oxford, England: John Wiley.

Gardner, W. L., Lowe, K. B., Moss, T. W., Mahoney, K. T., & Cogliser, C. C. (2010). Scholarly Leadership of the Study of Leadership: A Review of the Leadership Quarterly's Second Decade, 2000–2009. *Leadership Quarterly*, **21**, 922–958.

Gerstner, C. R., & Day, D. V. (1997). Meta–Analytic Review of Leader–Member Exchange Theory: Correlates and Construct Issues. *Journal of Applied Psychology*, **82**, 827–844.

Graen, G. B., & Uhl–Bien, M. (1995). Relationship Based Approach to Leadership: Development of Leader–Member Exchange (LMX) Theory of Leadership Over 25 Years. *Leadership Quarterly*, **6**, 219–247.

Halpin, A. W., & Winer, B. J. (1957). A Factorial Study of the Leader Behavior Descriptions. In R. M. Stogdill & A. E. Coons (Eds.), *Leader Behavior: Its Description and Measurement.* Columbus: Bureau of Business Research, Ohio State University, 39–51.

Heider, F. (1944). Social Perception and Phenomenal Causality. *Psychological Review*, **51**, 358–374.

Hersey, P., & Blanchard, K. H. (1969). Life Cycle Theory of Leadership. *Training and Development Journal*, **23**, 26–34.

Hersey, P., Blanchard, K. H., & Johnson, D. E. (1996). *Management of Organizational Behavior: Utilizing Human Resources* (7th ed.). New Jersey: Prentice–Hall.

Hollander, E. P. (1958). Conformity, Status, and Idiosyncrasy Credit. *Psychological Review*, **65**, 117–127.

Hollander, E. P. (1960). Competence and Conformity in the Acceptance of Influence. *Journal of Abnormal and Social Psychology*, **61**, 365–369.

Hollander, E. P. (2008). *Inclusive Leadership: The Essential Leader-Follower Relationship.* New York: Routledge.

House, R. J. (1971). A Path Goal Theory of Leader Effectiveness. *Administrative Science Quarterly,* **16**, 321-339.

House, R. J. (1977). A 1976 Theory of Charismatic Leadership. In S. I. U. Press (Ed.), *Leadership: The Cutting Edge.* Carbondale, Illinois, 189-204.

House, R. J. (1996). Path-Goal Theory of Leadership: Lesson, Legacy and a Reformulated Theory. *Leadership Quarterly,* **7**, 323-352.

House, R. J., & Aditya, R. N. (1997). The Social Scientific Study of Leadership: Quo Vadis? *Journal of Management,* **23**, 409-473.

House, R. J., & Mitchell, T. R. (1974). Path-Goal Theory of Leadership. *Journal of Contemporary Business,* **3**, 81-97.

Judge, T. A., Bono, J. E., Ilies, R., & Gerhardt, M. W. (2002). Personality and Leadership: A Qualitative and Quantitative Review. *Journal of Applied Psychology,* **87**, 765-780.

Judge, T. A., Colbert, A. E., & Ilies, R. (2004). Intelligence and Leadership: A Quantitative Review and Test of Theoretical Propositions. *Journal of Applied Psychology,* **89**, 542-552.

Judge, T. A., & Piccolo, R. F. (2004). Transformational and Transactional Leadership: A Meta-Analytic Test of Their Relative Validity. *Journal of Applied Psychology,* **89**, 755-768.

Judge, T. A., Piccolo, R. F., & Ilies, R. (2004). The Forgotten Ones? The Validity of Consideration and Initiating Structure in Leadership Research. *Journal of Applied Psychology,* **89**, 36-51.

Kahn, R. L. (1951). An Analysis of Supervisory Practices and Components of Morale. In H. Guetzkow (Ed.), *Groups, Leadership and Men: Research in Human Relations.* Pittsburgh: Carnegie Press, 86-89.

Katz, D. (1951). Survey Research Center: An Overview of the Human Relations Program. In *Groups, Leadership and Men: Research in Human Relations,* 68-85.

Katz, D., & Kahn, R. L. (1951). Human Organization and Worker Motivation. In L. R. Tripp (Ed.), *Industrial Productivity.* Champaign, Illinois: Industrial Relations Research Association, 146-171.

Keller, T. (2006). Transformational Leadership, Initiating Structure, and Substitutes for Leadership: A Longitudinal Study of Research and Development Project Team Performance. *Journal of Applied Psychology,* **91**, 201-210.

Kerr, S., & Jermier, J. M. (1978). Substitutes for Leadership: Their Meaning and Measurement. *Organizational Behavior and Human Decision Processes,* **22**, 375-403.

Lewin, K., & Lippitt, R. (1938). An Experimental Approach to the Study of Autocracy and Democracy: A Preliminary Note. *Sociometry,* **1**, 292-300.

Likert, R. (1961). *New Patterns of Management.* New York: McGraw-Hill.

Lord, R. G., De Vader, C. L., & Alliger, G. M. (1986). A Meta-Analysis of the Relation Between Personality Traits and Leadership Perceptions: An Application of Validity Generalization Procedures. *Journal of Applied Psychology,* **71**, 402-410.

Lord, R. G., Foti, R. J., & De Vader, C. L. (1984). A Test of Leadership Categorization

Theory: Internal Structure, Information Processing and Leadership Perceptions. *Organisational Behaviour and Human Performance, 34*, 343–378.

Lord, R. G., Foti, R. J., & Phillips, J. S. (1982). A Theory of Leadership Categorization. In J. G. Hunt, U. Sekaran, & C. Schriesheim (Eds.), *Leadership: Beyond Establishment Views*. Carbondale, Illinois: Southen Illinois University Press, 104–121.

Mann, R. D. (1959). A Review of the Relationships Between Personality and Performance in Small Groups. *Psychological Bulletin, 56*, 241–270.

Meindl, J., Ehrlich, S. B., & Dukerich, J. M. (1985). The Romance of Leadership. *Administrative Science Quarterly, 30*, 78–102.

三隅二不二・白樫三四郎・武田忠輔・篠原弘章・関文恭 (1970). 組織におけるリーダーシップの研究 日本社会心理学会（編）年報社会心理学, **11**, 63–90.

Podsakoff, P. M., MacKenzie, S. B., & Bommer, W. H. (1996). Meta-Analysis of the Relationships Between Kerr and Jermier's Substitutes for Leadership and Employee Job Attitudes, Role Perceptions, and Performance. *Journal of Applied Psychology, 81*, 380–399.

Rosch, E. (1978). Principles of Categorization. In E. Roach & B. B. Lloyd (Eds.), *Cognition and Categorization*. Hillsdale, New Jersey: Erlbaum, 27–48.

坂田桐子 (2017). リーダーシップ研究の近年の動向 坂田桐子（編）社会心理学における リーダーシップ研究のパースペクティブ II ナカニシヤ出版, 1–9.

Silva, A. (2016). What is Leadership? *Journal of Business Studies Quarterly, 8*, 1–5.

Stogdill, R. M. (1948). Personal Factors Associated with Leadership: A Survey of the Literature. *The Journal of Psychology, 25*, 35–71.

Stogdill, R. M. (1974). *Handbook of Leadership: A Survey of Theory and Research*. New York: Free Press.

Thompson, G., & Vecchio, R. P. (2009). Situational Leadership Theory: A Test of Three Versions. *Leadership Quarterly, 20*, 837–848.

Van Vugt, M., Hogan, R., & Kaiser, R. B. (2008). Leadership, Followership, and Evolution: Some Lessons from the Past. *American Psychologist, 63*, 182–196.

Van Vugt, M., & Schaller, M. (2008). Evolutionary Approaches to Group Dynamics: An Introduction. *Group Dynamics: Theory, Research, and Practice, 12*, 1–6.

Wang, G., Oh, I. -S., Courtright, S. H., & Colbert, A. E. (2011). Transformational Leadership and Performance Across Criteria and Levels: A Meta-Analytic Review of 25 Years of Research. *Group & Organization Management, 36*, 223–270.

Weiner, B., Frieze, I., Kukla, A., Reed, L., Rest, S., & Rosenbaum, R. M. (1972). Perceiving the Causes of Success and Failure. In E. E. Jones, D. E. Kanouse, H. H. Kelley, R. E. Nisbett, S. Valins, & B. Weiner (Eds.), *Attribution: Perceiving the Causes of Behavior, 20*, Morristown, New Jersey: General Learning, 95–120.

●6章

Ashforth, B. E. (1994). Petty Tyranny in Organizations. *Human Relations, 47*, 755–778.

Ashforth, B. E. (1997). Petty Tyranny in Organizations: A Preliminary Examination of Antecedents and Consequences. *Canadian Journal of Administrative Sciences, 14*, 126–140.

Ayers–Nachamkin, B., Cann, C. H., Reed, R., & Horne, A. (1982). Sex and Ethnic Differences in the Use of Power. *Journal of Applied Psychology,* **67**, 464–471.

Bass, B. M., & Bass, R. (2008). *The Bass Handbook of Leadership* (4th ed.). New York: Free Press.

Bass, B. M., & Riggio, R. E. (2006). *Transformational Leadership* (2nd ed.). Mahwah, New Jersey: Lawrence Erlbaum Associates.

Bass, B. M., & Steidlmeier, P. (1999). Ethics, Character, and Authentic Transformational Leadership Behavior. *Leadership Quarterly,* **10**, 181–217.

Bligh, M. C., Kohles, J. C., Pearce, C. L., Justin, J. E., & Stovall, J. F. (2007). When the Romance is Over: Follower Perspectives of Aversive Leadership. *Applied Psychology: An International Review,* **56**, 528–557.

Chen, S., Lee–Chai, A. Y., & Bargh, J. A. (2001). Relationship Orientation as a Moderator of the Effects of Social Power. *Journal of Personality and Social Psychology,* **80**, 173–187.

Cho, M., & Keltner, D. (2020). Power, Approach, and Inhibition: Empirical Advances of a Theory. *Current Opinion in Psychology,* **33**, 196–200.

Duffy, M. K., Ganster, D. C., & Pagon, M. (2002). Social Undermining in the Workplace. *Academy of Management Journal,* **45**, 331–351.

Emerson, R. M. (1964). Power–Dependence Relations: Two Experiments. *Sociometry,* **27**, 282–298.

Ferris, G. R., Zinko, R., Brouer, R. L., Buckley, M. R., & Harvey, M. G. (2007). Strategic Bullying as a Supplementary, Balanced Perspective on Destructive Leadership. *Leadership Quarterly,* **18**, 195–206.

French, Jr., J. R. P., & Raven, B. H. (1959). The Bases of Social Power. In D. Cartwright (Ed.), *Studies of Social Power.* Ann Arbor, Michigan: Research Center for Group Dynamics, Institute for Social Research, University of Michigan, 150–167.

渕上克義 (1985). 勢力保持者に関する実験的研究の展望 実験社会心理学研究, **25**, 77–83.

Fu, P. P., Wu, R., Yang, Y., & Ye, J. (2007). Chinese Culture and Leadership. In J. S. Chhokar, F. C. Brodbeck, & R. J. House (Eds.), *Culture and Leadership Across the World: The GLOBE Book of In–Depth Studies of 25 Societies.* Mahwah, New Jersey: Lawrence Erlbaum Associates, 877–907.

外務省 (2018). 海外在留邦人数調査統計 平成 30 年要約版.
https://www.mofa.go.jp/mofaj/files/000368753.pdf (2018 年 6 月 18 日閲覧)

Global Leadership & Organizational Behavior Effectiveness. (2016). *Understanding the Relationship Between National Culture, Societal Effectiveness and Desirable Leadership Attributes: A Brief Overview of the GLOBE Project 2004.*

Harms, P. D., Credé, M., Tynan, M., Leon, M., & Jeung, W. (2017). Leadership and Stress: A Meta–Analytic Review. *Leadership Quarterly,* **28**, 178–194.

Hoppe, M. H., & Bhagat, R. S. (2007). Leadership in the United States of America: The Leader as Cultural Hero. In J. S. Chhokar, F. C. Brodbeck, & R. J. House (Eds.), *Culture and Leadership Across the World: The GLOBE Book of In–Depth Studies of 25 Societies.* Mahwah, New Jersey: Lawrence Erlbaum Associates, 475–543.

Hornstein, H. A. (1996). *Brutal Bosses and Their Prey.* New York: Riverhead Books.

House, R. J., & Javidan, M. (2004). Overview of GLOBE. In R. J. House, P. J. Hanges, M. Javidan, P. W. Dorfman, & V. Gupta (Eds.), *Culture, Leadership, and Organization: The GLOBE Study of 62 Societies.* Thousand Oaks, California: Sage, 9–28.

今井芳昭 (1982). 勢力保持者の自己・対人認知を規定する要因について 心理学研究, **53**, 98–101.

Imai, Y. (1994). Effects of Influencing Attempts on the Perceptions of Powerholders and the Powerless. *Journal of Social Behavior and Personality,* **9**, 455–468.

入江正洋 (2015). 職場のパワーハラスメント―現状と対応 健康科学, **37**, 23–35.

Javidan, M., House, R. J., & Dorfman, P. W. (2004). A Nontechnical Summary of GLOBE Findings. In R. J. House, P. J. Hanges, M. Javidan, P. W. Dorfman, & V. Gupta (Eds.), *Culture, Leadership, and Organization: The GLOBE Study of 62 Societies.* Thousand Oaks, California: Sage, 29–50.

鎌田雅史. (2017). 勢力と地位 坂田桐子 (編) 社会心理学におけるリーダーシップ研究のパースペクティブ II ナカニシヤ出版, 13–37.

経済産業省 (2011). 通商白書 2011.
http://www.meti.go.jp/report/tsuhaku2011/2011honbun_p/index.html (2018 年 6 月 6 日閲覧)

経済産業省 (2018). 第 47 回海外事業活動基本調査概要.
https://www.meti.go.jp/statistics/tyo/kaigaizi/result/result_47/pdf/h2c47kaku1.pdf (2018 年 6 月 6 日閲覧)

Keltner, D., Gruenfeld, D. H., & Anderson, C. (2003). Power, Approach, and Inhibition. *Psychological Review,* **110**, 265–284.

Kipnis, D. (1972). Does Power Corrupt? *Journal of Personality and Social Psychology,* **24**, 33–41.

Kipnis, D. (2001). Using Power: Newton's Second Law. In A. Y. Lee–Chai & J. A. Bargh (Eds.), *The Use and Abuse of Power: Multiple Perspectives on the Causes of Corruption.* Philadelphia, PA: Psychology Press, 3–17.

Kipnis, D., Castell, P. J., Gergen, M., & Mauch, D. (1976). Metamorphic Effects of Power. *Journal of Applied Psychology,* **61**, 127–135.

國分圭介 (2018). 東アジアの日系企業が抱える課題―事例研究と新しい現地化論に向けた提言 産業ストレス研究, **25**, 195–205.

厚生労働省 (2012). 職場のいじめ・嫌がらせ問題に関する円卓会議ワーキング・グループ報告.
https://www.mhlw.go.jp/stf/shingi/2r98520000021hkd.html (2020 年 5 月 22 日閲覧)

厚生労働省 (2019). 平成 30 年度個別労働紛争解決制度の施行状況.
https://www.mhlw.go.jp/stf/houdou/0000213219_00001.html (2019 年 10 月 20 日閲覧)

厚生労働省 (2020a). 令和元年度個別労働紛争解決制度の施行状況.
https://www.mhlw.go.jp/stf/houdou/0000213219_00003.html (2020 年 10 月 27 日閲覧)

厚生労働省 (2020b). 事業主が職場における優越的な関係を背景とした言動に起因する問題に関して雇用管理上講ずべき措置等についての指針.
https://www.mhlw.go.jp/content/11900000/000584512.pdf (2020 年 5 月 22 日閲覧)

Krasikova, D. V., Green, S. G., & LeBreton, J. M. (2013). Destructive Leadership: A Theoretical Review, Integration, and Future Research Agenda. *Journal of*

Management, 39, 1308-1338.

Lipman-Blumen, J. (2004). *The Allure of Toxic Leaders: Why We Follow Destructive Bosses and Corrupt Politicians-And How We Can Survive Them*. New York: Oxford University Press.

Mackey, J. D., Frieder, R. E., Brees, J. R., & Martinko, M. J. (2017). Abusive Supervision: A Meta-Analysis and Empirical Review. *Journal of Management, 43*, 1940-1965.

O'Neal, E. C., Kipnis, D., & Craig, K. M. (1994). Effects on the Persuader of Employing a Coercive Influence Technique. *Basic and Applied Social Psychology, 15*, 225-238.

Pearce, C. L., & Sims, H. P. (2002). Vertical Versus Shared Leadership as Predictors of the Effectiveness of Change Management Teams: An Examination of Aversive, Directive, Transactional, Transformational, and Empowering Leader Behaviors. *Group Dynamics: Theory, Research, and Practice, 6*, 172-197.

Raven, B. H. (1965). Social Influence and Power. In I. D. Steiner & M. Fishbein (Eds.), *Current Studies in Social Psychology*. New York: Holt, Rinehart, Winston, 371-382.

Raven, B. H. (1992). A Power / Interaction Model of Interpersonal Influence: French and Raven Thirty Years Later. *Journal of Social Behavior and Personality, 7*, 217-244.

Raven, B. H. (2008). The Bases of Power and the Power / Interaction Model of Interpersonal Influence. *Analyses of Social Issues and Public Policy, 8*, 1-22.

Raven, B. H., Schwarzwald, J., & Koslowsky, M. (1998). Conceptualizing and Measuring a Power / Interaction Model of Interpersonal Influence. *Journal of Applied Social Psychology, 28*, 307-332.

Rosenthal, S. A., & Pittinsky, T. L. (2006). Narcissistic Leadership. *Leadership Quarterly, 17*, 617-633.

坂田桐子 (2017). リーダーシップの倫理性と破壊性 社会心理学におけるリーダーシップ研究のパースペクティブ II ナカニシヤ出版, 175-203.

Schyns, B., & Schilling, J. (2013). How Bad Are the Effects of Bad Leaders? A Meta-Analysis of Destructive Leadership and Its Outcomes. *Leadership Quarterly, 24*, 138-158.

鈴木滋 (2004). 中国ビジネスのむずかしさおもしろさ 税務経理協会.

東京海上日動リスクコンサルティング株式会社 (2017). 職場のパワーハラスメントに関する実態調査報告書.
http://www.mhlw.go.jp/stf/houdou/0000163573.html (2018 年 4 月 2 日閲覧)

Tepper, B. J. (2000). Consequences of Abusive Supervision. *Academy of Management Journal, 43*, 178-190.

タイ国政府観光庁 (n.d.). 文化.
https://www.thailandtravel.or.jp/about/culture/ (2019 年 8 月 14 日閲覧)

Tjosvold, D., Johnson, D. W., & Johnson, R. (1984). Influence Strategy, Perspective-Taking, and Relationships Between High- and Low-Power Individuals in Cooperative and Competitive Contexts. *The Journal of Psychology, 116*, 187-202.

Zhang, Y., & Bednall, T. C. (2016). Antecedents of Abusive Supervision: A Meta-Analytic Review. *Journal of Business Ethics, 139*, 455-471.

Zhang, Y., & Liao, Z. (2015). Consequences of Abusive Supervision: A Meta-Analytic Review. *Asia Pacific Journal of Management, 32*, 959-987.

● 7 章

濱口桂一郎 (2018). 横断的論考 日本労働研究雑誌, **693**, 2-10.

服部泰宏 (2013). 日本企業の心理的契約 (増補改訂版) ―組織と従業員の見えざる約束 白桃書房.

金井壽宏 (1994). エントリー・マネジメントと日本企業の RJP 指向性 神戸大学経営学部研究年報, **40**, 1-66.

厚生労働省 (2019). 新規学卒者の離職状況.
https://www.mhlw.go.jp/stf/seisakunitsuite/bunya/0000137940.html (2019 年 7 月 1 日閲覧)

子安増男 (1999). 適性 中島義明ほか (編) 心理学辞典 有斐閣.

二村英幸 (2005). 人事アセスメント論―個と組織を生かす心理学の知恵 ミネルヴァ書房.

労働政策研究・研修機構 (2019). 早わかり グラフでみる長期労働統計.
https://www.jil.go.jp/kokunai/statistics/timeseries/html/g0405.html (2019 年 7 月 1 日閲覧)

Rousseau, D. M. (1989). Psychological and Implied Contracts in Organizations. *Employee Responsibilities and Rights Journal,* **2**, 121-139.

関口倫紀・林洋一郎 (2009). 組織的公正研究の発展とフェア・マネジメント 経営行動科学, **22**(1), 1-12.

高橋伸夫 (2004). 虚妄の成果主義―日本型年功制復活のススメ 日経 BP 社.

竹内倫和 (2004). 新規学卒就職者の組織適応と態度変容 岩内亮一・梶原豊 (編) 現代の人的資源管理 学文社. 167-183.

Wanous, J. P. (1992). *Organizational Entry: Recruitment, Selection, Orientation, and Socialization of Newcomers.* Addison-Wesley Publishing Company.

● 8 章

朝日新聞 (2006). キヤノン, 偽装請負一掃へ 数百人を正社員に 2006 年 7 月 31 日.
http://www.asahi.com/special/060801/TKY200607310407.html (2019 年 7 月 1 日閲覧)

グラノベッター, M., 渡辺深 (訳) (1998). 転職―ネットワークとキャリアの研究 (MINERVA 社会学叢書) ミネルヴァ書房.

厚生労働省 (2014). 平成 26 年就業形態の多様化に関する総合実態調査結果.

厚生労働省 (2016). 平成 28 年パートタイム労働者総合実態調査報告.

厚生労働省 (2019).「外国人雇用状況」の届出状況まとめ (平成 30 年 10 月末現在).
https://www.mhlw.go.jp/content/11655000/000472892.pdf (2019 年 7 月 1 日閲覧)

Lau, D. C., & Murninghan, J. K. (1998). Demographic Diversity and Faultlines: The Compositional Dynamics of Organizational Groups. *Academy of Management Review,* **23**(2), 325-340.

日本生産性本部・日本経済青年協議会 (2019). 平成 31 年度 新入社員働くことの意識調査結果.
https://activity.jpc-net.jp/detail/add/activity001566.html (2019 年 7 月 1 日閲覧)

尾崎俊哉 (2017). ダイバーシティ・マネジメント入門―経営戦略としての多様性 ナカニシヤ出版.

労働政策研究・研修機構 (2017). 非正規雇用の待遇差解消に向けて (JILPT 第 3 期プロジェクト研究シリーズ 1).

労働政策研究・研修機構 (2018). データブック国際労働比較 2018.
　https://www.jil.go.jp/kokunai/statistics/databook/2018/index.html (2019 年 7 月 1 日閲覧)
労働政策研究・研修機構 (2019). 早わかり グラフでみる長期労働統計.
　https://www.jil.go.jp/kokunai/statistics/timeseries/html/g0208.html (2019 年 7 月 1 日閲覧)
総務省 (2019). 労働力調査 長期時系列データ.
　https://www.stat.go.jp/data/roudou/longtime/03roudou.html#hyo_9 (2019 年 7 月 1 日閲覧)
トーマス, D. A., イーリー, R. J. (2002). 多様性を競争優位に変える新たなパラダイム DIAMOND ハーバード・ビジネス・レビュー編集部 人材マネジメント ダイヤモンド社, 133–173.

●9章

Bridges, W. (2004). *Transitions: Making Sense of Life's Changes.* Da Capo Press.

Hall, D. T. (1976). *Careers in Organizations.* Glenview, IL: Scott, Foresman.

Hansen, L. S. (1997). *Integrative Life Planning: Critical Task for Career Development and Changing Life Patterns.* San Francisco: Jossey-Bass.

Holland, J. L. (1985). *Making Vocational Choices: A Theory of Vocational Personalities and Work Environments.* Englewood Cliffs, NJ Prentice-Hall.

文部科学省 (2004). キャリア教育の推進に関する総合的調査研究協力者会議報告書.

Schein, E. H. (1971). The Individual, the Organization, and the Career: A Conceptual Scheme. *Journal of Applied Behavioral Science,* **7**, 401–426.

Schein, E. H. (1978). *Career Dynamics: Matching Individual and Organizational Needs.* Reading, Mass: Addison-Wesley.

Schein, E. H. (1990). *Career Anchors: Discovering Your Real Values.* San Francisco: Jossey-Bass. Pfeiffer.

Schlossberg, N. K. (1978). Five Propositions about Adult Development. *Journal of College Student Personnel,* **19**, 418–423.

Super, D. E. (1957). *The Psychology of Careers: An Introduction to Vocational Development.* New York: Harper.

Super, D. E. (1980). A Life-Span, Life-Space Approach to Career Development. *Journal of Vocational Behavior,* **16**(3), 282–298.

Super, D. E. (1990). A Life-Span, Life-Space Approach to Career Development. In D. Brown, L. Brooks, & Associates, *Career Choice and Development* (2nd ed.). San Francisco: Jossey-Bass.

●10章

Arthur, M. B., & Rousseau, D. M. (1996). *The Boundaryless Career: A New Employment Principle for a New Organizational Era.* New York: Oxford University Press.

Berg, J. M., Wrzesniewski, A., & Dutton, J. E. (2010). Perceiving and Responding to Challenges in Job Crafting at Different Ranks: When Proactivity Requires Adaptivity. *Journal of Organizational Behavior,* **31**, 158–186.

Gratton, L., & Scott, A. (2016). *The 100-Year Life: Living and Working in an Age of Longevity*. London: Bloomsbury.

今田幸子 (2009). 女性の就業継続の現状と課題 ビジネス・レーバー・トレンド, **9**, 2-4.

金井壽宏 (2002). 働くひとのためのキャリア・デザイン PHP 研究所.

Mitchell, K. E., Levin, A. S., & Krumboltz, J. D. (1999). Planned Happenstance: Constructing Unexpected Career Opportunities. *Journal of Counseling & Development*, **77**, 115-124.

西村佳哲 (2003). 自分の仕事をつくる 晶文社.

Parsons, F. (1909). *Choosing a Vocation*. Boston: Houghton Mifflin.

ロバートソン, J., 小池和子 (訳) (1988). 未来の仕事 勁草書房.

Savickas, M. L. (2005). The Theory and Practice of Career Construction. In S. D. Brown, & R. W. Lent (Eds.), *Career Development and Counseling Putting Theory and Research to Work*. Hoboken, NJ John Wiley, 42-70.

Schein, E. H. (1978). *Career Dynamics: Matching Individual and Organizational Needs. Reading*. Mass: Addison-Wesley.

Schein, E. H. (1990). *Career Anchors: Discovering Your Real Values*. San Francisco: Jossey-Bass. Pfeiffer.

Schein, E. H. (1995). *Career Survival: Strategic Job and Role Planning*. San Diego, CA: Pfeiffer.

Super, D. E., Thompson, A. S., & Lindeman, R. H. (1988). *Adult Career Concerns Inventory: Manual for Research and Exploratory Use in Counseling*. Palo Alto, CA: Consulting Psychologists Press.

田中夏子・杉村和美 (2004). 現場発 スローな働き方と出会う 岩波書店.

● 11章

American Psychiatric Association. (2013). *Diagnostic and Statistical Manual of Mental Disorders* (*DSM-5*). American Psychiatric Pub.

Dohrenwend, B. S. (1978). Social Stress and Community Psychology. *American Journal of Community Psychology*, **6**, 1-14.

Folkman, S., & Lazarus, R. S. (1988). Coping as a Mediator of Emotion. *Journal of Personality and Social Psychology*, **54**(3), 466.

Harvey, J. H. (2001). *Perspectives on Loss and Trauma: Assaults on the Self*. Sage: Thousand Oaks, CA.

Holms, T. H., & Rahe, R. H. (1967). The Social Readjustment Rating Scale. *Journal of Psychosomatic Research*, **11**, 213-218.

Hurrell, J. J., & McLaney, M. A. (1988). Exposure to Job Stress: A New Psychometric Instrument. *Scandinavian Journal of Work and Environmental Health*, **14**(suppl.1), 27-28.

Karasek, R. A. (1979). Job Demands, Job Decision Latitude, and Mental Strain: Implications for Job Redesign. *Administrative Science Quarterly*, **24**, 285-308.

小杉正太郎 (2000). ストレススケールの一斉実施による職場メンタルヘルス活動の実際—心理学的アプローチによる職場メンタルヘルス活動 産業ストレス研究, **7**, 141-150.

小杉正太郎 (2002). ストレス心理学—個人差のプロセスとコーピング 川島書店.

小杉正太郎・田中健吾・大塚泰正・種市康太郎・高田未里・河西真知子…米原奈緒 (2004). 職場ストレススケール改訂版作成の試み（I）―ストレッサー尺度・ストレス反応尺度・コーピング尺度の改訂 産業ストレス研究, **11**, 175-185.

Lazarus, R. S. (1999). *Stress and Emotion.* New York: Springer.

Lazarus, R. S., & Folkman, S. (1984). *Stress, Appraisal and Coping.* New York: Springer.

Lazarus, R. S., & Folkman, S. (1987). Transactional Theory and Research on Emotions and Coping. *European Journal of Personality,* **1**, 141-169.

夏目誠 (1999). ストレス評価・測定の研究 河野友信・石川俊男（編）ストレス研究の基礎と臨床 現代のエスプリ別冊 至文堂, 151-162.

Selye, H. (1936). A Syndrome Produced by Diverse Nocuous Agents. *Nature,* **138**, 32.

Siegrist, J. (1996). Adverse Health Effects of High-Effort / Low-Reward Conditions. *Journal of Occupational Health Psychology,* **1**(1), 27.

Siegrist, J. (2012). *Effort-Reward Imbalance at Work: Theory, Measurement and Evidence.* Düsseldorf: Department of Medical Sociology, Düsseldorf University.

田中健吾 (2007). ソーシャルスキルと職場ストレッサー・心理的ストレス反応との関連 大阪経大論集, **58**, 253-261.

●12章

Cohen, S., Evans, G. W., Stokols, D., & Krantz, D. S. (1986). *Behavior, Health, and Environmental Stress.* New York: Plenum Press.

廣尚典 (2016). 働き盛り世代のメンタルヘルスの現状と課題 総合健診, **43**(2), 304-312.

Imamura, K., Asai, Y., Watanabe, K., Tsutsumi, A., Shimazu, A., Inoue, A., ... & Kawakami, N. (2018). Effect of the National Stress Check Program on Mental Health among Workers in Japan: A 1-Year Retrospective Cohort Study. *Journal of Occupational Health,* **2017-0314**.

勝亦啓文 (2011). 労働者の自殺に対する使用者の予見可能性の位置づけ 桐蔭法学 **18**(1), 1-28.

川崎敏史・上野武治・河原田まり子 (2007). 職場におけるストレス対処教育の効果について―職場におけるメンタルヘルス対策 国立研究開発法人寒地土木研究所平成18年度技術研究発表会.
https://thesis.ceri.go.jp/db/files/GR0002400374.pdf (2020年8月31日閲覧)

木村三千世 (2016). ワーク・ライフ・バランスを支える制度に関する一考察 四天王寺大学紀要, **62**, 231-250.

小杉正太郎 (1998). コーピングの操作による行動理論的職場カウンセリングの試み 産業ストレス研究, **5**(2), 91-98.

小杉正太郎 (2001). カウンセリングを中心とした職場ストレス対策―職場ストレス調査からカウンセリングへの導入と心理ストレス・モデルによるカウンセリングの実際 産業衛生学雑誌, **43**, 55-62.

小杉正太郎・齋藤亮三 (2005). ストレスマネジメントマニュアル 弘文堂.

厚生労働省 (2006). 労働者の心の健康の保持増進のための指針.
http://www.mhlw.go.jp/topics/bukyouku/roudou/an-eihou/dl/060331-2.pdf (2020年8月31日閲覧)

厚生労働省 (2012). 改訂 心の健康問題により休業した労働者の職場復帰支援の手引き.

https://www.mhlw.go.jp/new-info/kobetu/roudou/gyousei/anzen/dl/101004-1.pdf（2020 年 8 月 31 日閲覧）

厚生労働省（2015）．労働安全衛生法に基づくストレスチェック制度実施マニュアル.
　http://www.mhlw.go.jp/bunya/roudoukijun/anzeneisei12/pdf/150709-1.pdf（2020 年 8 月 31 日閲覧）

厚生労働省（2020a）．令和元年度個別労働紛争解決制度の施行状況.
　https://www.mhlw.go.jp/content/11201250/000643973.pdf（2020 年 8 月 31 日閲覧）

厚生労働省（2020b）．令和元年度過労死等の労災補償状況.
　https://www.mhlw.go.jp/content/11402000/000521999.pdf（2020 年 8 月 31 日閲覧）

厚生労働省大臣官房統計情報部（2013）．平成 24 年 労働安全衛生特別調査（労働者健康状況調査）の概況.
　http://www.mhlw.go.jp/toukei/list/h24-46-50.html（2020 年 8 月 31 日閲覧）

厚生労働省自殺対策推進室・警察庁生活安全局生活安全企画課（2020）．令和元年中における自殺の状況.
　https://www.npa.go.jp/safetylife/seianki/jisatsu/R02/R01_jisatuno_joukyou.pdf（2020 年 8 月 31 日閲覧）

厚生労働省政策統括官（2020）．平成 30 年 労働安全衛生調査（実態調査）結果の概況.
　https://www.mhlw.go.jp/toukei/list/dl/h30-46-50_kekka-gaiyo02.pdf（2020 年 8 月 31 日閲覧）

Lazarus, R. S.（1999）. *Stress and Emotion*. New York: Springer.

Lazarus, R. S., & Folkman, S.（1984）. *Stress, Appraisal and Coping*. New York: Springer.

内閣府（2007）．仕事と生活の調和（ワーク・ライフ・バランス）憲章.
　http://wwwa.cao.go.jp/wlb/government/20barrier_html/20html/charter.html（2020年 8 月 31 日閲覧）

日本労働研究機構編（2001）．メンタルヘルス対策に関する研究 日本労働研究機構調査研究報告書, 144.

日本産業カウンセラー協会（2019）．2019 年度「働く人の電話相談室」相談内容集計表.
　https://www.counselor.or.jp/Portals/0/191030shyuukeihyou.pdf（2020年8月31日閲覧）

佐藤澄子・島津美由紀・小杉正太郎（2003）．心理ストレスモデルに基づく調査票（職場ストレススケール）を用いた職場適応援助の実際 産業ストレス研究, **10**, 127-133.

Schaufeli, W. B., & Bakker, A. B.（2004）. Job Demands, Job Resources and Their Relationship with Burnout and Engagement: A Multi-Sample Study. *Journal of Organizational Behavior*, **25**, 293-315.

島津明人（1998）．職場ストレスに関するコーピング方略の検討 産業ストレス研究, **5**, 64-71.

島津明人（2015）．職場のポジティブメンタルヘルス—現場で活かせる最新理論 誠信書房.

高田未里・種市康太郎・小杉正太郎（2002）．職場ストレススケールに基づくインテーク面接が心理的ストレス反応に及ぼす影響 産業ストレス研究, **9**, 115-121.

田中健吾（2009）．職場ストレスとカウンセリング 白樫三四郎（編著）産業・組織心理学への招待 有斐閣, 117-135.

● 13章

Bettman, J.（1979）. *An Information Processing Theory of Consumer Choice*. Addison

Wesley.

Blackwell, R. D., Miniard, P. W., & Engel, J. F. (2006) *Consumer Behavior* (10th ed.). Thomson.

Dodds, B. (2003). *Managing Customer Value: Essentials of Product Quality, Customer Service, and Price Decisions.* University Press of America: Lanham, MD.

Fishbein, M. (1963). An Investigation of the Relationships Between Beliefs about an Object and the Attitude Toward That Object. *Human Relations,* **16**, 233–239.

Kahneman, D. (2011). *Thinking, Fast and Slow.* London: Allen Lane.

Kahneman, D., Knetsch, J. L., & Thaler, R. H. (1990). Experimental Tests of the Endowment Effect and the Coase Theorem. *Journal of Political Economy,* **98**, 1325–1348.

小嶋外弘 (1959). 消費者心理の研究 日本生産性本部.

小嶋外弘 (1986). 価格の心理 ダイヤモンド社.

McCarthy, E. J. (1960). *Basic Marketing: A Managerial Approach.* Homewood, IL: Richard D. Irwin, Inc.

Oliver, R. (1980). A Cognitive Model of the Antecedents and Consequences of Satisfaction Decisions. *Journal of Marketing Research,* **17**, 460–469.

小野讓司 (2006). 顧客満足とコミュニケーション 田中洋・清水聰 (編) 消費者・コミュニケーション戦略 有斐閣アルマ.

Solomon, M. R. (2013). *Consumer Behavior: Buying, Having and Being* (10th ed.). Pearson Education.

Tversky, A., & Kahneman, D. (1981). The Framing of Decisions and the Psychology of Choice. *Science,* **211**(1), 453–458.

Tversky, A. & Kahneman, D. (1991). Loss Aversion in Riskless Choice: A Reference-Dependent Model. *Quarterly Journal of Economics,* **106**, 1039–1061.

● 14章

Ackerman, J. M., Nocera, C. C., & Bargh, J. A. (2010). Incidental Haptic Sensations Influence Social Judgments and Decisions. *Science,* **328**, 1712–1715.

Anderson, E. T. & Simester, D. I. (2001). Are Sale Signs Less Effective When More Products Have Them? *Marketing Science,* **20**(2), 121–142.

Anderson, E. T. & Simester, D. I. (2003). Effects of $9 Price Endings on Retail Sales: Evidence from Field Experiments. *Quantitative Marketing and Economics,* **1**, 93–110.

Ariely, D. & Levav, J. (2000). Sequential Choice in Group Settings: Taking the Road Traveled and Less Enjoyed. *Journal of Consumer Research,* **27**, 279–290.

Ariely, D., Loewenstein, G., & Prelec, D. (2003). "Coherent Arbitrariness": Stable Demand Curves without Stable Preferences. *Quarterly Journal of Economics,* **118**(1), 73–105.

Brasel, S. A., & Gips, J. (2014). Tablets, Touchscreens, and Touchpads: How Varying Touch Interfaces Trigger Psychological Ownership and Endowment. *Journal of Consumer Psychology,* **24**(2), 226–233.

Holland, R. W., Hendriks, M., & Aarts, H. (2005). Smells Like Clean Spirit Nonconscious Effects of Scent on Cognition and Behavior. *Psychological Science,* **16**(9), 689–693.

Iyengar, S. S., & Lepper, M. R. (2000). When Choice is Demotivating: Can One Desire Too Much of a Good Thing? *Journal of Personality and Social Psychology*, **79**, 995–1006.

小嶋外弘 (1986). 価格の心理 ダイヤモンド社.

Krishna, A. (2013). *Customer Sense: How the 5 Senses Influence Buying Behaviour.* New York: Palgrave Macmillan. (平木いくみ・石井裕明・外川拓 (訳) (2016). 感覚マーケティング—顧客の五感が買い物にどのような影響を与えるのか 有斐閣.)

Lee, L., Frederick, S., & Ariely, D. (2006). Try It, You'll Like It: The Influence of Expectation, Consumption, and Revelation on Preferences for Beer. *Psychological Science*, **17**, 1054–1058.

Maeda, H. (2010). The Effects of Package Design of Mineral Water on the Content Evaluation. *International Congress of Applied Psychology*, Melbourne Convention Center.

McCabe, D. B., & Nowlis, S. M. (2003). The Effect of Examining Actual Products or Product Descriptions on Consumer Preference. *Journal of Consumer Psychology*, **13**, 431–439.

Morrot, G., Brochet, F., & Dubourdieu, D. (2001). The Color of Odors. *Brain and Language*, **79**, 309–320.

Peck, J. & Childers, T. L. (2006). If I touch It I Have to Have It: Individual and Environmental Influences on Impulse Purchasing. *Journal of Business Research*, **59**, 765–769.

Peck J. & Shu, S. B. (2009). The Effect of Mere Touch on Perceived Ownership. *Journal of Consumer Research*, **36**(3), 434–447.

Scheibehenne, B., Greifender, R., & Todd, P. M. (2010). Can There Ever Be Too Many Options? A Meta-Analytic Review of Choice Overload. *Journal of Consumer Research*, **37**, 409–425.

Schreiber, C. A., & Kahneman, D. (2000). Determinants of the Remembered Utility of Aversive Sounds. *Journal of Experimental Psychology: General*, **129**, 27–42.

Schwartz, B., Ward, A. H., Monterosso, J., Lyubomirsky, S., White, K., & Lehman, D. (2002). Maximizing Versus Satisficing: Happiness is a Matter of Choice. *Journal of Personality and Social Psychology*, **83**, 1178–1197.

Shampanier, K., Mazar, N., & Ariely, D. (2007). Zero as a Special Price: The True Value of Free Products. *Marketing Science*, **26**, 742–757.

Tversky, A. & Kahneman, D. (1974). Judgment Under Uncertainty: Heuristics and Biases. *Science*, **185**, 1124–1131.

Waber, R. L., Shiv, B., Carmon, Z., & Ariely, D. (2008). Commercial Features of Placebo and Therapeutic Efficacy. *Journal of the American Medical Association*, **299**(9), 1016–1017.

Williams, L. E. & Bargh, J. A. (2008). Experiencing Physical Warmth Promotes Interpersonal Warmth. *Science*, **322**(5901), 606–607.

Zhong, C., Bohns, V. K., & Gino, F. (2010). Good Lamps Are the Best Police: Darkness Increases Dishonesty and Self-Interested Behavior. *Psychological Science*, **21**(3), 311–314.

● 15章

af Wåhlberg, A. E., & Dorn, L. (2007). Culpable Versus Non-Culpable Traffic Accidents: What is Wrong with This Picture? *Journal of Safety Research*, **38**, 453-459.

Dhami, M. K., & Mandel, D. R. (2012). Crime as Risk Taking, Psychology, *Crime and Law*, **18**, 389-403

Drake, C. A. (1940). Accident-Proneness: A Hypothesis. *Journal of Personality*, **8**, 335-341.

芳賀繁 (2007). 違反とリスク行動の心理学 三浦利章・原田悦子 (編) 事故と安全の心理学—リスクとヒューマンエラー 東京大学出版会, 8-22.

芳賀繁 (2012). 事故がなくならない理由—安全対策の落とし穴 PHP 新書.

芳賀繁 (2019). 働く人の安全と健康—作業部門 金井篤子 (編) 産業・組織心理学を学ぶ 心理職のためのエッセンシャルズ 産業・組織心理学講座第1巻 北大路書房, 126-153.

芳賀繁・赤塚肇・白戸宏明 (1996).「指差呼称」のエラー防止効果の室内実験による検証 産業・組織心理学研究, **9**, 107-114.

Heinrich, H. W., Petersen, D., & Roos, N. (1980). *Industrial Accident Prevention: A Safety Management Approach* (5th ed.). New York: McGraw-Hill. (ハインリッヒ, H. W., ピーターセン, D., ルース, N., 井上威恭 (監修), (財) 総合安全工学研究所 (訳) (1982). ハインリッヒ産業災害防止論 海文堂.)

Hollnagel, E. (2014). *Safety-Ⅰ and Safety-Ⅱ*. Farnham: Ashgate Publishing. (ホルナゲル, E., 北村正晴・小松原明哲 (監訳) (2015). Safety-Ⅰ & Safety-Ⅱ—安全マネジメントの過去と未来 海文堂.)

細田聡 (2013). 個人と組織の社会的行動 篠原一光・中村隆宏 (編) 心理学から考えるヒューマンファクターズ 有斐閣ブックス, 199-222.

自動車事故対策機構. 運転者適性診断の概要.
http://www.nasva.go.jp/fusegu/tekiseigaiyou.html (2020 年 5 月 21 日閲覧)

河野龍太郎 (1997). 原子力発電所におけるヒューマンファクター (特集 ヒューマンエラー) 高圧ガス, **34**, 838-845.

河野龍太郎 (2006). ヒューマンエラーを防ぐ技術—エラー発生のメカニズムから, 事故分析, 具体的な対策まで 日本能率協会マネジメントセンター.

厚生労働省 (2019a). 平成 30 年労働災害発生状況.
https://www.mhlw.go.jp/content/11302000/000509812.pdf (2020 年 5 月 21 日閲覧)

厚生労働省 (2019b). 平成 30 年労働災害動向調査 (事業所調査〔事業所規模 100 人以上〕及び総合工事業調査) の概況.
https://www.mhlw.go.jp/toukei/itiran/roudou/saigai/18/ (2020 年 5 月 21 日閲覧)

厚生労働省 (2019c). 平成 30 年 (2018) 人口動態統計 (確定数) の概況.
https://www.mhlw.go.jp/toukei/saikin/hw/jinkou/kakutei18/index.html (2020 年 5 月 21 日閲覧)

黒田勲 (2000). 安全文化の創造へ—ヒューマンファクターから考える 中央労働災害防止協会.

Lawton, R. (1998). Not Working to Rule: Understanding Procedural Violations at Work. *Safety Science*, **28**, 77-95.

McKenna, P. F., & Horswill, M. S. (2006). Risk Taking from the Participant's Perspective: The Case of Driving and Accident Risk. *Health Psychology*, **25**, 163-170.

森泉慎吾・臼井伸之介（2012）. リスク傾向と違反行動の関連についての実験的検討 交通科学, **43**(2), 38-45.

Moriizumi, S., Usui, S., & Nakai, H. (2012). The Relationship Between the Tendency of Young Commercial Drivers to Take Risks in Daily Life and Accident Involvement. In L. Dorn (Ed.), *Driver Behaviour and Training,* **5**, Ashgate Publishing, 187-195.

森泉慎吾・臼井伸之介・和田一成（2014）. エラー体験型教育の効果 労働科学, **90**, 171-182.

森泉慎吾・臼井伸之介・和田一成・上田真由子（2018）. 急ぎ・焦りエラーに関する体験型教育の効果 労働科学, **94**, 99-107.

中谷内一也（2012）. リスク認知と感情 中谷内一也（編）リスクの社会心理学—人間の理解と信頼の構築に向けて 有斐閣, 49-66.

Norman, D. A. (1981). Categorization of Action Slips. *Psychological Review,* **88**, 1-15.

尾入正哲（1999）. 産業事故—背景と対策 向井希宏・蓮花一己（編著）現代社会の産業心理学 福村出版, 126-147.

Parker, D., Reason, J. T., Manstead, A. S. R., & Stradling, S. G. (1995). Driving Errors, Driving Violations and Accident Involvement. *Ergonomics,* **38**, 1036-1048.

Reason, J. (1990). *Human Error.* New York: Cambridge University Press. （リーズン, J., 十亀洋（訳）（2014）ヒューマンエラー完訳版 海文堂.）

Reason, J. (1997). *Managing the Risks of Organizational Accidents.* Farnham: Ashgate Publishing. （リーズン, J., 塩見弘（監訳）, 佐相邦英（訳）（1998）組織事故—起こるべくして起こる事故からの脱出 日科技連.）

申紅仙（2017）. 安全とリスク管理の心理学 太田信夫（監修）, 金井篤子（編）シリーズ心理学と仕事 産業・組織心理学 北大路書房, 81-106.

篠原一光・森本克彦・久保田敏裕（2009）. 指差喚呼が視覚的注意の定位に及ぼす影響 人間工学, **45**, 54-57.

篠原一光・中村隆宏（2013）. 現代社会とヒューマンファクターズ 篠原一光・中村隆宏（編）心理学から考えるヒューマンファクターズ 有斐閣ブックス, 1-22.

Slovic, P. (1987). Perception of Risk. *Science,* **236**, 280-285.

末石冨太郎（2006）. 安全とリスクの違い 日本リスク研究学会（編）リスク学事典 阪急コミュニケーションズ, 16-17.

高橋明子・三品誠・高木元也・島崎敢・石田敏郎・梅崎重夫（2017）. タブレット端末を用いた安全教材の訓練効果と安全管理への応用—低層住宅建築現場を対象として（労働災害防止のための中小規模事業場向けリスク管理支援方策の開発・普及）労働安全衛生総合研究所特別研究報告, **47**, 39-44.

臼井伸之介（2007）. 労働災害のリスクと作業安全 三浦利章・原田悦子（編）事故と安全の心理学—リスクとヒューマンエラー 東京大学出版会, 47-69.

臼井伸之介（2008）. リスクマネジメント教育の有効性評価に関する総合的研究 厚生労働科学研究費補助金労働安全衛生総合研究事業 平成19年度総括・分担報告書, 1-147.

Verschuur, L. G. W., & Hurts, K. (2008). Modeling Safe and Unsafe Driving Behavior. *Accident Analysis and Prevention,* **40**, 644-656.

Wilde, G. J. S. (2001). *Target Risk 2: A New Psychology of Safety and Health: What Works? What Doesn't? And Why....* Ontario: PDE Publications. （ワイルド, G. J. S., 芳賀繁（訳）（2007）交通事故はなぜなくならないか—リスク行動の心理学 新曜社.）

余村朋樹・細田聡・井上枝一郎（2015）. 産業組織における安全文化の現状把握に関する検

討―職位間におけるコミュニケーションギャップという指標を導入して 応用心理学研究, **40**, 194-202.

Zinn, J. O. (2019). The Meaning of Risk-Taking: Key Concepts and Dimensions. *Journal of Risk Research,* **22**, 1-15.

● 16章

Antony, M., & McCabe, R. (2004). *10 Simple Solutions to Panic: How to Overcome Panic Attacks, Calm Physical Symptoms & Reclaim Your Life.* New Harbinger Pubns Inc; Ubr.

Baumeister, R. F. (1984). Choking Under Pressure: Self-Consciousness and Paradoxical Effects of Incentive on Skillful Performance. *Journal of Personality and Social Psychology,* **46**(3), 610-620.

Gouldner, A. W. (1960). The Norm of Reciprocity: A Preliminary Statement. *American Sociological Review,* **25**(2), 161-178.

国土交通省 (2016). 鉄軌道輸送の安全にかかわる情報（平成 27 年度).
http://www.mlit.go.jp/tetudo/tetudo_fr8_000022.html（2019 年 3 月 11 日閲覧）

国土交通省 (2018). 鉄軌道輸送の安全にかかわる情報（平成 29 年度).
http://www.mlit.go.jp/tetudo/tetudo_fr8_000027.html（2019 年 3 月 11 日閲覧）

森泉慎吾・臼井伸之介 (2012). リスク傾向と違反行動の関連についての実験的検討 交通科学, **43**(2), 38-45.

内閣府 (2018). 平成 30 年版交通安全白書.
https://www8.cao.go.jp/koutu/taisaku/h30kou_haku/index_zenbun_pdf.html（2019 年 3 月 11 日閲覧）

西日本旅客鉄道株式会社. 踏切・ホーム・車両の安全対策.
https://www.westjr.co.jp/safety/action/measures/（2019 年 3 月 11 日閲覧）

武内寛子・辻野直良・森本裕二 (2017). プラットホームからの転落や列車接触に至る酔客の行動特性 人間工学, **53**(2), 36-45.

Taylor, S. (2001). Breathing Retraining in the Treatment of Panic Disorder: Efficacy, Caveats and Indications. *Scandinavian Journal of Behaviour Therapy,* **30**(2), 49-56.

鉄道総合技術研究所（編）(2006). 鉄道技術用語辞典 丸善出版.

上田真由子・和田一成・臼井伸之介 (2015). 特別な呼吸法の事前実施が緊急事態時の行動を改善させる 感情心理学研究, **22**(3), 103-109.

上田真由子・和田一成・臼井伸之介 (2018). 踏切標識のデザインが自動車ドライバーの行動を変容させる 日本応用心理学会第 85 回大会発表論文集, 16.

油尾聡子・吉田俊和 (2009). 迷惑抑止メッセージと記述的規範が社会的迷惑行為と感情に及ぼす効果 応用心理学研究, **34**(2), 155-165.

索　引

【編著者紹介】

田中　健吾（たなか　けんご）

早稲田大学大学院文学研究科心理学専攻博士後期課程修了
博士（文学）〔早稲田大学〕，公認心理師，臨床心理士
大阪経済大学経営学部・大学院経営学研究科教授

主要著作

ソーシャルスキルと職業性ストレス─企業従業員の臨床社会心理学的研究（単著，
　晃洋書房，2009 年）
対人プロセスと心理的諸問題─臨床社会心理学の視座（監訳，晃洋書房，2011 年）
上司と部下のためのソーシャルスキル（共著，サイエンス社，2015 年）

高原　龍二（たかはら　りゅうじ）

大阪大学大学院人間科学研究科人間科学専攻博士後期課程修了
博士（人間科学）〔大阪大学〕，公認心理師，臨床心理士，
大阪経済大学経営学部・大学院経営学研究科教授

主要著作

公立学校教員の都道府県別精神疾患休職率の要因に関するマルチレベル SEM
　教育心理学研究，63，242-253（単著，2015 年）
モノレール緊急停止時の適切な案内方法の検討─チャネルと案内間隔を要因とした
　シミュレーション実験　産業・組織心理学研究，32，43-54（共著，2018 年）
産業ストレスの業種差・職種差と関連指標　産業ストレス研究，27，299-308（共著，
　2020 年）

産業・組織心理学 TOMORROW

2020 年 12 月 2 日　第 1 版 1 刷発行
2023 年 8 月 28 日　第 1 版 2 刷発行

編著者─田中健吾・高原龍二
発行者─森口恵美子
印刷所─美研プリンティング（株）
製本所─（株）グリーン
発行所─八千代出版株式会社

〒101
-0061　東京都千代田区神田三崎町 2-2-13

TEL　03-3262-0420
FAX　03-3237-0723
振替　00190-4-168060

＊定価はカバーに表示してあります。
＊落丁・乱丁本はお取替えいたします。